玛珈山法政文丛
主编：汪全胜　张　铭



18

# 秦汉胶东：

## 行政制度与社会经济

赵　沛/著

# Jiaodong in the Qin and Han Dynasty: Administrative System and Social-Economic Formation

知识产权出版社
全国百佳图书出版单位

**图书在版编目（CIP）数据**

秦汉胶东：行政制度与社会经济/赵沛著. —北京：知识产权出版社，2017. 12
（玛珈山法政文丛/汪全胜，张铭主编）
ISBN 978 - 7 - 5130 - 5157 - 6

Ⅰ. ①秦… Ⅱ. ①赵… Ⅲ. ①地方政府—行政管理—政治制度史—研究—山东—秦汉时代②区域经济—经济史—研究—山东—秦汉时代③社会发展史—研究—山东—秦汉时代 Ⅳ. ①D691. 22②F129. 32③K295. 2

中国版本图书馆 CIP 数据核字（2017）第 232846 号

**责任编辑：**李学军　　　　**责任出版：**刘译文
**封面设计：**刘　伟

**秦汉胶东：行政制度与社会经济**
赵　沛　著

| | | | |
|---|---|---|---|
| **出版发行：** | 知识产权出版社有限责任公司 | **网　　址：** | http：//www. ipph. cn |
| **社　　址：** | 北京市海淀区气象路 50 号院 | **邮　　编：** | 100081 |
| **责编电话：** | 15611868862 | **责编邮箱：** | 752606025@ qq. com |
| **发行电话：** | 010 - 82000860 转 8101/8102 | **发行传真：** | 010 - 82000893/82005070/82000270 |
| **印　　刷：** | 北京嘉恒彩色印刷有限责任公司 | **经　　销：** | 各大网上书店、新华书店及相关专业书店 |
| **开　　本：** | 787mm×1092mm　1/16 | **印　　张：** | 15 |
| **版　　次：** | 2017 年 12 月第 1 版 | **印　　次：** | 2017 年 12 月第 1 次印刷 |
| **字　　数：** | 242 千字 | **定　　价：** | 49. 00 元 |

ISBN 978-7-5130-5157-6

# 玛珈山法政文丛
# 编辑委员会

# 总　序

山东大学（威海）法学院是年轻的法学院。说它年轻，一是成立的时间很短，比不上动辄百年或者少说几十年历史的法学院，如果从1994年山东大学威海校区筹建法律系招收经济法专科起算，2014年才迎来它的20年诞辰。如果说有“法学院”名称，那也就是不到10年的时间。2004年，威海校区院系整合，设“法学院”，将原马列部的行政管理专业、社会工作专业并到法律系，建法学院，由谢晖教授出任法学院首任院长。二是师资队伍年轻，平均年龄据我估算，可能也就是40岁左右吧。目前，法学院教职员工70余人，除原有师资以外，对学院师资引进作出贡献的有两位人物：一位是从河南大学来山东大学威海校区任法律系主任的陈金钊教授，学科初建、专业方兴，陈金钊教授引进了不少人才；另一位就是谢晖教授，2004年及其后几年，其广纳国内高校的青年才俊。法学院的人才引进不仅引起了国内的注目，更是成效显著。自2004年始，科研产出占整个威海校区文科学科的一半甚至还多，是山东大学威海校区乃至山东大学的增长点。年轻，不等于没有资历。在这20年的发展过程中，一些学科、一些学者在国内渐有声望，法律方法论研究中心2006年被批准为山东省人文社会科学重点基地，逐渐形成了一支职称结构、年龄结构、学历结构、学缘结构都比较合理的学术团队；陈金钊、谢晖、焦宝乾、桑本谦等学者在国内学术界的影响日显，陈金钊、谢晖被称为著名法学家也不为过。山东大学（威海）法学院的声誉、影响力并不比那些有一定历史的法学院低或小，说起山东大学（威海），至少在法学界，会让人联想到山东大学（威海）法学院吧。

学院的发展离不开人才，学科的发展也离不开人才，没有人才或者没有很好的人才成长平台，发展从何谈起?！山东大学（威海）法学院一方面继续延揽人才，为他们创造良好的成长环境，另一方面对于现有人才也想方设法给他们成长的空间，让他们在威海生活得开心、舒心、放心。威海是最适宜人居的城市，但是仅有这样的自然环境还是远远不够的。这几年，一些人追求更高的平台、更大的发展空间，离开威海。先有主张“华夏多元学术文化格局”，不赞成“大家者流，争聚京华皇城脚下”的谢晖教授北上京城；再有为法律系初建、迎着重重困难顶着种种阻力而发展学科、提升层次的陈金钊教授南下华政；还有如罗洪洋教授、桑本谦教授、谢维雁教授、董学立教授、苗金春教授诸君，或东奔，或西走。诚然，人才流动是一种正常现象，但是对我们山东大学（威海）法学院来说未尝不是一种损失，甚至是巨大的损失。

人才、学科是山东大学（威海）法学院发展的着力点。法学院现已形成了法律方法论重点学科、刑法学科、国际法学科、政治学科、立法学科、行政管理学科等学群，一些青年才俊也迅速成长。2013 年，山东大学威海校区启动学科建设资金，对法律方法论学科给予重点扶持。自 2014 年始，法律方法论作为一个专业，将独立招收博士研究生，这是一个很好的发展机遇，也是我院学科发展的良好平台。法律方法论学科（基地）有了学校的支持，有了该学术团队的精诚合作，我相信，该学科还有更大的发展空间。学校学科政策扶强不扶弱，但对于学院来讲，除了重点学科之外，还有更多其他的学科，也需要有一定的政策与经费支持，不能发展一个学科，其他学科就不再考虑了。目前，除了法律方法论学术团队以外，我院其他各专业、各学科人才成长也很快，每年都有教师博士毕业，或主持省部级以上课题。随之，博士论文或课题成果的出版也面临问题。如何扶植这些成长的学科，如何扶持这些年轻才俊，让他们尽快成长，更重要的是，将这些成果推向社会，扩大法学院的影响，这些问题亟须规划与考虑。在这样的背景下，法学院学术委员会经过商议，决定设立“玛珈山法政文丛”，资助年轻教师学术著作的出版，以振兴法学院的学术，继续保持或扩大法学院的发展强势。

这里我首先要感谢知识产权出版社的李学军编辑，因为他的促成与努力，我们才能够将出版文丛的想法付诸实施。法学院与知识产权出版社共同策划、出版“玛珈山法政文丛”，每年计划出版3~5本，为我院青年才俊提供成果展示的平台。我相信，“玛珈山法政文丛”的出版，一方面会为我国学术研究增加些许色彩，另一方面也为学界同仁了解山东大学（威海）法学院、山东大学（威海）的学人，提供一个很好的窗口。

本文丛的出版，得到了知识产权出版社特别是李学军编辑的大力支持与帮助，也得到了山东大学（威海）学科发展经费的资助，在此，特表示诚挚的谢意！

汪全胜

于威海玛珈山下枕涛书斋

2013年11月17日

# 秦汉时期胶东的历史地位（代序）

胶东半岛也称山东半岛，中国三大半岛之一，是中国最大的半岛。从地理上又有大、小山东半岛之分：大山东半岛可代指整个山东省；小山东半岛指的就是胶莱河以东的胶东半岛，也就是俗称之胶东，因为从行政编制的角度看，以胶东命名州、郡的历史时期较短，所以胶东多是作为一个地域称谓。

不过，胶东之名称，倒是源于行政编制，即秦朝的胶东郡。因其地处胶莱谷地或胶潍平原及其以东地区而得名。远古时期，胶东地区就形成了相对独立的文化区域。秦汉时期的胶东地区，是帝国的重要组成部分，在政治、经济、军事和文化等领域均具有极为重要的地位。

首先，从政治地位看，胶东是西汉初年最重要的诸侯国所在地。在郡国并行体制下，胶东所在的齐地，是汉初中央政府最为依赖的屏障。汉朝的开国君主把镇守齐地的任务交给了在建国过程中最主要的军功大臣曹参，足证齐地的重要军事价值。而且必须注意到，汉初的王国还不是与中央相抗衡的势力。毕竟王国是刚刚由君主分封，羽翼未丰，而且，作为同姓宗亲的血缘连接还十分紧密，还未出现数代以后的“血缘渐疏”效应。

曹参相齐，也掌控东方车骑20余万，率兵参加平定陈豨、英布的反叛，这对中央而言，无疑是一个重要的实力保证。再就汉初之王国相的身份来看，文帝以前几乎没有例外，全部出身于军功大臣集团。从这个意义上看，汉初之王国政治模式，几乎是汉中央政治的翻版，军功集团把持王国相位，也意味着王国的军权由军功集团把持，诸侯王的政治处境大体与汉朝皇帝相类似。汉文帝以藩王入主长安，即皇帝位，依然保持了汉初中央皇权政治模式，恐怕也与汉初王国之政治传统不无关系。文帝以后，文、景两朝王国之相中事功集团出身者逐渐占到优势。这又是与军功集团的整体衰落相一致的。

曹参相齐，就政治属性而言，他并不是齐王的政治代表，曹参身居齐相，更是汉朝之齐相。从政治身份而言，他是代表了中央在地方王国之权力。再从曹参由齐相入为汉相的事实来看，汉初王国政治并非独立于汉朝政治之外。王国政治与中央政治的这种一体性，事实上正是刘邦分封同姓的初衷之所在。

其次，看胶东地区在秦汉时期的军事地位。胶东地区在秦汉时期具有重要的军事地位。这里既是西汉王朝对西北用兵的后勤给养和兵源基地，又是征服朝鲜的前沿。在国内政治和军事斗争中也具有举足轻重的地位。

其一，胶东半岛是西汉王朝的东边门户。楚汉战争起于齐地，又因刘邦占据齐地形成对项羽的合围而最终获胜，可以说，如果没有齐地作为夹击敌人的后方战略基地，刘邦获取胜利可能就变得非常困难了。这一点，刘邦当时的谋臣看得非常清楚，所以汉王朝建立后，谋士田肯奏曰："秦，形胜之国也，带河阻山，县隔千里，持戟百万，秦得百二焉。地势便利，其以下兵于诸侯，譬犹居高屋之上建瓴水也。夫齐，东有琅邪、即墨之饶，南有泰山之固，西有浊河之限，北有勃海之利，地方二千里，持戟百万，县隔千里之外，齐得十二焉，此东西秦也。"将关中之地与山东的齐地，比作"东西秦也"，足见齐地在军事和政治上的重要地位。刘邦将自己的长子刘肥封在齐地为王，又选派后来做了帝国丞相的军功大臣曹参为齐相，都彰显了齐地的重要战略地位。同样，平定七国之乱时，没有参与反叛的齐王刘将闾拼死据守临淄，阻挡了胶西、胶东、淄川、济南四国大军的西进，使七国叛军从三个战场同时向朝廷腹地进兵的战略计划未能实现，为汉军平定七国反叛赢得了宝贵时间。这也从反面印证了胶东重要的战略地位。

其二，胶东是征服朝鲜的后方基地。汉代对海外征服的主要对象是朝鲜半岛。当时从大陆进攻朝鲜主要有陆路和海路两条路线。陆路从辽东跨马訾水（今鸭绿江）进兵朝鲜，水路则从齐地渡渤海直攻朝鲜。由于陆路道路遥远，远途征伐，后勤给养在古代运输条件下是一个大问题，所以从水路进攻朝鲜是最佳选择。

胶东是中国大陆距朝鲜半岛最近的地区，也是中国东部海岸线最长的地区之一。据资料显示，胶东地区也是秦汉时期中国最主要的造船基地。有学者指出："山东沿海黄县至成山一带，自古盛产木材，其中的楸木，就是造船的上等材料。"❶也有学者注意到反映"北方沿海地区"如齐地造船技术先进的史例。据《汉书·郊祀志》记载，战国以至秦朝，那些供人乘坐入海求神仙的船，在当时社会条件下，均是出自北方沿海地区。汉武帝时，越相吕嘉反于南越，齐相卜式上书："愿与子男及临淄习弩，博昌习船者请行，死之以尽臣节。"博昌在今山东博兴县南，汉世濒临渤海，当地民众习于舟船。卜式上书事已先见于《史记》卷三十《平准书》："齐相卜式上书曰：'臣闻主忧臣辱。南越反，臣愿父子与齐习船者往死之。'""博昌习船者"作"齐习船者"。"习船"有可能只是说驾驶船舶，而当地多有"习船者"，在市场化程度甚低的情况下也可以间接反映造船生产的发达程度。所以，"北方的山东半岛和渤海沿岸，早在战国时代即有舟船之盛，是齐国和燕国进行航海活动的基地。秦始皇攻匈奴以及汉代楼船将军杨仆征朝鲜，都曾以山东半岛沿岸为造船和补给基地"。❷

其三，胶东是对外征服的后勤和兵源基地。随杨朴和左将军荀彘出兵朝鲜的军队，据《史记·朝鲜列传》"天子募罪人击朝鲜"的说法，应该是从全国各地征募的罪犯，但同传又说"楼船将军将齐兵七千人先至王险"，则有杨朴统帅的七千人为"齐兵"，或许是正规军队，而非罪犯。至于"齐兵"之来源，

---

❶ 朱亚非：《古代山东与海外交往史》，中国海洋大学出版社 2007 年版。

❷ 金秋鹏：《中国古代的造船和航海》，中国青年出版社 1985 年版。

从字面上看，或是“齐郡”的军兵，也可以解释为齐地（国）的军队。《汉书·地理志》：“齐郡，户十五万四千八百二十六，口五十五万四千四百四十四。”以两户征兵一名的规模，七千应当是齐郡可以征集到的士兵总额的极限了。再者，秦汉文献中“齐”一般多指古齐国，如《史记·货殖列传》记载，“(汉兴)齐带山海，膏壤千里，宜桑麻，人民多文彩布帛鱼盐”。这里的“齐”即指古齐国之所在。这已属于历史常识，所以基本上可以判断这七千齐兵应该是从整个齐地征募的，这其中当然包括今属胶东的广大地区。

再次，山东是当时汉王朝的经济重心，人口占当时全国总人口的20%[1]，盐铁、丝织、商业、农业发展都居全国领先水平。在如此重要的地区，武帝时却多次出现水旱灾情和小规模农民起义。山东形势的变化对全国有牵一发而动全局的影响，山东的稳定事关整个国家全局。武帝每次东巡必到山东，可见，稳定山东局势，巩固在山东的统治应该是武帝最重视的。

最后，汉代胶东地区所在的齐地，是经学的主要学术基地之一。学术界认为，作为经学发端的博士之制就是起源于齐国的，甚至博士又与“稷下”互称。钱穆在其《两汉博士家法考》中就已指出：“《说苑·尊贤》篇称博士淳于髡，《五经异义》谓战国时齐置博士之官，是也。然他书皆称稷下先生，不称博士。二者盖异名同实。故汉高祖拜叔孙通为博士，而号稷嗣君，此谓其嗣风于稷下也。安国为汉廷博士，而郑君称之为稷下先生，故知博士与稷下先生异名同实，晚汉尤未堕此义。”从马非百先生的《秦集史·博士表》的统计来看，秦朝初年的博士，也大多为齐鲁之人。

---

[1] 尚新丽：《西汉人口研究》，郑州大学2003年博士学位论文。

# 目　录

## 上编　政治制度和行政运行

## 下编　交通和社会经济

# 上编

# 政治制度和行政运行

# 第一章　西汉时期的胶东

## 第一节　西汉王朝的建立及对胶东的统治

### 一、西汉王朝的建立与郡国并行的地方政治体制

公元前 202 年，汉王刘邦即皇帝位，庙号高祖，后人称其为汉高祖。刘邦战胜项羽，登上帝位，虽然标志着他取得了具有历史意义的伟大胜利，但对于刘邦来说，这仅仅是一个新时期的开端，摆在他面前的还有许多亟待解决的问题。项羽集团被消灭后，六国旧贵族的残余势力还散布全国各地，他们仍然是不安定的因素；项羽集团被消灭，与汉军对抗的最大武装力量消失了，然而雄据一方的异姓诸侯王却又成了汉朝中央的潜在威胁。不彻底解决他们，汉皇朝的统一和巩固就是一句空话。[1]

#### （一）从异姓王到同姓王的分封和郡国并行制度的确立

西汉皇朝建立以后，刘邦君臣“惩亡秦孤立之弊”，总结秦朝灭亡的教训，在地方行政体制上实行郡国并行制。尽管景帝时发生的吴楚七国之乱暴露了宗室封王制度的弊端，但终西汉之世，宗室封王、疏属封侯、功臣封侯的制度却一直延续下来。之所以如此，就是因为这一制度能较好地满足宗室贵族和功臣宿将们对权力和财产再分配的要求，同时，如果措置适当，对拱卫中央集权也能起到有益的作用。

刘邦分封，始于楚汉战争的关键时刻。公元前 204 年十二月，刘邦的大军被项羽包围在荥阳，形势岌岌可危，郦食其向刘邦提出遍封六国后裔，以为项羽广泛树敌的建议。刘邦当即采纳，并命人刻制王

---

[1] 孟祥才：《中国历史 · 秦汉史》，人民出版社 2009 年版。

印，准备付诸实行。但在张良的坚决反对下，没有实施。其实，张良反对的并不是分封本身，他反对的是封六国之后，但对于分封追随刘邦南征北战的将士和谋臣，他是举双手赞成的。从当时的形势判断，刘邦的分封实际上受到了两大因素的影响。其一，是出于战争形势的需要；其二，则是受古代分封政治传统的影响，而且这种传统的影响作用是不应该被忽视的。

在楚汉战争中崛起的韩信之类实力派军人，正是抱着裂地分封、子孙永享的观念，来要求和对待已经得到的土地和权力。这是中国传统分封政治在当时的社会观念上的延续。当然，这种政治要求与刘邦希望建立的专制皇权是南辕北辙的。事实上，刘邦之分封异姓王，尽管在理念上是符合当时整个时代的价值观念的，尤其是对那些希望通过分封来达到裂土称王目的的臣子们来说，这种价值观念下的诱惑力是不言而喻的。韩信就一再强调："以天下城邑封功臣，何所不服。"[1]这种观念在当时是颇具时代特征的。但是，从刘邦分封几个异姓王，尤其是韩信、英布、彭越三王的情形来看，与其说是刘邦君臣对这一特定的价值观念的实践，莫如说是出于战争需要的一项权宜之计。韩信可以两次以拒不出兵相要挟，向刘邦要求封号，即是最典型的说明。

这里实际上再清楚不过地提出了一个在当时政治条件下的尖锐而又不可回避的问题：如何处理分封政治传统与现实的集权政治的关系？一方面是古代分封政治传统所赋予军功大臣"裂土封王"的政治理想，另一方面是战国以后，尤其是秦王朝的政治实践已经确立的中央集权的政治模式所赋予封建帝王的集权理想。进一步讲，这也绝不仅是一种政治理想的冲突，因为实际上已经形成了异姓诸侯王国与中央集权的专制君主之间，围绕着国家的治权展开的斗争。这些异姓诸侯王一则跨州连郡，划地自治，一则自领军队，手握重兵，这些都使刘氏皇帝如芒刺在背，实际上也的确形成了一种半独立的割据政权，对西汉中央政府构成了严重威胁。众所周知，双方斗争的结果是异姓王被逐一诛杀。如果仅从维护专制集权的角度看，异姓诸侯王最终被铲除，实际上是当时政治局势的必然结果。

从出于战争需要和政治传统的分封异姓王开始，最终以铲除异姓

---

[1] 《汉书·韩信传》。

王结束，汉初的政治舞台尽管经历了一次次的血雨腥风，然而，如何调整刘氏宗室与其他军功大臣之间的政治关系，换句话说，如何和建立怎样的政治模式的任务到此时还未能完成，或者说这一任务才刚刚开始。为此，刘邦与军功大臣定立了“白马之盟”，这是为完成这一任务所进行的初步尝试。也可以说，是刘邦对汉初政治模式所进行的初步调整。

根据刘邦与军功大臣之间所定立的“白马之盟”之“非刘氏不王，非功不侯”的政治契约，在西汉国家建立过程中由于战争需要和形势所迫而分封的异姓王被铲除殆尽以后，刘邦又先后分封刘氏子弟和军功大臣为诸侯王、侯，史称前者为“同姓王”，后者为“功臣侯”。到刘邦晚年：“子弟同姓为王者九国，唯独长沙异姓，而功臣侯者百有余人。自雁门、太原以东至辽阳，为燕、代国；常山以南，太行左转，渡河、济、阿、甄以东薄海，为齐、赵国；自陈以西，南至九嶷，东带江、淮、谷、泗，薄会稽，为梁、楚、淮南、长沙国；皆外接于胡越。而内地北距山以东尽诸侯地，大者或五、六郡，连城数十，置百官宫观，僭于天子。汉独有三河、东郡、颍川、南阳，自江陵以西之蜀，北自云中至陇西，与内史凡十五郡，而公主、列侯颇食邑其中。”[1] 以上九个同姓王所占疆土已占去大汉皇朝疆域的半数以上，朝廷所直辖的土地，只有内史、上郡、北地、陇西、汉中、巴郡、蜀郡、广汉、云中、上党、河东、河内、河南、南阳、东郡等 15 个郡。从地理位置上讲，关东广大地区尽为诸侯王占据，而汉中央直接掌握的土地，主要集中在旧秦国疆域之内，也包括韩、魏、楚西部的部分土地。可以说这种分封制的推行，几乎恢复了秦统一全国前的形势。从政治角度而言，由于刘邦分封同姓王，是对楚汉间因功分封原则的重大修改——诸侯王的资格被限定在刘姓皇室之内，亦即所谓的“血缘原则”，这又可以说是对六国王政的恢复，只不过其宗旨在于确立新兴的刘氏家族的世袭王权。被分封的同姓王，其王国的政权机构与中央基本相同，除了由中央任命其王国丞相与太傅之外，各级官吏均由诸侯王自己任命，在政治上基本保持着半独立的状态，这种政权

[1] 《史记·汉兴以来诸侯王年表·序》。

体制，我们称之为王国政治。[1]

汉初分封诸侯王，起于田肯首议。据《汉书·高帝纪》，载高帝六年十二月，刘邦设计于陈执楚王韩信，田肯贺上曰："甚善，陛下得韩信，又治秦中。秦，形胜之国也，带河阻山，县隔千里，持戟百万，秦得百二焉。地势便利，其以下兵于诸侯，譬如居高屋之上建瓴水也。夫齐，东有琅琊，即墨之饶，南有泰山之固，西有浊河之限，北有渤海之利，地方二千里，持戟百万，县隔千里之外，齐得十二焉，此东西秦也。非亲子弟，莫可使王齐焉。"此议颇受刘邦之赞许，于是诏曰："齐，古之建国也，今为郡县，其复以为诸侯。将军刘贾数有大功，及择宽惠修洁者，王齐荆地。"正月，韩王信等奏请封刘贾为荆王、刘交为楚王、刘喜为代王、刘肥为齐王。这是汉初封同姓王之始。事实上，同姓王之封与铲除异姓王几乎是同步的。这以后，张敖失国遂有刘如意之同姓赵国，燕王刘建则是废燕王卢绾后所封，梁王刘恢、淮南王刘长所封则分别是梁王彭越和淮南王英布之故国。

吕后时期，陆续废掉了刘氏的梁、赵，分割齐、楚，同时分封吕氏八王，高祖时期所封的同姓王国尚余 5 国，加上异姓的长沙国和吕氏 8 王，此时的诸侯王国共 14 国。吕氏被诛后，文帝恢复了齐、楚、赵等同姓王国的封地，又分封在诛灭诸吕中立有功劳的刘氏为王，同姓王国的势力达到高峰。景帝时，御史大夫晁错上书言及当时主要同姓诸侯王的封地，云："昔高帝初定天下，昆弟少，诸子弱，大封同姓，故孽子悼惠王王齐七十二城，庶弟元王王楚四十城，兄子王吴五十余城。封三庶孽，分天下半。"[2] 可见这些诸侯王占地之广。

除了分封同姓诸侯王之外，还论功行赏，从公元前 202 年（汉五年）到前 195 年（汉十二年）七八年间，一共封了 137 个侯。[3] 由于这时候"大都名城民人散亡，户口可得而数裁十二三"，所以获得侯爵者所得到的封户，大者不过万家，小者五六百户。此外，还给一部

---

[1] "同姓王"分封之前，刘邦早已分封了九个异姓王，一则这些异姓的诸侯王存在的时间都很短，二则异姓王享国时期，正是汉初政治的草创时期，异姓王政治在汉代政治史上并未形成一种相对独立的政治模式。故我们所说的王国政治，专指同姓王政，而不包括异姓王时期。

[2] 《汉书·荆燕吴传》。

[3] 加上外戚及王子侯 16 人，共 143 人。

分没有侯爵的人以食邑若干户的赏赐。

与分封同姓诸侯王一样，这种功臣封侯并世袭的制度，也种下了日后分裂割据的因素，它与统一集权的郡县行政体制是很不协调的。随着诸侯王国经济、军事实力的发展，年龄逐渐增大的诸侯王们的野心也急剧膨胀。因而他们的存在也就越来越造成了对西汉中央集权的严重威胁。“然诸侯原本以大，末流滥以致溢，小者淫荒越法，大者睽孤横逆。”❶ 以致后来在文、景、武三代，汉中央不得不花费很大精力去对付他们，最后甚至不得不诉诸流血的军事行动，解决了诸侯王国的问题。❷ 文帝时期，先后有济北王刘兴居和淮南王刘长的谋反事件发生。因此到文帝以后，尤其是汉武帝时代，对侯国的削除也就成为巩固和加强中央集权的一个重要内容。诸侯王国辉煌不再，“故逮文、景四五世间……列侯大者至三四万户,小国自倍，富厚如之。子孙骄逸，忘其先祖之艰难，多陷法禁；殒命亡国，或亡子孙。讫于孝武后元之年，靡有孑遗耗矣”。❸

**（二）郡国并行的地方政治体制**

汉初，郡县制是国家的基本行政体制，但由于实行大规模的分封诸侯王的制度，实际上又是郡国并行的政治局面。

《汉书·地理志》载：“秦京师为内史，分天下作三十六郡。汉兴，以其郡太大，稍复开置，又立诸侯王国。武帝开广三边。故自高祖增二十六，文、景各六，武帝二十八，昭帝一，讫于孝平，凡郡国一百三，县邑千三百一十四，道三十二，侯国二百四十一。……民户千二百二十三万三千六十二,口五千九百五十九万四千九百七十八。汉极盛矣。”

在地方行政体制方面，汉朝也承袭秦制，设立郡县二级管理机构。郡设郡守，为一郡的最高行政长官，有丞为其辅佐，边郡设长史掌兵马。郡还设郡尉，辅佐郡守，掌管一郡的军事。另外，郡守还有一大批属吏各司其事。

郡以下设县，其行政长官，万户以上为令，万户以下为长，下设丞、尉等属官协助令、长管理全县的行政，司法、财政和军事等方面

❶ 《汉书·诸侯王表》。

❷ 孟祥才:《中国历史·秦汉史》，人民出版社 2009 年版。

❸ 《汉书·高惠高后文功臣表》。

的事务。县以下设乡，乡官有三老、啬夫、游徼等，其中三老掌教化，啬夫管司法、收租税，游徼管治安等事务。乡以下为里，里有里正，里以下就是什伍组织。另外，县以下还有亭一级组织，由县尉领导。亭设亭长，主要职务是负责邮传、维持交通治安，有时也兼管民事。郡县的长吏由皇帝任命和升迁黜陟。这样一套从中央到地方的严密行政制度，保证了西汉皇朝对全国各地的有效控制。

同姓诸侯王的存在，在汉初的确起到了屏藩汉朝中央的作用。正如班固所说："高祖创业，日不暇给，孝惠享国又浅，高后女主摄位，海内晏如，亡狂狡之忧，卒折诸吕之难，成太宗之业者，亦赖之于诸侯也。"[1] 这是因为，王国初封之时，大部分诸侯王年龄尚小，权柄操在刘邦派出的担任傅相的元勋大臣手里，所以他们与汉朝中央的矛盾尚不十分尖锐。但是，随着诸侯王国经济、军事实力的发展，年龄逐渐增大的诸侯王们的野心也急剧膨胀。因而他们的存在也就越来越造成了对西汉中央集权的严重威胁。"然诸侯原本以大，末流滥以致溢，小者淫荒越法，大者睽孤横逆。"[2] 他们势力增强的同时，与中央的离心力也不断扩大，有学者把这种离心力归结为"后属疏远"的血缘渐疏效应。[3]

从政治关系上讲，同姓王国与中央所保持的是一种既具有很强的相对的政治独立性，又必须将其政治运行纳入中央之法律体系之下的政治关系。王国政治虽然拥有相对独立的行政权力，但并不具备立法权力，这是汉初同姓王国政治最基本的特点。这就决定了当王国政治之运行一旦超越了中央法律体系之认可范围，必然要与中央政治发生对立和冲突，从而成为中央政治之分裂势力。事实上，在同姓王大规模的联合叛乱，即七国之乱之前，汉皇朝对于王国已有立法限制，如诸侯王不得窃用天子仪朝，[1] 诸侯王无虎符不得擅自发兵等。例如，

---

[1] 《汉书·诸侯王表》。

[2] 《汉书·诸侯王表》。

[3] 管东贵："秦汉封建与郡县由消长到统合过程中的血缘情结"，载《燕京学报》（五）1998年。

[1] 淮南王长，就以窃用天子仪制而坐罪，死于迁徙途中。另，得天子特许也有例外者，如梁孝王刘武，"得赐天子旌旗，从千乘万骑，出称警，入言跸，儗于天子。"按《汉仪注》：皇帝辇动，左右侍帷幄者称警，出殿则传跸，止人清道也。按此梁孝王乃行天子之仪制也。

《汉书·高五王传》载："王欲发兵，非有汉虎符验也。"还有，诸侯王之间不得私自会晤，不得与外戚之家私自交往，不得擅自出境，不得擅自爵人，赦死罪，不得收纳亡人，藏匿亡命等。这都表明王国政治的独立性是有限的，必须遵大汉皇朝律法。但是，随着诸侯王势力的扩大，中央法律体系对王国的法律约束力与来自诸侯王国的政治对抗力之间的矛盾越来越激化。最终导致双方的决裂，即诸侯王国的叛乱。

其实，从制度设计的角度看，汉初王国的确保持着很强的政治独立性。王国政治制度的设计，基本上是仿效中央朝廷的制度框架，汉初王国"宫室百官同制京师"。[1]

1. 汉初的王国官吏[2]

太傅，辅导国王，不豫国政，秩二千石。成帝时，太傅但曰"傅"。

相国，总纲纪，统众官，为王国最高行政长官，秩二千石。惠帝元年（公元前194年），更名丞相。景帝中元五年（公元前145年），更名为相。汉初的王国丞相由中央任命，并可以由王国相直接被任命为朝廷的丞相，如曹参由齐国相直接被任命为朝廷的丞相，即其典型事例。但武帝以后颁布"左官律"，王国官吏不得再入朝廷为官，表明王国官吏的政治地位大大下降了。

中尉，掌武事，备盗贼，秩二千石。

御史大夫，督查百官，秩二千石。景帝中元三年罢除。

内史，掌民政，秩二千石。成帝绥和元年罢内史，并职于相。

郎中令，侍卫国王，秩二千石。武帝时减为千石，后又减为六百石。

卫尉，掌宫门警卫，秩二千石。

大行，掌出入宫殿礼仪。

太仆，职掌舆马，秩二千石。武帝更名为仆，减秩为千石。

廷尉，职掌司法，秩二千石。景帝中元五年省。

宗正，掌王族事务，秩二千石。景帝中元五年省。

---

[1] 《汉书·诸侯王表序》。

[2] 安作璋主编：《山东通史·秦汉卷》，人民出版社2009年版，第153页。

将军，统兵之官。

都尉，主兵之官。

博士，掌礼制、教授、藏书等事。

从上述所列王国官职来看，王国的政治制度设计与朝廷基本无异，且主要官员的官秩，均为二千石，与中央官职一样，表明此时王国政治制度与朝廷具有很大的相似性，也表明王国在政治上的相对独立地位。从景帝平定七国之乱以后，中央对王国官制进行了改革，基本的方针是削弱王国官职的地位和权限，王国的政治独立性大大削减了。

2. 侯国官职

汉初，侯国的列侯可以在封国内自行设置官吏，征收赋税。武帝以后，改侯国令、长曰相，由中央直接派遣，主治民。实际上是剥夺了侯国在封国范围之内的治权。侯国相之下，设有若干属官，如家丞，主侍侯，管理列侯家事；庶子，职责与家丞基本一样，东汉以后，千户以下的侯国只设庶子一人；还有门大夫、行人、洗马、舍人等。[1]

## 二、西汉时期胶东的行政建制

### （一）西汉时期胶东地区行政沿革

秦朝在胶东半岛地区只设立黄县和腄县两个县。黄城集作为古黄县城驻地，从此成为全县的政治、经济和文化中心。腄县故城在今烟台市福山区境内的三十里堡，它于东汉初年并入黄县。黄县的名称一直沿用到1986年，即今山东省龙口市（1986年撤销黄县，建立龙口市，县治在今龙口市东南）。

汉初实行的是郡国并行的制度，郡国之上还设有行政监察区，亦称刺史部，每部设刺史一人，作为该区的最高行政监察官员。西汉时期，在今胶莱河以东，即胶东地区设有胶东国、高密国、北海郡和东莱郡，归青州刺史部管理。胶东东南沿海的现海阳、即墨、崂山等地划归琅琊郡，琅琊郡归徐州刺史部管辖。据《汉书·地理志》所载，郡、国是平帝元始二年（公元2年）的行政建制，但郡国辖境至少有一部分系成帝元延末年（公元前9年）的情况[2]。从历史地理的角度

---

[1] 安作璋主编：《山东通史·秦汉卷》，人民出版社2009年版，第161页。

[2] 谭其骧：《中国历史地图集》（第二册秦·西汉·东汉时期），地图出版社1982年版。

看，今胶东地区在西汉平帝元始二年，分属青州刺史部的东莱郡（全境，十八县）、胶东国（全境，八县）、高密国（全境，五县）、北海郡（东部六县：安丘、都昌、密乡、平城、淳于、胶阳）和徐州刺史部的琅邪郡（北部八县：长广、皋虞、不其、计斤、黔陬、祓国、柜县、郑县），共计44个县和侯国。

从汉初到汉末新莽时期，胶东地区的行政区划大致由诸侯王国与郡、县（包括侯国）构成，其沿革大致如下：

齐国，《汉书》载，高帝四年，韩信破齐，齐将军田既军胶东，信道遣将军曹参击杀之，立胶东郡。六年，以胶东等六郡立子（刘）肥为齐王。齐封国范围很大，基本上包含了先秦齐国故地的大部，有临淄、济北、博阳、城阳、胶东、胶西、琅邪七郡。孝惠二年，齐王将城阳郡献给吕太后，以为鲁元公主汤休邑。惠帝六年，刘肥卒，子刘建立为哀王。哀王二年，吕后擅政，“立其兄子郦侯吕台为吕王，割齐之济南郡为吕王奉邑。”哀王八年，高后又“割齐琅邪郡立营陵侯刘泽为琅邪王。”❶ 孝文帝元年，吕氏被诛，“尽以高后时所割齐之城阳、琅邪、济南郡复与齐，而徙琅邪王王燕。”❷ 是年，齐哀王卒，太子刘则立，是为文王。齐文王立十四年卒，无子，国除，地划归于汉。第二年，即孝文帝十六年（公元前164年），孝文帝封悼惠王六子，再加上文帝二年（公元前178年）封给悼惠王子刘章的城阳国（此时为刘章之子城阳共王刘喜），将齐一分为七：齐、济北、济南、淄川、胶西、胶东和城阳国，齐悼惠王刘肥受封时的齐国，此时已被分为七个王国；景帝二年，削胶西六县置北海郡。三年，收胶东之东莱、济北之平原支郡属汉。武帝年间又得齐之千乘，分济南置泰山，除济北国，至后元二年末，故刘肥齐国地已先后分成十二郡国，即齐、千乘、平原、泰山、济南、北海、琅邪、胶西、东莱九郡及淄川、胶东、城阳三国。此后，除胶西于宣帝年间置为高密国外，其余郡国名目不变。❸

胶东国，故齐，高帝元年别为国，五月复属齐国，文帝十六年复为国。景帝三年反，国除为郡。四年立子刘彻为胶东王，景帝七年，

---

❶ 《史记·齐悼惠王世家》。

❷ 《史记·齐悼惠王世家》。

❸ 孙祚民主编：《山东通史》，山东人民出版社1992年版。

胶东王刘彻立为太子，胶东国除为郡。中元二年，复置胶东国，封子刘寄为胶东王，是为康王。

琅邪郡，汉初为郡，属齐国，是齐悼惠王所辖七郡之一；“吕后七年，高后割齐琅邪郡，立营陵侯刘泽为琅邪王。”❶ “文帝元年，徙泽为燕王，而复以琅邪归齐。”❷ 文帝十五年（公元前 165 年），齐文王刘则卒，无子，琅邪国除为郡，从此属汉。

北海郡，景帝中二年置，属青州。景帝二年（公元前 155 年），胶西王因私自买爵位，被削去六县之地，这六县之地就是最初的北海郡。此后，又并入了一些县和侯国，到汉元始二年，共有县和侯国 26 个。郡治在营陵，即今昌邑东南。

东莱郡，高帝四年设，属齐国。汉高祖时，东莱一代地属齐国，但齐国此时的辖地并无东莱郡。有人推测，东莱郡置于文帝十六年（公元前 164 年）至景帝三年（公元前 154 年）间，乃胶东国析置的郡。❸ 景帝三年，七国之乱时胶东王刘雄渠因参与叛乱，兵败被诛，胶东国被废，析置为胶东郡、东莱郡，此后东莱郡一直为汉郡。

高密国（胶西国）故齐，文帝十六年别为胶西国，景帝三年反，国除为郡，同年景帝立子刘端为胶西王，武帝元封三年死后无子，国除为郡。宣帝本始元年更为高密国。至王莽时国绝。

**西汉胶东郡国沿革表**

| | 东莱郡 | 胶东国 | 北海郡 | 胶西国<br>高密国 | 琅邪（国）<br>郡 |
|---|---|---|---|---|---|
| 高帝<br>高后 | 高帝四年设，属齐国 | | | | 汉初为琅邪郡，属齐国；高后七年立营陵侯刘泽为琅邪王 |
| 文帝 | 东莱郡<br>属胶东国 | 十六年置胶东国 | | 十六年置胶西国 | 汉文帝元年，复以琅邪归齐，琅邪国除为郡 |

❶ 《汉书·高五王传》。

❷ 《汉书·荆燕吴传》。

❸ 周振鹤：“西汉诸侯王国封域便签考（下篇）”，载《中华文史论丛》1982 年第 4 期。

续表

| | 东莱郡 | 胶东国 | 北海郡 | 胶西国<br>高密国 | 琅邪（国）郡 |
|---|---|---|---|---|---|
| 景帝 | 东莱郡三年，收胶东国之东莱郡属汉 | 景帝中元二年立子刘寄为胶东王 | 中二年削胶西国之六郡，置北海郡 | 三年立胶西王刘端 | 琅邪郡 |
| 武帝 | 东莱郡 | 胶东国 | 北海郡 | 元封3年，胶西国除为郡 | 琅邪郡 |
| 西汉后期 | 东莱郡 | 胶东国 | 北海郡 | 宣帝本始元年更为高密国 | 琅邪郡 |

### （二）诸侯王国

西汉时期的诸侯王国，以七国之乱为界，特别是在武帝前后，其政治地位存在很大的差异。班固将汉代初年“大者跨州兼郡，连成数十”，“皆令自置吏，得赋敛”的诸侯王国的分封，看做对“惩亡秦孤立之败”的“所谓矫枉过正矣”。其结果也如众所周知那样，引发诸侯王国与汉朝廷的激烈矛盾，最终发生了七国之乱这样的惨祸。七国之乱被平定后，封君的政治权力被大大削弱。按照新的针对诸侯王国的法令，诸侯国王不得复治其国，一切军国事务均由朝廷派遣官员治理。王国相与侯国相与太守、县令无异，并不臣属于封君。王朝对封君的法律限制也极为严格：诸侯国王不得擅自发布政令；没有诏书、虎符不得擅自发兵；不得擅自离境；不得藏匿亡命。武帝以后，汉中央特别制定了“左官律”和“附益阿党法”等来限制诸侯王的政治活动，使“诸侯惟得衣食租税，不与政事”。正如班固所言，自此之后，诸侯王、列侯虽“生于帷墙之中，不为士民所尊，势与富室亡异。”[1]

西汉初年，胶东地区属齐国。西汉曾先后分封了两个齐国。其一，是高祖刘邦分封的刘肥（齐悼惠王）的齐国，传国三代，无子，国除；其二是汉文帝分封的刘将闾（齐孝王）的齐国，亦传三世。到刘将闾的齐国时，汉初的齐国实际上已经被一分为七，胶东地区属于从齐国分出来的胶西国和胶东国的领地。

《汉书·高帝纪下》：“以胶东、胶西、临淄、济北、博阳、城阳

[1] 《汉书·诸侯王表》。

郡七十三县立子肥为齐王。”《汉书·地理志》：“齐地，虚、危之分野也。东有甾川、东莱、琅邪、高密、胶东，南有泰山、城阳，北有千乘，清河以南，勃海之高乐、高城、重合、阳信，西有济南、平原，皆齐分也。”其中的东莱、高密、胶东以及琅邪郡的北部属今胶东地区。

西汉初年，高祖封长子刘肥为齐王。《汉书·高五王传》：“齐悼惠王肥，其母高祖微时外妇也。高祖六年立，食七十余城。诸民能齐言者皆与齐。孝惠二年，入朝。帝与齐王燕饮太后前，置齐王上坐，如家人礼。太后怒，乃令人酌两卮鸩酒置前，令齐王为寿。齐王起，帝亦起，欲俱为寿。太后恐，自起反卮。齐王怪之，因不敢饮，阳醉去。问，知其鸩，乃忧，自以为不得脱长安。内史士曰：‘太后独有帝与鲁元公主，今王有七十余城，而公主乃食数城。王诚以一郡上太后为公主汤沐邑，太后必喜，王无患矣。’于是齐王献城阳郡以尊公主为王太后。吕太后喜而许之。乃置酒齐邸，乐饮，遣王归国。”

汉高祖死后，吕后称制，将齐国一分为四。《汉书·高五王传》：“惠帝崩，高后用事，春秋高，听诸吕擅废帝更立，又杀三赵王，灭梁、赵、燕，以王诸吕，分齐国为四。”师古注：“本自齐国，更分为济南、琅邪、城阳，凡为四也。”今胶东地区仍属分割以后的齐王国。

吕氏被诛，文帝前元元年，徙琅邪王于燕，将琅邪国改设为郡，“尽以高后时所割齐之城阳、琅邪、济南郡复予齐。……是岁,齐哀王薨，子文王则嗣。”同年，汉文帝分割齐国之地，将在诛吕氏时立功的朱虚侯刘章和东牟侯刘兴居分别立为城阳王和济北王。《汉书·高五王传》载：“始诛诸吕时，朱虚侯章功尤大，大臣许尽以赵地王章，尽以梁地王兴居。及文帝立，闻朱虚、东牟之初欲立齐王，故黜其功。二年，王诸子，乃割齐二郡以王章、兴居。章、兴居意自以失职夺功。岁余，章薨，而匈奴大入边，汉多兵发，丞相灌婴将击之，文帝亲幸太原。兴居以为天子自击胡，遂发兵反，上闻之，罢兵归长安，使棘蒲侯柴将军击破，虏济北王。王自杀，国除。”可知刘章和刘兴居被封为王，乃是以诛吕后的功劳，但因二人曾图谋立其兄齐哀王刘襄为帝，所以又废黜其功，没有得到大臣们事前许诺的赵地和梁地的分封，而仅得到一郡的封地。正因为此，济北王刘兴居在文帝二年乘文帝远征匈奴之机，起兵反叛。结果兵败自杀。济北国被改设为郡。城阳王刘章立二年卒，子共王刘喜嗣。此后一直传国十代，到王莽代汉时，国除。城阳国是汉初分封王国忠传国时间最长的王国之一。

此时的齐地，只剩下齐和城阳两个诸侯国。“文帝悯济北王逆乱以自灭，明年，尽封悼惠王诸子罢军等七人为列侯。至十五年，齐文王又薨，无子。时悼惠王后尚有城阳王在，文帝怜悼惠王適嗣之绝，于是乃分齐为六国，尽立前所封悼惠王子列侯见在者六人为王。齐孝王将闾以杨虚侯立，济北王志以安都侯立，菑川王贤以武成侯立，胶东王雄渠以白石侯立，胶西王卬以平昌侯立，济南王辟光以扐侯立。孝文十六年，六王同日俱立。”[1] 加上此时尚存的城阳国，齐国被一分为七。至此，“齐悼惠王子，前后凡九人为王：太子襄为齐哀王，次子章为城阳景王，兴居为济北王，将闾为齐王，志为济北王，辟光为济南王，贤为菑川王，卬为胶西王，雄渠为胶东王。”

《史记·汉兴以来诸侯王年表序》记载此事亦云：“天子观于上古，然后加惠，使诸侯得推恩分子弟国邑，故齐分为七，赵分为六……及天子支庶为王，王子支庶为侯，百有余焉。”“故齐分为七”，《集解》徐广曰：“城阳、济北、济南、菑川、胶西、胶东，是分为七。”即包括齐国在内，原齐国的土地被分割为齐、城阳、济北、济南、菑川、胶西、胶东七个诸侯国。其中的胶东国、胶西国属今胶东地区。

景帝即位初，保留了文帝在齐地所封的七个诸侯国。景帝二年（公元前155年），削去胶西六县属北海郡。三年，收胶东之东莱、济北之平原郡属汉。景帝前元三年（公元前154年），爆发七国之乱。在齐地，胶西、胶东、菑川、济南四王在胶西王的指挥下，举兵西进围攻齐王临淄，三月不下。汉将栾布率军进逼，胶西、胶东、菑川、济南诸王或自杀，或伏诛。齐王将闾为汉守城有功，但他曾拟夺取帝位，后来还参与过七国之乱的策划，特别是在被围困时又与胶西王等通谋，因惧怕不能为景帝所容，被迫自杀。

平定七国之乱后，汉景帝趁热打铁，进一步采取削弱和控制诸侯王的措施。首先是继续推行“众建诸侯而少其力”的政策，陆续在吴、楚、齐、赵旧地分封十三位皇子为诸侯王：“孝景皇帝十四男。

---

[1] 《汉书·高五王传》。

王皇后生孝武皇帝。栗姬生临江闵王荣、河间献王德、临江哀王阏。程姬生鲁共王馀、江都易王非、胶西于王端。贾夫人生赵敬肃王彭祖、中山靖王胜。唐姬生长沙定王发。王夫人生广川惠王越、胶东康王寄、清河哀王乘、常山宪王舜。"此后，齐王刘将闾因曾预谋参与七国之乱，被迫自杀，景帝立其子刘寿为齐王，又迁衡山王刘勃为济北王，迁济北王刘志为菑川王，立后来的武帝刘彘（后改名为彻）为胶东王❶，立子刘端为胶西王。加上先前的城阳王共六个诸侯王国。其中属今胶东地区的是胶东国和胶西国。

汉武帝时期，朝廷采纳中大夫主父偃的建议实行"推恩令"，继续削弱诸侯王。❷这项法令实际上是贾谊"众建诸侯而少其力"建议的延伸和法律化。推恩令的广泛而规范的实施，使已经变小的诸侯王封国中又划出不少小的侯国，实际上是在推恩的名义下进一步分割其土地和权力。这样，实力弱小的诸侯王再也难以兴风作浪了。与此同时，汉武帝也不放弃对侯国的削弱，他不时借口诸侯国所献的助祭的"酎金"缺斤短两或成色不足而削地夺爵。例如，元鼎五年（公元前112 年），就有 106 个列侯因"酎金"之罪被剥地夺爵。这一数字差不多是当时列侯之半。汉武帝还"作左官之律"，规定不准任何人私自充当诸侯官吏，以防诸侯延揽人才，结党营私。又重申并严格执行武帝以前制定的阿党附益之法，从重制裁朝中和王国中与诸侯结党营私的官员，从而将诸侯王置于孤立无援并时刻受到监视的境遇中。❸。武帝年间，又得齐之千乘，分济南置泰山，除济北国，至后元二年末，故刘肥齐国地已先后被分成十二郡国，即齐、千乘、平原、泰山、济南、北海、琅邪、胶西、东莱九郡及淄川、胶东、城阳三国。此后，

---

❶ 景帝前元四年，即七国之乱被平定的第二年，武帝被立为胶东王，于前元七年被立为太子，共做了四年的胶东王（未之国）。景帝中元二年（前 148 年），又立子刘康为胶东王。

❷ 实际上，在七国之乱爆发之前，西汉朝廷就制定了一系列有关诸侯王的限制性制度，如诸侯王不得窃用天子礼仪；诸侯王置吏需依汉制（景帝以后四百石以上官吏须由朝廷任命）；诸侯王无虎符不得擅自发兵；不得在国内私自煮盐、冶铁；不得擅自颁发爵位与人；不得收纳流亡、藏匿亡命；不得与外戚私自交往；不得与其他诸侯王私下会晤；不得私自离境；不得对朝廷大臣私自行赏；必须按时入朝。对违背以上规定的诸侯王，严重者会被削地、夺爵，甚至处死。

❸ 孟祥才：《中国历史·秦汉史》，人民出版社 2009 年版。

除胶西于宣帝年间置为高密国外，其余郡国名目不变。[1]

淄川、城阳两国不在今胶东地区，故武帝以后胶东的王国只有胶东和高密两国（高密国的前身为胶西国）。

齐国世系：

Ⅰ刘肥齐国世系：

①齐悼惠王肥—②齐哀王襄—③齐文王则。

Ⅱ刘将闾齐国世系：

①齐孝王将闾—②齐懿王寿—③齐厉王次昌。

胶东国，原为齐悼惠王齐国七郡之一。文帝十五年，齐国除，胶东郡属汉。第二年，即文帝十六年、置胶东国，封齐悼惠王子刘雄梁为胶东王。景帝三年，胶东王因参加吴楚七国叛乱，兵败被杀，国除。其国土被分为胶东、东莱二郡。第二年，又在胶东郡属地复置胶东国，立皇子刘彻（即以后的汉武帝）为胶东王。景帝七年，胶东王刘彻立为太子，胶东国再次除为郡。中元二年，复置胶东国，封子刘寄为胶东王，是为康王，都即墨（今平度东）。武帝建元元年（公元前140年），这一年是胶东康王九年，据《史记·汉兴以来诸侯王年表》记载，胶东康王于景帝中元二年（公元前148年）封王。此后，分别在武帝元光元年（公元前134年）和元朔五年（公元前124年）来朝，共在位28年，于元狩三年（公元前120年）卒，子哀王刘贤即位。

胶东国从复国至武帝元封元年以前拥有的疆域较大：东至海，西至潍水、胶水，北以阳乐、居止山、昌阳一线邻东莱郡，南至琅邪为界。以后疆域减小，据《汉书·地理志》所记，到平帝元始二年（公元2年）胶东国范围仅拥有即墨、昌武、下密、壮武、郁铁、挺、观阳、邹卢等8县。[2]

有关胶东国的沿革，《汉书·景十三王传》记载："胶东康王寄以孝景中二年立，二十八年薨。淮南王谋反时，寄微闻其事，私作兵车镞矢，战守备，备淮南之起。及吏治淮南事，辞出之。寄于上最亲，意自伤，发病而死，不敢置后。于是上闻寄有长子贤，母无宠，少子庆，母爱幸，寄常欲立之，为非次，因有过，遂无所言。上怜之，立

[1] 转引自孙祚民主编：《山东通史》，山东人民出版社1992年版。

[2] 转引自孙祚民主编：《山东通史》，山东人民出版社1992年版。

贤为胶东王，奉康王祀，而封庆为六安王，王故衡山地。胶东王贤立十五年薨，谥为哀王。子戴王通平嗣，二十四年薨。子顷王音嗣，五十四年薨。子共王授嗣，十四年薨。子殷嗣，王莽时绝。”胶东国在景帝中元二年复国，受封者已经不是原齐王刘肥的家族，而是景帝的儿子刘寄。据史料记载，武帝元狩元年（公元前 122 年），已经刻好皇帝印玺准备谋反的淮南王刘安阴谋败露，被武帝查处。淮南王与同他勾结图谋不轨的衡山王都自杀身死。据说，胶东王刘寄私下侦查出刘安谋反的阴谋，自己也私下里准备车兵征战之具，以备战事一开为自己谋利。刘安谋败自杀后，刘寄私备兵械的事情也被揭发出来，至于刘寄私备武装是为了配合刘安谋反，还是仅仅为了自保，史书未作明确记载，但侦查出诸侯王国密谋反叛而不告发，又私备兵械武装，这已是视同谋反的大罪。武帝或许因刘寄是自己的亲弟弟，关系最为亲密，而无意加罪。但刘寄内心十分惶恐，“发病而死”。刘寄死后，他的家族一直有子嗣传国，经六代，到王莽时被废，一直持续了 150 余年。胶东国都城在故城即墨，即今山东平度东。

其实，刘寄被封为胶东国王之前，景帝前元四年（公元前 153 年），曾封皇子刘彻为胶东王，刘彻后被立为太子，未就国。所以，到中元二年（公元前 148 年）改封皇子刘寄为胶东王，仍设都即墨。刘寄死后谥“康”，因此当地群众又称即墨城为“康王城”。

胶东国世系：

Ⅰ刘雄梁的胶东国。文帝十六年置，景帝三年，参与七国之乱，兵败被杀，国除。

Ⅱ刘彻的胶东国。景帝四年置，七年时，刘彻立为太子，国除。未就国。

Ⅲ刘寄的胶东国：景帝中元二年置，传六世，至王莽代汉，国绝。

①胶东康王寄—②胶东哀王贤—③胶东戴王通平—④胶东顷王音—⑤胶东共王授—⑥胶东□王殷。

西汉后期，胶东的诸侯国主要有胶东国、胶西国和高密国。

胶东国已见前。

胶西国：

齐王刘肥死后，子刘襄、襄子刘则先后继承王位。文帝十五年（公元前 163 年），刘则死，无子嗣，遂致绝封。早在刘则继位的当年，文帝即以诛吕氏有功，分齐国的城阳、济北二郡，分别封刘章和刘兴居为城阳王和济北王。不久，刘兴居借文帝亲征匈奴之机反叛，被文帝发兵平定，刘兴居兵败自杀。翌年，文帝对侄子刘兴居逆乱自灭，深为怜悯，便一次封刘兴居的兄弟七人为列侯。及刘则卒，文帝于次年（前元十六年，公元前164年）四月分齐地封刘肥尚在的六个儿子为王，其中刘印以平昌侯封胶西王，都高密城（今高密西五十里）。此为第一代都高密的封王。❶

《高密县志·沿革》对此亦有记载："汉（高祖）六年封子肥为齐王，食七十城，县属焉。文帝十六年分为胶西国，封胶西王印都高密。（在今县西五十里之城阴城），今县别为夷安属焉。"胶西国封地有多大，史料没有明确记载，但《汉书·荆燕吴传》载："及（景帝）前二年，胶西王印以卖爵事有奸，削其六县。"其封地当远比六县要多。或许是对被削去六县的封地不满，景帝三年胶西王印参与吴楚七国之乱，结果兵败伏诛，国除为胶西郡。不久，景帝封皇子刘端为胶西王，仍都高密。这是西汉都高密的第二代诸侯王。刘端在胶西王位上一坐就是47年，于武帝元封三年（公元前108年）去世，因无后，胶西国除为郡。胶西国都城在故城高密，在今山东高密西五十里。

总之，胶西国前后有齐悼惠王子刘印和景帝子刘端两次受封立国，但均无传国。故无世系。

高密国：

高密国的前身是文帝时期分封的胶西国。景帝三年，胶西国王刘印参与七国之乱兵败自杀后，胶西国除。这一年六月，景帝即封其子刘端为胶西王，即为第二代都高密的封王。元封三年胶西王刘端在位四年去世，因无后国除为郡。35年后的宣帝本始元年（公元前73年），"秋七月，诏立燕刺王太子建为广阳王，立广陵王胥少子弘为高密王。"❷《高密县志》亦载："宣帝本始元年，封广陵历王子刘宏为高密王，食胶西郡高密等五县。"这是第三代都高密的王国，也是第一个以高密为国号的诸侯王。胶西郡于是复改为高密国。

刘胥系武帝之李姬所生，与燕王刘旦同母。刘胥身材高大，有勇

---

❶ 张家骥："西汉高密王事略"，载《春秋》2008年第6期。

❷ 《汉书·宣帝纪》。

力。史称其“好倡乐逸游，力扛鼎，空手搏熊彘猛兽。动作无法度，故终不得为汉嗣。”因无法度，故不能为汉嗣。“及宣帝即位，封胥四子圣、曾、宝、昌皆为列侯，又立胥小子弘为高密王。”❶ 宣帝时，封刘胥少子刘弘为高密王。“高密哀王弘本始元年以广陵王胥少子立，九年薨。子顷王章嗣，三十三年薨。子怀王宽嗣，十一年薨。子慎嗣，王莽时绝。”❷ 高密国从刘宏始封到王莽时除国，共传四世。都城一直设在高密。

《汉书·地理志》：“高密国，故齐，文帝十六年别为胶西国。宣帝本始元年更为高密国。户四万五百三十一，口十九万二千五百三十六。”拥有高密、昌安、石泉、夷安、成乡等5县。

高密国世系：

①高密哀王弘—②高密顷王章—③高密怀王宽—④高密□王慎。

**（三）侯国**

按照刘邦与军功集团签订的“非功臣不侯”的政治契约，从刘邦登基帝位之后，刘氏皇朝便陆续分封宗室贵族和军功大臣为列侯。《汉书·高惠高后孝文功臣表》云：“……（汉五年，刘邦）即皇帝位。八载而天下乃平，始论功而定封。讫十二年，侯者百四十有三人。时大城名都民人散亡，户口可得而数裁什二三，是以大侯不过万家，小者五六百户。封爵之誓曰：‘使黄河如带，泰山若厉，国以永存，爰及苗裔。’于是申以丹书之信，重以白马之盟，又作十八侯之位次。高后二年，复诏丞相陈平尽差列侯之功，录弟下竟，臧诸宗庙，副在有司。始未尝不欲固根本，而枝叶稍落也。故逮文、景四五世间，流民既归，户口亦息，列侯大者至三四万户，小国自倍，富厚如之。”

汉初，功臣列侯一般留居京师，汉中央政府提供其在京宅第，其所食租税，则由其封地转输京师以供给其用。这一制度的初衷，主要是便于朝廷对列侯的控制。文帝以后，出于对列侯把持朝政的担忧，文帝开始采取遣列侯就国的新政，但对于列侯在封国的权限作出严格的规定。比如，列侯征发徭役、赋税，既不能“过律”，更不能“擅兴”，将列侯的征税权限制在朝廷许可的范围之内；而且，对列侯的

❶ 《汉书·武五子传》。

❷ 《汉书·武五子传》。

行动自由也予以限制，不得擅自逾越国境，更不得与其他列侯交通，否则，轻者夺爵，重者坐罪，甚者处死。此外，又授予列侯所在郡县行政首长乃至普通民众监督、举报列侯违法行为的权利，列侯如有藏匿死罪、铸白金、擅自征发侍卫、买田宅不法、诅咒君主以及谋反等行为，郡县官民皆有权举报。

总的看来，由于朝廷对宗室、功臣等各类列侯实行比较严格的权力限制，汉代分封的列侯数量虽多，但由于没有被赋予临土治民的政治权力，所以对朝廷的离心力和反叛能力也比较有限。列侯不为士民所尊，势与富室无异，最终也就趋于没落了。[1]

1. 功臣侯国

（1）曲成侯蛊达

西汉在胶东最早封的功臣侯，是曲成侯蛊达。蛊达“以西城户将三十七人从起砀，至霸上，为执金吾，五年，为二队将，属周吕侯（吕侯长兄吕泽），入汉，定三秦，以都尉破项籍陈下，侯，四千户，以将军击燕、代。”蛊达是从砀郡参加刘邦集团的早期功臣，在汉初“作十八侯之位次”中排名第十八位。[2] 其封地曲成，属东莱郡[3]，在今烟台招远市东偏北。曲成侯的封户为四千户。《史记·高祖功臣侯者年表》注引《索隐》：“《楚汉春秋》云‘夜侯蛊达’盖改封也。夜县属东莱，”即今山东掖县，为东莱郡治。《掖县志》载：“《通志》汉置掖县，故作夜字。(《汉书》)《功臣表》有夜侯。按东莱郡所领有曲成、当利，今并在夜境。《郡国志》曲成、当利并侯国，按，汉东莱郡治黄（县)，而夜与曲成、当利皆属焉。”汉书《功臣表》所载夜侯，即蛊达。始封为曲成侯，可能之后又改封为夜侯。文帝元年卒，传子蛊捷，蛊捷曾两次被免，又两次复封，文帝后元二年（公元前162年）第二次被免时，封户已达9300户。武帝建元二年，蛊捷卒，

---

[1] 白寿彝总主编，白寿彝、高敏、安作璋主编：《中国通史·第四卷·中古时代·秦汉时期》（上），上海人民出版社1995年版。

[2] 《汉书·高惠高后文功臣表》注引孟康曰：“唯作元功萧、曹等十八人位次耳。高后乃诏作位次下竟。”可知，刘邦封功臣侯时，只排出了前十八位功臣的次序，吕后又下诏排出以下的功臣次序。颜师古注曰：“谓萧何、曹参、张敖、周勃、樊哙、郦商、奚涓、夏侯婴、灌婴、傅宽、靳歙、王陵、陈武、王吸、薛欧、周昌、丁复、蛊达，从第一至十八也。”

[3] 《史记·高祖功臣侯者年表》注引《索隐》曰：“曲成县，《汉志》缺，《表》在涿郡。误。《汉志》东莱郡有曲成”。

传子皇柔，24年后，即武帝元鼎二年，因罪服刑。宣帝元康四年（公元前62年），蟲达的玄孙复封，但未见传国，《汉书·地理志》载，到平帝元始二年（公元2年）时，曲成已为县，属东莱郡。

（2）都昌侯朱轸

与蟲达同时在胶东受封的功臣侯，还有都昌侯朱轸，朱轸“以舍人前元年从起沛，以骑队帅先降翟王，虏章邯，功侯”，是早年随刘邦在沛县起兵的功臣。在汉初分封的143个功臣侯中排名第23位。封地都昌，属北海郡，在今山东昌邑，属胶东西部。都昌侯朱轸始封于汉高祖六年三月，十四年卒，高后元年，子朱率嗣，是为都昌刚侯，孝文帝前元八年卒，子诎嗣，是为都昌夷侯，孝景帝元年，传子朱偃，二年后去世，传子朱辟彊，五年后去世，无子国除，共传了五代。宣帝元康四年（公元前62年），朱轸玄孙朱先被续封都昌侯，但未见传国。《昌邑县志·沿革》：载“汉置都昌国，后除为县，属北海郡。”所以，《汉书·地理志》载，平帝元始二年（公元2年）都昌不为侯国而为县，属北海郡。看来都昌侯在平帝元始二年以前就已经除国为县了。

（3）昌武侯单究

高祖六年，封单究为昌武侯。单究，《史记·高祖功臣侯者年表》作单甯，“初以舍人从，以郎入汉，定三秦，以郎骑将军击诸侯，侯。九百户，功比魏其侯。”单究也是刘邦集团的早期功臣，曾随汉王刘邦入汉中，参加楚汉战争，高祖六年七月以功封侯。在汉初分封的143个功臣侯中排名第45位。封地在昌武，属胶东国。具体位置在谭其骧主编的《中国历史地图集》[1] 两汉部分的分幅图中失载。但胶东国全境均在胶东地区。所以昌武侯国是西汉初年在胶东分封的侯国无疑。

单究受封十三年去世，惠帝六年，子单如意嗣，四十三年卒，孝景帝中元四年子单贾成继位，十六年后去世，元光五年，子单德继位，四年后，即元朔三年，因伤人致死被夺爵。第二年，即武帝元朔四年又封内附汉王朝的匈奴王赵安稽为昌武侯，封地应该就在单氏昌武侯国。[2]

---

[1] 本书如未做说明，所引《中国历史地图集》均为谭其骧主编之书。

[2] 《史记·建元以来侯者年表》载，昌武，《索隐》：“表在武（舞）阳”。未知孰是。

太初元年赵安稽死，传子赵充国，太初四年充国死，无后，国除。

（4）安丘侯张说

高祖七年，封张说为安丘侯。张说“以卒从起方舆，属魏豹，一岁五月，以执盾入汉，以司马击项羽，以将军定代，侯，二千户。”张说随刘邦稍晚，在刘邦被项羽封为汉王入汉中时，仅仅是一个盾牌卫士。楚汉战争初年为司马，后升为将军平定代地，而得以封侯，在汉初所封143个功臣侯中排名67位。封地在安丘，属北海郡，在今山东安丘附近，亦属于今胶东地区边缘。张说的安丘侯国传了五世，到玄孙张拾，因在上林苑蓄谋盗鹿，被判罪。宣帝元康四年（公元前62年），张拾之子，复封。未见传国。《汉书·地理志》载，平帝元始二年（公元2年）安丘为县，不为侯国，属北海郡。

（5）腄侯吕通

《汉书·高惠高后文功臣表》载，高后时期封功臣（含外戚、惠帝子）侯凡31人，其中有腄侯，注曰见《恩泽外戚侯表》，但《恩泽外戚侯表》失载。《史记·惠景间侯者年表》有锤侯，《集解》：一作“钜”，《索隐》：县名，属东莱。《史记·惠景间侯者年表》所载锤侯，或许就是腄侯之误。锤（腄）侯，名吕通，吕后兄子，腄侯封地当在东莱郡之腄县，即今烟台福山。

（6）壮武侯宋昌

汉文帝时，还封有功臣侯数人，其中有壮武侯宋昌。

《汉书·文帝纪》：元年六月，文帝诏曰：“方大臣诛诸吕迎朕，朕狐疑，皆止朕，唯中尉宋昌劝朕，朕已得保宗庙。以尊昌为卫将军，其封昌为壮武侯。诸从朕六人，官皆至九卿。”

宋昌“以家吏从高祖起山东，以都尉从荥阳，食邑，以代中尉劝王，骖乘入即帝位，侯，千四百户。”宋昌早年在山东随高祖刘邦，建国后随代王刘恒为代国中尉，因随驾人长安即皇帝位，被封为壮武侯。封地壮武，属胶东国，在今山东即墨西，属胶东。到景帝中四年，“有罪，夺爵一级，为关内侯”，封地被销。

（7）承父侯续相如、孙王

武帝太始三年（公元前92年）五月封续相如为承父侯。续相如“以使西域发外王子弟，诛斩扶乐王首，虏二千五百人，侯，千百五十户”。延（征）和四年（公元前89年）因坐罪被腰斩。同年，武帝封孙王为丞（承）父侯，孙王得封是因告发太原人白义谋反有功，受封三年因杀人罪被免。据《汉书·景武昭宣元功臣表》，承父侯国在东莱郡，但《汉书·地理志》未载其地，具体位置不详，但在胶东无疑。

以上封地在今胶东的共 7 个功臣侯国，其中一国先后封给两人，但未见传国。

2. 同姓侯国

封地在胶东的同姓诸侯王，在西汉时期先后有齐国、胶东国和高密国。另外，城阳、济北、济南、菑川、胶西等王国的封地也大致在汉初的齐国境内。这些王国的王子侯国的封地，或多或少地与胶东地区有一定的关系。所以，胶东地区的同姓王子侯国，主要应从上述王国考察。

（1）齐悼惠王王子侯

封于胶东的同姓侯国，最早的是东牟侯刘兴居。刘兴居，齐悼惠王刘肥之子，吕后六年封东牟侯。东牟，属东莱郡，在今烟台牟平县。文帝前元二年，“王诸子，乃割齐二郡以王章、兴居。”[1] 封朱虚侯刘章为城阳王、东牟侯刘兴居为济北王。第二年，刘兴居因不满仅仅被封为只有一郡之地的济北王，乘文帝亲自征匈奴之机，起兵反叛，结果兵败自杀。济北国被除为郡。

刘兴居自杀后，“文帝悯济北王逆乱以自灭，明年（前元四年），尽封悼惠王诸子罢军等七人为列侯。至十五年，齐文王又薨，无子。时悼惠王后尚有城阳王在，文帝怜悼惠王適嗣之绝，于是乃分齐为六国，尽立前所封悼惠王子列侯见在者六人为王。”封杨虚侯刘将闾为齐孝王，安都侯刘志为济北王，武成侯刘贤为菑川王，白石侯刘雄渠为胶东王，平昌侯刘卬为胶西王，扐侯刘辟光为济南王。“孝文十六年，六王同日俱立。”[2] 除孝文帝十六年升格为王国的六个王子侯外，齐悼惠王诸子中，还封有管共侯罢军、氏（营）丘共侯宁、营平侯信都和阳丘共侯刘安等四个侯国。管共侯罢军、氏（营）丘共侯宁、营平侯信都都仅传了一代，他们的儿子都因参与七国之乱被诛，阳丘共

---

[1] 《汉书·高五王传》。
[2] 《汉书·高五王传》。

侯刘安卒后传子刘偃，也因擅自离境，被“耐为司寇”。四个侯国也就被除为县。

齐悼惠王刘肥的十个王子侯的封地中，杨虚、安都、管、营四个侯国，均未见《汉书·地理志》载，《史记·惠景间侯者年表》注引《索隐》曰：“管，古国名，今为县，属荥阳”；“营，《表》在济南”。

氏丘，《汉书·高惠高后文功臣表》作营丘，《汉书·地理志》载营丘，即营陵，是北海郡治所在。在今山东省潍坊市南，属胶东地区边缘。《史记·高祖功臣侯者年表》载，高祖十一年，封刘泽为营陵侯，刘泽“以（汉）三年为郎中，击项羽，以将军击陈豨，得王黄，为侯。与高祖疏属刘氏，世为卫尉。万二千户。”高后六年，刘泽被吕后封为琅琊王。营陵侯国除。孝文帝前元四年，封氏（营）丘共侯刘宁，其封地或为前营陵侯刘泽的侯国。

平昌，见于平原郡，在今德州市商河西北。另，琅邪郡有平昌县，在今安丘南，属胶东边缘。胶西王印的昌平侯国当属前者。

朸，《汉书·高五王传》做“扐”，注引服虔曰：扐，音勒。扐，平原县也，在今山东惠民县西，为朸县，而不称侯国，概因《汉书·地理志》记载为平帝元始二年（公元 2 年）的行政区划，此时朸侯已封为济南王，又因参与七国之乱被诛，朸划为县。

阳丘，属济南郡，在今济南章丘北。这三个侯国的封地当属齐地，但又不在今胶东地区。

武成，见于左冯翊，在今陕西省华县东。另，九江郡有“东城，莽曰武城。”丹阳郡有南武城、清河郡有东武城，应与这里的武城侯无关，而且，作为齐王之子，刘贤的武城侯国也不应远在左冯翊的武城，至少应在齐地，较为可信。但不见于《地理志》记载。

白石，见于凉州金城郡，在今甘肃临夏西南，当与雄渠的白石侯国无关[1]。这两个侯国的地理位置失考，但应在齐地无疑，是否属于胶东地区也无法考证。

据以上考证可知，齐悼惠王十个王子侯中，只有东牟侯刘兴居和氏（营）丘侯刘宁的封地可以确定在今胶东。

---

[1] 《史记·惠景间侯者年表》注引《索隐》曰：县名，属金城。

（2）齐孝王王子侯国

齐孝王刘将闾，文帝前元十六年（公元前164年）以阳虚侯封，子9人封侯：被阳侯燕、定敷侯越、稻夷侯定、山原侯国、繁安侯忠、柳康侯阳已、云夷侯信、牟平共侯渫、柴原侯代。

其中，牟平侯国属东莱郡，在今烟台福山。据《汉书·地理志》载，牟平为县，不为侯国，但据《汉书·王子侯表》的记载，牟平侯国传七世，到王莽篡位后才绝；不知孰是。

《汉书·地理志》琅邪郡有“稻，侯国”。《中国历史地图集》两汉部分的分幅图中，未标明稻侯国的方位。但据《高密县志》载：武帝元朔四年，封齐孝王（子）刘定为稻侯。知稻侯在今高密，应是封地在今胶东的侯国。

《汉书·地理志》勃海郡有“定，侯国”，“柳、侯国”。定国在今河北者无棣县西。柳国在今河北黄骅南，郡不属胶东；琅邪郡有“云、侯国”，但具体位置不详。

被阳侯国，属千乘郡，在今淄博桓台；繁安侯国，亦属千乘郡，具体位置不详。山原、柴原两侯国则不见《汉书·地理志》中有载。其中山阳侯国《汉书·王子侯表》曰，在勃海郡。这样看来，齐孝王的9个王子侯中，有牟平侯国和稻侯国两国在胶东，加上齐悼惠王子封地在东牟的刘兴居和封地在营丘的刘宁，高后到文景时期所封齐王的20个王子侯中，有东牟、稻、营丘、牟平4个侯国的封地在今胶东。

（3）武帝以后的王子侯国

武帝以后，实行“众建诸侯而少其力”的策略，大量封诸侯王子弟为侯。据《汉书·王子侯表》的记载，武帝时期所封侯国，多达178个，武帝之后分封的王子侯，数量则有所减少，从昭帝到平帝，六代皇帝共封王子侯203人（不含子嗣再封者），稍多于武帝一朝所封王子侯。在这共计381个王子侯国中，哪些侯国的封地可能与胶东有关呢？

我们首先从其王国在胶东者入手考察。

其一，胶东国王子侯。

武帝朝，胶东康王子3人封侯：皋虞煬侯刘建（传六世，至王莽时绝）、魏其煬侯刘昌（传四世，至王莽时绝）、祝兹侯刘延年（坐弃印绶出国，被免）。皋虞，属琅邪郡，在今青岛即墨东北；魏其侯国，属琅邪郡，在今山东临沂东南；祝兹侯国，不见《汉书·地理志》有载。三侯中仅皋虞煬侯刘建封地在胶东地区。皋虞侯刘建，于元封元年（公元前110年）受封，在位九年，太初四年（公元前101年）子刘定嗣位，是为皋虞穅侯，在位十四年，本始二年，节侯刘裒嗣位，此后又传位子至刘建六世孙，王莽篡位后，皋虞侯国被废。《汉书·地理志》载，元始二年，琅邪郡有皋虞侯国，即皋虞节侯刘裒在位。

昭帝时，封胶东哀王之子刘安国为温水侯，本始二年被免，国除。温水，《汉书·地理志》犍为郡有温水，但指水名，不为侯（县），胶东王子封侯，亦不可能远在犍为郡。具体位置不详。

宣帝时，封胶东戴王4子为侯，即乐望侯光、成康侯饶，柳泉侯强和新利侯偃。这四个侯国中，乐望、成康，柳泉三个侯国属北海郡。《汉书·地理志》载，北海郡有乐望侯国、柳泉侯国，不见成康侯国。但《汉书·王子侯表》载，成康侯国在北海，却又将柳泉误入南阳。新利，《汉书·地理志》载，汝南郡有“成阳，侯国。莽曰新利”，当与刘偃的新利侯无关。北海郡则不见新利侯国，具体位置不详。据《中国历史地图集》两汉部分的分幅图，乐望、成康，柳泉三个侯国，除柳泉可以确定不在胶东外，其余两侯国具体地理位置不详，故不能确定是否属胶东。

元帝时，封胶东顷王之子4人为侯，即上乡侯歙、新城侯根、石乡侯理、羊石侯回，均属北海郡。《汉书·地理志》载，北海郡有上述四侯国，但《中国历史地图集》两汉部分的分幅图中，均未标明这四个侯国的具体位置，不能确定是否属于今胶东地区。

成帝时，封胶东顷王之子6人为侯：昌乡侯宪、顺阳侯共、乐阳侯获、平成侯邑、密乡侯、乐都侯訢。

《汉书·地理志》载，北海郡有平成、密乡、乐都侯国，昌乡侯国失载。至于顺阳侯国，据《汉书·地理志》载，南阳郡有“博山，侯国。哀帝置。故顺阳。”据此可知，哀帝之前，博山当称顺阳，或许就是成帝所封顺阳侯刘共的封地。乐阳侯国，在常山郡。

平成、密乡分别在今山东昌邑附近，属胶东，乐都侯国属北海郡，但《中国历史地图集》两汉部分的分幅图中未标明具体位置。

成帝时，封胶东共王4子为侯。永始四年六月，封胶东共王子刘庆为陵石侯，五年五月和元延元年二月，再封胶东共王子刘闵为临安侯、刘炔为徐乡侯。绥和元年五月，再封胶东共王子刘恢为堂乡侯。陵石、堂乡，《汉书·地理志》失载，具体位置不详；临安侯国，属琅邪郡，《中国历史地图集》两汉部分的分幅图中未标明具体位置，或许不排除在胶东之可能。徐乡属东莱郡，在今山东黄县西北，属胶东。

总之，胶东王国从武帝朝到成帝五朝，传国五代，先后受封王子侯22人，其中可以确定在胶东的有4国：皋虞、平成、密乡和徐乡侯国。其余或不属胶东，或具体位置不详。

其二，高密国王子侯。

高密国封于宣帝本始元年（公元前73年），“高密哀王弘本始元年以广陵王胥少子立，九年薨。子顷王章嗣，三十三年薨。子怀王宽嗣，十一年薨。子慎嗣，王莽时绝。”共传四世。

高密王子侯最早受封于元帝初元元年（公元前48年），为胶乡侯刘汉。刘汉，高密哀王之子。受封七百户，死后传子节侯刘成，阳朔四年，刘成去世，无后，国除。胶乡，《汉书·地理志》未载，具体位置不详。

孝成帝建始二年正月，封高密顷王子5人为王子侯，卑梁侯刘都、胶阳侯刘恁、武乡侯刘庆、成乡侯刘安、丽兹侯刘赐。鸿嘉元年（前20年）再封高密顷王子刘常为安丘侯。

卑梁、胶阳、丽兹三侯国《汉书·地理志》未载，卑梁、丽兹地理位置不详；胶阳，在《中国历史地图集》两汉部分的分幅图中，在今山东高密西北，属胶东西部边缘。

武乡侯国属琅邪郡，成乡侯国属北海郡，但在《中国历史地图集》两汉部分的分幅图中，这两个侯国均未标明具体位置。或许并不排除其封地在胶东的可能。

安丘，属北海郡，在今山东安丘西南，属胶东边缘。刘常封后二十八年，被王莽除国。

总之，高密王从宣帝本始元年建国后，先后有胶乡侯国、卑梁侯国、胶阳侯国、武乡侯国、成乡侯国、丽兹侯国以及安丘侯国等7个王子侯国受封，其中只有胶阳、安丘两侯国可以确定在胶东地区，武乡、成乡两个侯国有可能在胶东，其余三国具体地理方位不明。

综合对以上史料的分析，武帝以后，封地在胶东的王国有胶东国和高密国。这两个王国的王子受封为侯国者共 29 个，其中也只有皋虞、平成、密乡、徐乡、胶阳和安丘共 6 个侯国的封地可以确定在今胶东地区。

其三，看封地在齐地的王国。

除封地在胶东的王国外，武帝以后在齐地受封的王国，还有菑川、城阳两个王国，两国先后受封的王子侯，菑川国有 17 人，城阳国有 31 人，先后共计受封 48 个侯国。

菑川懿王刘志子 13 人封侯：龙丘侯代、剧原侯错、怀昌侯高遂、平望侯赏、临众侯始昌、葛魁侯宽、益都侯胡、平的侯强、剧魁侯黑、寿梁侯守、平度侯行、宜成侯偃、临朐侯奴共 13 人。其中，平望侯国、平的侯国、剧魁侯国属北海郡，平望在今寿光北，平的和剧魁的具体位置不详，亦不能排除在胶东地区的可能。临朐侯国、平度侯国属东莱郡。分别在今莱州北和昌邑东北，属胶东无疑。宜成侯国，属济南郡，在今德州商河南。其余侯国未见《汉书·地理志》载。

菑川靖王子 4 人封侯：陆元侯何、广饶侯国、缾侯成、俞闾侯毋害。陆元和俞闾侯国未见《汉书·地理志》载，广饶属齐郡，在今山东广饶附近，缾属琅邪郡，在今临朐东南。均不属胶东。

菑川国 17 个王子侯中，封于胶东者，至少有临朐、平度两侯国。

城阳共王子 10 人封侯：利乡侯婴、有利侯钉、东平侯庆、运平侯记、山州侯齿、海常侯福、騶丘侯宽、南城侯贞、广陵侯裘、杜原侯皋。这 10 个侯国中，利乡侯国，属涿郡。东海郡有南成（县）。广陵，属广陵国，在今扬州市。其余各侯国未见《汉书·地理志》载。但据《汉书·王子侯表》载，有利、东平、运平属东海郡，海常属琅邪郡。均不属今胶东。

城阳顷王子 20 人封侯：麦侯昌、鉅合侯发、昌侯差、蕢侯方、虖葭侯泽、原洛侯敢、挟术侯昆景、挟釐侯霸、朸侯让、交成侯光、挍靖侯云、庸侯余、翟侯寿、鱣侯应、彭侯强、瓡侯息、虚水侯禹、东淮侯类、拘侯贤、淯侯不疑。这 20 个侯国中，麦侯、昌侯、原洛侯、挟术侯、虚水侯和庸侯等 6 个侯国属琅邪郡；朸侯和鉅合侯属平原郡；交成侯、翟侯、彭侯、淯侯属东海郡；瓡侯和东淮侯属北海郡；拘侯属千乘郡，其余 5 个侯国，蕢、虖葭、挟、挍、鱣等，未见《汉书·

地理志》载。《汉书·王子侯表》亦未载其所属郡国，地理位置不详。总之，城阳顷王的20个王子侯中，可以基本确定没有属胶东者。

城阳慧王之子1人封侯，是为江阳侯仁，封十年，坐罪免国。据《汉书·王子侯表》载，江阳属东海郡。

这样看来，城阳国受封31个王子侯中，未有封于胶东者。

其四，有王国封地不在山东，但其王子侯国的封地在今胶东者。

《汉书·王子侯表》载，东平思王之子刘并，封西阳侯，《王子侯表》本注，西阳侯国属东莱郡，即今胶东。但《汉书·地理志》未载西阳侯国，亦或许为西阳乡（侯）。

综合以上各表的资料言之，除封地在胶东的胶东国和高密国外，武帝以后各朝，其封地在胶东的王子侯还有临朐、平度、西阳三侯国。

其五，不能确定受封者身份的侯国。

据《汉书·地理志》载，平帝元始二年（公元2年）胶东地区的郡国之中，东莱郡仅有阳乐侯国；北海郡所辖今胶东地区的东部6县中有平成、密乡、安丘和胶阳4个侯国；琅邪郡下辖今属胶东地区的北部8县中，有皋虞侯国和祓国2个侯国；这七个侯国中，平成、密乡、安丘、胶阳和皋虞5侯国已见前文，是平帝前分封，传国到平帝时，而阳乐、祓国2侯国，未见《汉书·王子侯表》、《汉书·高惠高后文功臣表》、《汉书·景武昭宣元功臣表》和《汉书·外戚恩泽侯表》等载，具体受封时间和受封者不详。但也应计入胶东地区侯国总数。

至此，我们考证了从汉初到平帝末年，西汉同姓王子侯分封在胶东者，共计齐王国王子侯东牟、稻国、营丘、牟平4侯国；胶东国王子侯皋虞、平成、密乡、徐乡4侯国；高密国王子侯胶阳、安丘2国侯，菑川国王子侯临朐、平度2侯国；东平王国王子侯西阳1侯国，先后总计有13个王子侯国。

（4）小结

以上是根据《史记·高祖功臣侯者年表》、《史记·惠景间侯者表》、《汉书·王子侯表》、《汉书·高惠高后文功臣表》、《汉书·景武昭宣元功臣表》和《汉书·外戚恩泽侯表》等整理的与齐地和胶东有关的侯国资料。综合来看：

第一，西汉时期，可以确定先后封于胶东的功臣侯国7个，王子侯国共有12个，加上受封者不详的阳乐、胶阳、祓国3个侯国，共计22个侯国。占《汉书·地理志》所载今属胶东的44个县（侯国）的50%。当然，因这些侯国并不是同时存在的，所以在同一个时期内侯国占县级单位的比例，可能会小于这个值。

第二，封地全境属今胶东的胶东、高密两个王国的王子侯国（包括汉初的齐国）中封地在胶东者，只有7个。[1] 王国封地不属胶东，其王子侯国反而封于胶东的有5国（齐孝王子刘渫的牟平侯国、刘定的稻国，菑川懿王刘志之子刘行的平度侯国和刘奴的临朐侯国、东平思王子刘并的西阳侯国）。说明当时王子侯国的封地并不如我们想象的那样，在本王国的封地之内[2]，其封地会超出父王的王国范围。

第三，上文对王子侯国的考察，主要集中在封地在胶东或齐地的王国的王子侯。对当时分布在其他地区的诸侯王国的王子侯，笔者根据《史记·高祖功臣侯者年表》、《史记·惠景间侯者表》、《汉书·王子侯表》、《汉书·高惠高后文功臣表》、《汉书·景武昭宣元功臣表》和《汉书·外戚恩泽侯表》等资料，将各王子侯国与《汉书·地理志》今胶东地区所有县（侯国）做了认真比对，除东平思王子刘并的西阳侯国外，未发现其他属胶东地区的王子侯国。当然，正如上文所言，由于《汉书·地理志》本身有个别县（侯国）失载的情况，本文所依据判断县和侯国今天具体地理位置的《中国历史地图集》两汉部分的分幅图中，也有许多县和侯国位置失载的情况，所以有些侯国可以确定属于北海郡和琅邪郡，故无法排除在胶东的可能，但具体地理方位不详，故无法对其具体属地进行确认，只能存疑。

### （四）王国的政治结构和政治运行

刘邦分封同姓王，实质上是对六国政治传统之复兴。而六国政治

---

[1] 齐国受封的王子侯中，东牟侯刘兴居、营丘侯刘宁受封时，今胶东地区属齐国的东莱、胶东、琅邪等郡，故可视为王国封地在胶东者；齐孝王将闾受封时的齐国，封地已不包含今胶东地区，故可视为封地不在胶东者。

[2] 《史记·汉兴以来诸侯王年表序》："汉定百年之间，亲属益疏，诸侯或骄奢，忕邪臣计谋为淫乱，大者叛逆，小者不轨于法，以危其命，殒身亡国。天子观於上古，然後加惠，使诸侯得推恩分子弟国邑，故齐分为七，赵分为六，梁分为五，淮南分三，及天子支庶子为王，王子支庶为侯，百有馀焉。"从"使诸侯得推恩分子弟国邑"一文看，很容易使人认为推恩令下分封子弟为侯者，封地会限定在"国邑"——本国的城邑之内。从上述考证来看，王子侯国的封地可以远在王国之外。

传统，归根到底是一种血缘政治原则。就此而言，刘邦分封同姓王并不遵循“有功则封，无功则不封”的原则。事实上，同姓王的分封靠的是血缘的亲疏，而血缘亲疏是自然而成的。从这个意义上讲，刘邦时期乃至整个汉初之同姓王由于他们的王位来自既定的血缘，由此而获得的王权也就是既定的和不受约束的，这也就自始注定了王权与中央皇权之间最终的对立。而事实上，汉初之同姓王国，在政治上也只是半独立的（经济上则基本完全独立）。

1. 汉中央通过“诸侯相国法”实施对王国政治的相对控制

汉之同姓王分封制度，至少有“诸侯相国法”[1] 的存在——汉之诸侯王国相必须由汉朝廷任命。例如，汉元年封刘肥为齐王，同时任命曹参为齐相，九年封刘如意为赵王，同时任命周昌为赵相。十一年，刘长封淮南王，张苍为淮南相。据《史记·曹相国世家》载：“惠帝元年，除诸侯相国法。更以参为齐丞相。”可知惠帝元年曾对刘邦时期所定之“诸侯相国法”作了一次修订，改诸侯王相国为丞相。至于这其中的意义，因资料所限，不得妄断，但至少说明惠帝以前，“诸侯相国法”就已实行。

《汉书·百官公卿表》载：“诸侯王，高帝初置，金玺盭绶，掌治其国。有太傅辅王，内史治国民，中尉掌武职，丞相统众官，群卿大夫如汉朝。”《续汉书·百官志》亦载：“汉初立诸王，因项羽所立诸王之制，地既广大，且至千里，又其官职傅为太傅，相为丞相，又有御史大夫及诸卿，皆秩二千石，百官皆如朝廷，国家唯为置丞相，其御史大夫以下皆自置。至景帝时……遂令诸王不得治民，改丞相曰相，省御史大夫、廷尉、少府、宗正、博士官。”从上引两条资料看，诸侯王国的政权机构设置与汉皇朝是大致相同的，但王国政权中的核心职位——王国相，从封王始就是由中央任命的。这无疑在很大程度上保证了中央对王国政治保持一定的影响和制约力。其最重要的一条，就是诸侯王国相，有节制地方军事之权，如陈豨为赵相国，“监赵、代边，边兵皆属焉。”曹参相齐，也掌控东方车骑20余万，率兵参加平定陈豨、英布的反叛，这对中央而言，无疑是一个重要的实力保证。再就汉初之王国相的身份来看，文帝以前几乎没有例外，全部出身于

[1] 李开元：《汉帝国的建立与刘邦集团》，三联书店2000年版，第111页。

军功大臣集团。从这个意义上看，汉初之王国政治模式，可以说，几乎是汉中央政治的翻版，军功集团把持王国相位，也意味着王国的军权由军功集团把持，诸侯王的政治处境大体与汉朝皇帝相类似。汉文帝以藩王入主长安，即皇帝位，依然保持了汉初中央皇权政治模式，恐怕也与汉初王国之政治传统不无关系。文帝以后，文景两朝王国相中事功集团出身者逐渐占到优势。这又是与军功集团的整体衰落相一致的。

总的看来，汉初王国政治与中央政治还保持着相当的联系。这主要表现在王国政府官员与中央政府官员之间保持着相当的流动性或互换性。这与武帝以后实行左官律，王国官员不得入仕汉朝是根本不同的。汉初王国相升任中央政府官职或中央政府官员被任命为王国相是很平常的。例如，曹参由齐相入汉相；张苍，先后任赵、代、淮南相，吕后八年升任御史大夫，元帝四年为汉丞相；爰盎，先后任齐相、吴相，于景帝三年入为汉朝之奉常；张释之，也是由淮南相升任汉朝之廷尉。以上数例是由王国相而入汉朝中央者。另由中央三公九卿而任王国相者，如郦商高帝朝曾任卫尉，于高帝十年被任为赵相，周昌高帝时任中尉、御史大夫，高帝九年任为赵相。此外，如张苍还曾作过常山太守，周昌也曾任内史。这说明，从总体上看，王国政治与中央政治存在某种一体性特征，至少从人才资源而言，双方具有共享性。这样的实例自然以曹参相齐最为典型。曹参相齐，就政治属性而言，他并不是齐王的政治代表，曹参身居齐相，然更是汉朝之齐相，从政治身份而言，他是代表了中央在地方王国之权力，再从曹参由齐相入为汉相的事实来看，汉初王国政治并非独立于汉朝政治之外。王国政治与中央政治的这种一体性，事实上正是刘邦分封同姓的初衷之所在。

当然，从客观上讲，王国分封之初，或因受封者年岁尚小，王国势力羽翼未丰，加之由军功大臣出身之王国相掌控王国政权，王国政治与中央保持着比较浓厚的一体性色彩，诚为贾谊所言："大国之王幼弱未壮，汉之所置傅相方握其事"，[1] 是汉初王国与汉皇朝相安的客观条件，然而，"数年之后，诸侯王大抵皆冠，血气方刚，汉之傅相称病而赐罢，彼自丞相以上偏置私人，如此，有异淮南、济北之为邪!

[1] 《汉书·贾谊传》。

此时而欲为治，虽尧舜不治”。待诸侯势力逐渐坐大，终形成尾大不掉之势，必然成为中央政权之分裂势力。正如贾谊评论文帝时诸侯王势力的发展所说：“天下之势方病大肿，一胫之大几如腰，一指之大几如股，平居不可屈信，一二指搐，身虑无聊。”❶

事实上，贾谊早已窥破同姓分封与中央政治之间必然的对立关系，在这一点上，同姓也好，异姓也好，在对中央政权的割据性方面是相同的：“其异姓负强而动者，汉已幸胜之矣，又不易其所以然，同姓袭是迹而动，既有征矣，其势尽有复然。”可以说异姓分封、同姓分封，在与对皇权的分裂关系上是一脉相承的。所谓“又不易其所以然”，即不改变分封这一造成诸侯反叛的根本原因，“同姓袭是迹而动”则是必然之事。这是贾谊作为一个政治家的政治眼光之独到之处。

2. 王国政治仍保持着有限的独立性

尽管如上文所述诸侯王国的王国相、傅是由中央任命的，但王国依然保持着较为独立的政治权力，这其中最主要的一条就是诸侯王可以自己任命除王国相、傅以外的王国官员。《汉书·高五王传》赞曰：“以海内初定，子弟少，激秦孤立亡藩辅，故大封同姓，以填天下。时诸侯得自除御史大夫、群卿以下众官如汉朝，汉独为置丞相。”这样的实例还有梁孝武在梁国“招延四方豪杰，自山东游士莫不至；齐人羊胜，公孙诡，邹阳之属。公孙诡多奇邪计，初见日，王赐千金，官至中尉，号‘公孙将军’，多作兵弩弓数十万，而府库金钱且百巨万，珠玉宝器多于京师。”显然，招延豪杰，自置官属是诸侯王扩充自己势力的重要手段。

七国之乱平定以后，景帝对诸侯王国政治作了很大的修正。主要是限制诸侯王国的自治权力。比如，下令诸侯王不得再亲自治国，废除诸侯国王自置官吏的权力，封国中所有官吏都改由朝廷任免，并且继惠帝更“诸侯相国法”之后，对此进行了新的修定：改王国丞相为相。这样，王国相有相国，而丞相，倒只称相。其实，随着王国政治权力的被削夺，王国相的政治地位也随之下降，显然不只是名谓改变那么简单。随后，王国之御史大夫、廷尉等官职被废除，王国官员也被大量减员。《汉书·百官公卿表》：“景帝中元五年，令诸侯王不得

---

❶ 《汉书·贾谊传》。

复治国，天子为置吏，改丞相曰相，省御史大夫、廷尉、少府、宗正、博士官、大夫、谒者郎诸官长丞皆损员。”这样诸侯王之除吏权和治国权被剥夺，王国政治被大大削弱。继军功大臣逐步衰落以后，限制皇权的另一支主要力量也无可挽回地衰落了，大汉皇权在此后逐渐得到加强。

按照当时的诸侯相国法，[1] 诸侯王必须按时到长安朝会。时限大概为五年一朝。《汉书·文三王传》载：“代孝王参，五年一朝，凡三朝，”“梁怀王揖（又作胜），五年一朝，凡再入朝。”当然，根据与皇帝的亲密程度和关系远近，也有不按此例者。如景帝之同母弟梁孝王武“十四年入朝”、“十七、十八年比年入朝，留，其明年乃之国”、“二十一年入朝”、“二十四年入朝”、“二十五年复入朝”，到“三十五年冬，复入朝，上疏欲留，上弗许，归国。”梁孝王武因是景帝的同母弟，有窦太后在朝中照应，所以得以频繁入朝会，并得以长期留居长安，但后来与景帝关系逐渐疏远，到三十五年欲留京师却遭到皇帝的拒绝。从这个意义上讲，入朝会乃是皇帝之恩宠，但同时可能还是一种对皇帝的义务，因此，不朝会者，须得到皇帝之特许，否则要按律处罚，重至死罪，如文帝时就特许吴王刘濞“赐吴王几杖，老，不朝。”这其中的政治意味不言自明，是在于体现诸侯王国对中央皇权的归属关系。因此，从法律角度而言，汉朝之法律，乃是全国之通行大法，诸侯王国不得在此之外擅兴法律，如《汉书·淮南王传》载，丞相张苍奏淮南王刘长之罪状，其中之一便是“擅为法令，不用汉法”。因此，诸侯王国虽然在政治上保持着如除吏等相对独立的权力，但皇朝对诸侯王还掌握有削地夺爵甚至生杀予夺的权力。由汉皇朝任命之王国傅、相也握有王国行政、军事等大权，并可通过上书举报等方式劾奏诸侯王之不法。对此，皇帝可责成丞相、御史大夫、廷尉或大鸿胪等组成专门法庭进行审议判决，报皇帝批准后执行。

总之，汉初王国之分封，从异姓王之军功原则，到同姓王之血缘原则的转移，由此而形成的政治格局基本上可认定为对六国传统的恢

---

[1] 关于汉代“诸侯相国法”，因资料所限，目前已难以了解其全貌。现仅知有“诸侯相国法”之名目，其具体内容也已不得而知，从张家山汉简来看，汉律之内容，多继承秦律，但又有很大的发展，汉代法律条文之多，至“典者不能遍睹”是可信的。以此观之，汉代关于诸侯王国的律令，想必也是十分齐备的。

复。所不同的是同姓之分封，限于刘氏一姓。同为刘氏一姓之同姓王国，在法理上讲，王国的分封与王国权力的获得是依据与刘氏皇室血缘之亲疏远近，这当然是六国传统。从政治关系上讲，同姓王国与中央所保持的是一种既具有很强的相对政治独立性，又必须将其政治运行纳入中央之法律体系之下的政治关系。王国政治虽然拥有相对独立的行政权力，但并不具备立法权力，这是汉初同姓王国政治最基本特点。这就决定了当王国政治之运行一旦超越了中央法律体系之认可范围，必然要与中央政治发生对立和冲突，从而成为中央政治之分裂势力。事实上，在同姓王大规模的联合叛乱，即七国之乱之前，汉皇朝对于王国已有立法限制，如诸侯王不得窃用天子仪朝，[1] 诸侯王无虎符不得擅自发兵，如《汉书·高五王传》："王欲发兵，非有汉虎符验也。"诸侯王之间不得私自会晤，不得与外戚之家私自交往，不得擅自出境，不得擅自爵人，赦死罪，不得收纳亡人，藏匿亡命等。这都表明王国政治的独立性是有限的，必须遵大汉皇朝汉律。随着诸侯王势力的扩大，中央法律体系对王国的法律约束力与来自诸侯王国的政治对抗力之间的矛盾越来越激化，最终导致双方的决裂，即诸侯王国的叛乱。封地在胶东的诸侯王国也大多参与了反叛。

**（五）西汉时期胶东的行政区划**

刘邦击败项羽后，建立汉王朝。汉初实行的是郡国并行的制度，郡国之上还设有行政监察区，亦称刺史部，每部设刺史一名。胶莱河以东地区设有胶东国和东莱郡，胶东国和东莱郡归青州刺史部管理。胶东东南沿海的现海阳、即墨、崂山等地划归琅邪郡，琅邪郡归徐州刺史部管辖。

1. 东莱郡十七县

秦王朝时期，在今山东置齐郡（治临淄）、琅邪（治琅邪，今山东胶南）、胶东（治即墨，今山东平度东南）、济北（治博阳，今山东泰安）和薛郡（治鲁县，今山东曲阜）共五个郡。秦胶东郡的辖区从莱州湾沿潍坊、安丘、高密、胶县一线到胶州湾，以东至海。大致相

---

[1] 淮南王长，因窃用天子仪制而坐罪，死于迁徙途中。另，得天子特许也有例外者，如梁孝王刘武，"得赐天子旌旗，从千乘万骑，出称警，入言跸，儗于天子。"按《汉仪注》：皇帝辇动，左右侍帷幄者称警，出殿则传跸，止人清道也。按此梁孝王乃行天子之仪制也。

当于今胶东地区。

西汉建国后，实行郡国并行的地方行政制度，汉高祖刘邦封长子刘肥于山东，是为齐国，并在胶东置东莱郡、琅邪郡（其北部部分县在胶东），属齐国。[1]《寰宇记》载，高帝四年，韩信虏齐王广，分齐郡置东莱郡。景帝三年，七国之乱时胶东王刘雄渠因参与叛乱，兵败被诛，胶东国被废，析置为胶东郡、东莱郡，此后东莱郡一直为汉郡。所以，《汉书·地理志》载，东莱郡，高帝置。属青州。

户十万三千二百九十二，口五十万二千六百九十三。县十七：即掖县（今莱州）、腄县（今烟台福山区）、平度、黄县、临朐（今莱州城西北）、曲成（今莱州城东北）、牟平（今烟台福山城区西）、东牟（今烟台牟平区）、巾弦县（今龙口城区南）、育犁（今烟台福山城区西北）、昌阳（今文登城区南）、不夜（今荣城城区北）、当利（今莱州城区西南）、卢乡（当利东南）、阳乐（当利北）、阳石（今莱州城区南）、徐乡（今龙口城区北）。东莱郡治所掖县。颜师古注："故莱子国也。"

掖县、曲成、当利，三县均在今山东莱州市境内（今山东莱州市，原山东掖县，1988 年撤掖县建立莱州市）。掖县，西汉东莱郡治所。《掖县志》载："《通志》汉置掖县，古作夜字，《功臣表》有夜侯[2]，按东莱郡所领□有曲成、当利，今并在夜境。《郡国志》曲成、当利并侯国，按，后汉东莱郡治黄（县），而夜与曲成、当利皆属焉。"当利，县治位于今莱州市区西南 20 公里沙河镇路旺侯家村西南 150 米。另，临朐、卢乡、阳乐、阳石等四县，也均在今山东莱州境。《中国历史地图集》西汉时期的分幅图中，临朐在掖县（今莱州市）正北沿海；卢乡，在当利县东南，县治在今灰埠镇城子村；阳石，在当利东，县治在今莱州城区南；阳乐，在当利北。但《掖县志》、《黄县志》等均未载。

腄县，县治在今烟台福山区。公元前 221 年，秦置腄县（治于今烟台市福山区境内），属胶东郡。汉高帝时，属东莱郡，汉吕后曾封

[1] 《汉书·地理志》载，齐地，虚、危之分野也。东有甾川、东莱、琅邪、高密、胶东，南有泰山、城阳，北有千乘，清河以南，勃海之高乐、高城、重合、阳信，西有济南、平原，皆齐分也。

[2] 即曲成侯蟲达。

吕通为腄侯。东汉初撤销并入牟平县。据《史记·秦始皇本纪》载："二十八年，始皇东行郡县，上邹峄山……於是乃并勃海以东，过黄、腄。"《集解》引《地理志》载，东莱有黄县、腄县。引《括地志》云："黄县故城在莱州黄县东南二十五里，古莱子国也。牟平县城在黄县南百三十里。"又引《十三州志》云："牟平县，古腄县也。"这里是指汉牟平县在秦时属腄县境,并非指汉牟平县治就在秦腄县治。《福山县志》载，福山，"秦为齐郡腄地"。《史记》载："飞刍挽粟起于黄、腄，盖子黄以东皆腄地，东尽于海矣。前汉为牟平县地、腄地、育犁县地，属东莱郡。"《牟平县志》亦云："盖自今黄县、蓬莱以东，直抵海滨，皆秦腄地，其范围实跨有今福山、栖霞、牟平、海阳、文登、荣成等县，非若汉之腄县，止有福山、栖霞县境而已。"对此，《文登县志》亦载'文登，"秦为齐郡腄地"。《史记》载："秦始皇使天下飞刍挽粟起于黄、腄。"《元和志》载："黄，即黄县，腄，即文登。汉置昌阳、不夜二县，属东莱郡。"可见秦时腄县的地理范围从烟台福山一直延伸到今文登、荣成等地。

平度，在今平度城西北60里，县治设灰埠附近。道光版《重修平度县志》序中记："平度，汉旧县名也。……其地南至城子泊、新河，北至掖县之海仓、土山，不过今州之五一。"西汉时，现平度境置平度、即墨、郁秩、卢乡、下密、当利、壮武等县。大体分布为：郁秩，县城设今平度城；卢乡，县城设今城北50里的北城子村；下密，县城在今昌邑密城；当利，县城在今莱州境内；壮武，县城在今蓝村以北地域。有关平度地名的起源，据道光《重修平度州志》记：古即墨城，齐初并莱，建于莱国之中，名朱毛城，后为即墨。朱毛，原为齐国一位大臣。尔后，因傍临墨水河遂名即墨。古城分内城和外城，墙长40里，残存的城垣遗址至今仍依稀可见；平度地名，来历多为境内人氏所关注，《平度州志》序中记，乾隆《山东通志》，引"《说苑·闾邱对齐宣王》：'愿选良吏，平法度，臣得寿矣'之言，谓义盖取此，旧籍所不载，特臆说耳"。其中取"平法度"，引为平度县名；另有人认为，平度县名出自公元前219年（始皇帝二十八年），秦始皇东巡琅邪，立刻石碑颂秦文中的"……端平法度，万物之纪"，取其"端平法度"，其意引为平度，两者之意基本相同，但来源不同。公元前128年（汉武帝元朔元年），平度县改侯国，其辖境为今平度西北一隅。封淄川懿王刘志之子刘行为平度侯。

黄县，在今山东龙口市境内（黄县，即今龙口市，1986 年撤销黄县，建立龙口市），县治在今龙口市东南。早在西周初期，莱夷狄一支禾莱人就在今黄县建立了自己的国家——东莱国，其都城就在今龙口市兰高镇归城古城。春秋晚期，东莱国被齐国灭亡，前后共经历 500 余年。同治版《黄县志》载："秦为齐郡东鄙，汉为黄县。"黄为县名始见《汉书·地理志》，故《元和志》云，黄本汉旧县；《寰宇记》亦云：黄，汉县；《史记·秦始皇本纪》有东国黄、腄之文，疑其时黄、腄为地名，尚未置黄、腄二县。隶青州东莱郡，其治在今治东南二十五里，所谓东黄城也。后汉为东莱郡治，省徐乡县入焉。"东黄城在县东南二十五里，为汉故县治，今名黄城集。"又曰："东黄城之谓汉县旧治无疑矣。今治为北齐所徙亦信。"唐李贤注《后汉书》当在高宗上元二年（675 年）下距神龙三年（707 年）凡三十三年，其注《李忠传》云："黄，今莱州县也，故城在县东南。考东黄城在今县治东南二十五里，正与李注相合。"

曲成，在今山东省莱州（原掖县）和招远境内，商周时期属莱国地。《竹书纪年》载："周成王十四年，秦师围曲成克之"（清朝孙渊如校正本作齐师）。《汉书·地理志》载："东莱郡，高帝置。属青州。……曲成,有参山万里沙祠。阳丘山，治水所出，南至沂入海。有盐官。"《掖县志·大事记》载："武帝元封二年春，帝如东莱，三年帝如东莱祷万里沙，征和四年春正月，帝行幸东莱，临大海。""宣帝神爵中祠参山八神于曲成。"可知，曲成县在西汉时期属青州东莱郡，在今山东莱州市（原掖县）境，县治在今招远市西北。旧《招远县志》载，招远"汉为曲成县，在今县治西四十华里，属东莱郡，东汉因之……元魏（北魏）以其地，置东曲城。"其地与今之曲成故城相符。汉初，刘邦分封功臣侯，有曲成侯蟲达，即封于此。《汉书·功臣表》载，蟲达"以西城户将三十七人从起砀，至霸上，为执金吾，五年，为二队将，属周吕侯，入汉，定三秦，以都尉破项籍陈下，侯，四千户。以将军击燕、代。"蟲达可能是汉代在胶东所封的第一个功臣侯。

牟平，据《中国历史地图集》两汉部分的分幅图，西汉的牟平县，在汉育犁县西邻，今烟台市福山区境内。《福山志》载，福山，

“秦为齐郡腄地，前汉为牟平县地、腄县地、育（犁）县地，属东莱郡。谨案：牟平城故址在今牟城社，盖居县之西北境，并连蓬莱之东北境，其东境南境则皆腄地。惟育犁未详所在。后汉为牟平县地，腄、育犁省属东莱郡。”《牟平县志》载：“考今之牟平，即汉之东牟，与汉县牟平在今福山境内者，名同实异。春秋时，齐迁牟子国，系迁于汉牟平县，非今县地。”

东牟，在今烟台牟平区。《牟平县志·地理志·沿革》载：“今（牟平）县系汉之东牟，汉县，东牟以西为腄，腄以西为牟平”。“汉初于腄县以东，置东牟县。南境为育犁县；西南境为胶东观阳县地。齐悼惠王子刘兴居封东牟侯，文帝二年，升为济北王，国除。育犁城在今县西南，距城一百二十里，《明一统志》谓在宁海州东南者误。观阳在今县西南之旧青山乡，清初由莱阳割属，即古观阳县之北境也。”按《中国历史地图集》西汉时期的分幅图，东牟县治在今山东牟平。1936年所刊《牟平县志·地理志·古迹》记载：“牟平城有三。一为汉之牟平，故城在今福山县北30里古县社（俗作古现），或谓在福山县西北二十五里牟城社，即武帝元朔三年封齐孝王子渫为牟平侯者也……”或谓此处为古“牟子国”故地。现在古现三十里堡村仍存有故城址，周围分布着许多土冢。

巾弦县，与黄县均在今山东黄县境，县治在今黄县县城西。《黄县志》载：“巾弦县，汉县也，今名故县社（俗作现社），在县西南二十五里。”《汉书·地理志》云：“巾弦有百支莱王祠，有盐官。后汉志云侯国。《寰宇记》云：“巾弦，汉县，在今黄县西南二十五里，有巾弦故城存。”巾弦县始建于西汉初期，方圆范围一华里余。城内地面建筑由于史料记载太少，只知建有百支莱王祠。其疆域历代变化较大，四周边界已难以确定，大致范围东邻黄县，西抵荣州东境，南达招远境内，北临渤海。县历史悠久，历经东汉、魏、晋、十六国，南北朝北齐天保七年（公元556年）并入黄县，前后存在700余年。[1]

育犁，今在山东乳山市境。《乳山市志·大事记》载，公元前206年（汉高祖元年）汉置育犁县，治所在今乳山市育黎镇城阴村南，到公元29年（东汉建武五年）育犁县废，辖域并入东牟县。另外，前

---

[1] 唐禄庭、唐志梅：《东莱史话》，齐鲁书社2006年版。

引《福山志》载，福山，“秦为齐郡腄地，前汉为牟平县地、腄县地、育（犁）县地，属东莱郡。谨案：牟平城故址在今牟城社，盖居县之西北境，并连蓬莱之东北境，其东境南境则皆腄地。惟育犁未详所在。”显然，《福山县志》也认为育犁县当在福山境内，但具体方位不详。《中国历史地图集》也将西汉时期的育犁县治定在今山东烟台市福山区境内。有考古报道云：“育犁故城，位于烟台市福山区福新街道奇张村北，城址平面呈长方形，南北长约420米，东西宽约350米，《山东通志》、《福山县志》有载，为汉育犁县治所。”

昌阳县，在今文登市境。据《文登县志》载：“《续山东考古录》昌阳县故城在今县西南三十里；《后汉书·光武十王传》章怀注：昌阳故城在今文登县西南；《寰宇记》：莱阳县前昌阳县，在文登县西南三十里，昌阳故城是也。……《九域志》文登有昌阳水，是汉代以文登之昌山昌水得名，故城在文登明文如是。”又有《文登市志》载：“周，为莱子国地。春秋，先后为齐国莱地、牟子国地。战国，为齐地。秦罢诸侯，置郡县，文登为齐郡腄县地。西汉，文登属青州东莱郡东牟、不夜、昌阳3县。东汉省不夜入昌阳，文登属昌阳县地。”

不夜，在今荣成市境。《汉书·地理志》注引《齐地记》云：“古有日夜出，见于东莱，故莱子立此城，以不夜为名。”西汉高帝时置不夜县，为胶东半岛最东端的一县，是这一地区的政治经济中心。道光版《文登县志》载：“汉高祖六年（公元前201年）封外妇子肥为齐王，始置不夜县，属东莱郡，这是境内第一次设县。东汉时裁撤不夜县，县地或属昌阳，或属东牟。”另据《荣成县志》载：“周莱子筑不夜城（《齐地记》），战国为夜邑，《国策·齐》益封田单夜邑万户，即此。秦为腄县地，属齐郡。汉初称夜，《功臣表》有夜侯蟲达，武帝以后称不夜。东牟以西为腄县，东牟亦东为不夜。王莽时称夙夜。……东汉省，入牟平县，属东莱郡。”

徐乡，齐灭东莱后，在东莱国旧部北部沿海设置士乡城，遗址就在今龙口市徐福镇东村东南。这就是秦朝的徐乡，据说是徐福的故乡。汉初升格为县，为徐乡县。隶属东莱郡，其县城就建在齐国士乡城旧址之上。徐乡县的范围大致在今龙口市北部沿海地区。西汉成帝元年（公元前12年），封胶东共王刘炔为徐乡侯，徐乡县由此改称徐乡侯国。西汉末年，刘炔起兵发对抗王莽篡国，兵败后病死，徐乡侯国废

除。东汉建武六年（公元 30 年），徐乡县并入黄县，前后历时 200 余年。❶

2. 北海郡六县

《汉书·地理志》："景帝中二年置。属青州。户十二万七千，口五十九万三千一百五十九。县二十六：营陵，或曰营丘。莽曰北海亭。剧魁，侯国。莽曰上符。安丘，莽曰诛郅。瓡，侯国。莽曰道德。淳于，益，莽曰探阳。平寿，剧，侯国。都昌，有盐官。平望，侯国。莽曰所聚。平的，侯国。柳泉，侯国。莽曰弘睦。寿光，有盐官。莽曰翼平亭。乐望，侯国。饶，侯国。斟，故国，禹后。桑犊，覆甑山，溉水所出，东北至都昌入海。平城，侯国。密乡，侯国。羊石，侯国。乐都，侯国。莽曰拔垄。石乡，侯国。上乡，侯国。新成，侯国。成乡，侯国。莽曰石乐。胶阳。侯国。"据《中国历史地图集》东汉时期的分幅图，北海郡所属县与侯国中的东部六县（侯国）：都昌、安丘、淳于、平城、密乡、胶阳属今胶东。

都昌县，即今之山东昌邑，亦在今山东昌邑境。《昌邑县志》载："昌邑，其地一名芙蓉，本周纪国之鄑邑。《春秋》庄公元年，齐师迁纪鄑即此。战国齐名都昌，为七十二城之一。汉置都昌国，后国除为县，属北海郡。东汉改郡为国仍属焉。"都昌，县治在今昌邑。

安丘、淳于两县，在今山东安丘境，安丘县治在今治西南。淳于县在安丘县东北，县治在今杞城村。《安丘县志》载："秦始皇二十六年灭齐，分天下为三十六郡，安丘得名从此始，属琅邪郡。汉高祖四年戊戌冬十一月，韩信被楚将龙且于潍水，斩之，尽定齐地，邑归于汉。八年壬寅秋七月癸酉，封张説为安丘侯。"山东人民出版社 1992 年版《安丘县志》载："汉景帝中元二年（公元前 148 年），置安丘县，为北海郡 26 县之一，其地在今县境中部，治所在今县城南高地上，时，境内有'七县一国'之地。分属两州三郡国。东北部有淳于县（治所在今杞城村）；西部有安丘国（治所在牟山北，公元前 113 年因罪国除）和郚城县（治所在今红沙沟西南）；再西属朱虚县（治所在今临朐县境）属青州北海郡；南部有姑幕县（治所在今石埠子村）、平昌县（治所在今诸城县都吉台村），均属徐州琅邪郡；东南属

❶ 唐禄庭、唐志梅：《东莱史话》，齐鲁书社 2006 年版。

昌安县（治所在今李家古城村），属胶西郡（前73年改称高密国）。”可见，安丘在西汉时期，属二州（青州、徐州）、三郡（北海郡、琅邪郡、高密国）的交界之地，其中的大部分地区在今胶东境内。

平城、密乡两侯国，属今山东昌邑。但昌邑县志均失载。

胶阳，在淳于县东南，属今山东高密。据《汉书·地理志》平帝元始二年（公元2年）胶阳为侯国，但胶阳侯国不见《汉书·王子侯表》、《汉书·高惠高后文功臣表》、《汉书·景武昭宣元功臣表》和《汉书·外戚恩泽侯表》等。据《中国历史地图集》东汉时期的幅图，胶阳在今山东高密西北。

3. 琅邪郡八县

《汉书·地理志》：“秦置。莽曰填夷。属徐州。户二十二万八千九百六十，口一百七万九千一百。有铁官。县五十一。”其中的不其、祓国、柜、邦、黔陬、计斤、皋虞、长广等八县或侯国属今胶东地区。

不其县，在今青岛即墨境内。公元前211年，秦统一中国，置不其县，属琅邪郡。西汉建国初，高祖六年封长子刘肥为齐王，琅邪、胶东六郡七十二城属之，不其亦在其中。高后七年，吕后割齐国的琅邪郡封营陵侯刘泽为琅邪王，不其县属琅邪王国，文帝元年，徙刘泽为燕王，而复以琅邪归齐，复位琅邪郡。《即墨县志·沿革》载，即墨“西汉属胶东国，悼惠王（刘肥）王齐，废国为郡隶之。文帝十六年复为国，景帝三年再为郡。考西汉近（即）墨有三县：壮武隶胶东，不其，皋虞隶琅邪郡。”

有关不其县的史迹，清同治版《即墨县志·大事》载：“上古，轩皇一登劳盛山。周，平王四十九年八月，纪人伐夷。夷在城阳壮武县。烈王七年，齐侯封即墨大夫。赧王三十六年，燕侵齐，即墨大夫死之。田单保守即墨，大破燕军。秦，始皇二十八年，登劳盛山。望蓬莱，遣徐市发童男女数千人海求仙人。汉，高祖四年，齐王田横败保即墨岛中。寻，奉诏诣洛阳，未至自杀。二客从之。其岛居五百人皆不屈死。武帝太初四年四月，幸不其。”

黔陬县，即今胶县。计斤、柜、邦、祓四县（侯国）亦在今胶县境。黔陬设县在秦始皇十二六年灭齐之后，《胶县志》载：“秦始皇帝二十六年灭齐置琅邪郡，始置黔陬县。二十八年，帝东游海上自芝罘南登琅邪，遣徐市如海求仙。……二世元年春，帝东行郡县，至于琅邪，秋九月故齐王族田儋自立为王，率兵东略定齐地。（高祖）五年春正月，立韩信为齐王，尽有胶泗之地；六年春正月，以琅邪、胶东等六郡立子刘肥为齐王。吕后七年秋七月，立营陵侯泽为琅邪王，以黔陬属琅邪国。”另据《胶州志》载：黔陬，“秦始皇二十六年置，于钦《齐乘》曰：《县道记》黔陬，秦所置，在高密郡东北，古介，葛庐国也。后移县于胶水西，相去三十里。按《县道记》，《寰宇记》曰：《郡国县道记》唐贾耽著，其时高密郡治诸城，故曰黔陬在东北。”按照当时地理方位，西汉时期的黔陬县在今胶县西南，附近的计斤、柜、邞、祓等五个县或侯国均在今胶县境内。属西汉琅邪郡统辖。《胶县志·沿革表序》云：“盖汉承秦旧，以周食采邑列县，故城多而地小。”是说在胶县一县之地设有黔陬、计斤等五县，设县多而属地狭小。所以，到东汉光武帝建武十三年，省祓、柜、邞、计斤四县，以柜入徐州刺史部琅邪郡琅邪县，计斤入黔陬侯国，改属青州刺史部东莱郡。献帝建安三年分北海置城阳郡，以黔陬县属。

长广县，属今莱阳市境。长广当在汉初设县，《莱阳县志》载：“吕后七年，立营陵侯刘泽为琅邪王，长广属之。……武帝元狩四年，置盐官长广县，禁私煮盐。”上引《汉书·地理志》，“长广，有莱山莱王祠。奚养泽在西，秦地图曰剧清池，幽州薮。有盐官”是也。长广县治在今莱阳东。

皋虞县，在今山东即墨东北。《即墨县志·沿革》载：“西汉近（即）墨有三县：壮武隶胶东，不其，皋虞隶琅邪郡。”皋虞与不其、壮武郡在即墨附近，在《中国历史地图集》东汉时期的分幅图中，皋虞在今即墨东北的崂山湾沿海。

4. 高密国五县

《汉书·地理志》：“高密国，故齐，文帝十六年别为胶西国。宣帝本始元年更为高密国。户四万五百三十一，口十九万二千五百三十六。县五：高密，莽曰章牟。昌安，石泉，莽曰养信。夷安，莽曰原亭。成乡。莽曰顺成。”

高密，即今山东高密。《高密县志·地舆·附沿革表》载：“（高密）秦属琅邪郡东境，汉，青州高密国，治高密，（属）夷安县、高密县（在今县西南）、平昌县、胶阳县地。”本注曰：“初为齐国，文帝十六年分为胶西国，景帝前三年，除为郡，旋复为国。武帝元封三年除为郡。宣帝本始元年复建高密国。”《高密县志·总纪》又载：“（高祖）六年封皇子肥为齐王食七十余城，文帝十六年封密悼惠王子刘印为胶西王都高密。景帝三年胶西王印同吴楚反，伏诛，国除为胶西郡。寻以封皇子端仍为胶西王”，仍都高密。

昌安，西汉昌安县，先后属胶西郡和高密国，在今安丘与高密之间。山东人民出版社1992年版《安丘县志》亦载：“汉景帝中元二年（公元前148年），置安丘县，为北海郡26郡之一，其地在今县境中部，治所在今县城南高地上，时，境内有‘七县一国’之地。分属两州三郡国。（安丘）……东南属昌安县（治所在今李家古城村），属胶西郡（前73年改称高密国）。”

夷安，见前引《高密县志》，在今高密县境。《高密县志·地理志·沿革》：“汉六年封子肥为齐王，食七十余城，县属焉。文帝十六年分为胶西国，封胶西王刘印，都高密，（本注：在今县西五十里之城阴城），今县别为夷安属焉。宣帝更为高密国，仍以夷安属。”

成乡，《汉书·地理志》载，北海郡有“成乡侯国，莽曰石乐”，与高密国成乡县当是不同的两个地方。但《中国历史地图集》两汉时期的分幅图中，两个成乡的位置均未标出，其准确的地理位置不详。

石泉，《高密县志·地舆·疆域》：“高密县境东至胶县三十里，南至诸城县界六十里，西至安丘县界七十里，至其治一百一十里，北至平度县界四十里，东南至胶县界二十五里，至其治五十里，西南至诸城县界六十里，至其治一百二十里。”西汉石泉县治在今诸城北，据上引《高密县志》，诸城北大致在今高密县境。

5. 胶东国八县

《汉书·地理志》载，胶东国，故齐，高帝元年别为国，五月复属齐国，文帝十六年复为国。莽曰郁秩。户七万二千二，口三十二万三千三百三十一。县八：即墨，有天室山祠。莽曰即善。昌武，下密，有三石山祠。壮武，莽曰晓武。郁秩，有铁官。挺，观阳，邹卢。莽曰始斯。

即墨，即即墨故城，位于平度城东三十公里的古岘镇东南部。自春秋到隋以前，即墨故城共经历千余年兴衰巨变，最兴盛繁华时期要数西汉时期。当年文韬武略的汉武帝曾被封王于此，后其兄刘寄被封为“康王”都于此，俗称康王城。《即墨县志》载：“即墨，秦属齐郡

（本注：在周当为邑名，在秦当为县名）西汉属胶东国（本注：高帝元年，项羽徙齐王田市为胶东王，都即墨，胶东之名始此）。悼惠王王齐，废国为郡隶之。文帝十六年，复为国，景帝三年再为郡（本注：考西汉近墨有三县：壮武隶胶东，不其，皋虞隶琅邪郡）。建武中以即墨隶北海国（时不其析隶东莱郡，又分其地立汎乡侯国，和帝时除。前汉皋虞，未详何年废）。”

郁秩，即今山东平度市。平度，夏朝为莱夷地，地处古青州。汉高祖四年（公元前203年），韩信灭齐，齐地尽归于汉，以胶东为郡，治即墨，并置即墨、郁秩、下密等县。郁秩县治在今平度城，汉文帝前元十六年（公元前164年），以胶东郡为胶东国，都即墨。汉景帝前元三年（公元前154年），废胶东国，复改为郡。景帝中元二年（公元前148年），始正式重建胶东国，仍都即墨，食八邑，传至王莽代汉始绝。东汉光武帝建武十三年（公元37年），封贾复为胶东侯，侯国都郁秩，食六邑。章帝建初元年（公元76年），原胶东侯国废，新胶东侯国只食郁秩一县，郁秩之名废为胶东侯国。延续了近280年的郁秩郡县之名消失。

昌武，地点无考。高帝时曾封将军单宁为昌武侯。

下密，故城在今山东昌邑县东。汉景帝中元二年（公元前148年），置下密县（山东昌邑市围子镇古城村），属北海郡。汉成帝建始二年（公元前31年），封胶东顷王子刘林为密乡侯于此，下密县为密乡侯国。东汉建武元年（公元前25年）复为下密县，仍属北海郡。

壮武，在今山东即墨境。清同治版《即墨县志·大事》载：“周，平王四十九年八月，纪人伐夷。夷在城阳壮武县。”《文帝纪》：元年六月，诏曰：“方大臣诛诸吕迎朕，朕狐疑，皆止朕，唯中尉宋昌劝朕，朕已得保宗庙。以尊昌为卫将军，其封昌为壮武侯。诸从朕六人，官皆至九卿。”《史记·孝文本纪》载，孝文帝元年，因功封宋昌为壮武侯。《集解》引徐广曰：“四月辛亥封，封三十四年，景帝中四年夺侯，国除。”《索隐》引韦昭云胶东县。《正义》引《括地志》云：“壮武故城在莱州即墨县西六十里，古莱夷国，有汉壮武县故城。”

挺，观阳，邹卢三县，均在今莱阳市境。“文帝十六年，置胶东国，分封齐王刘肥子白石侯雄渠，都即墨（今平度东南），挺、观阳、邹卢属之。”挺，故城在今山东莱阳县南数里；观阳，故城在今山东莱阳县东60里，与莱阳中间隔隶属琅邪国的长广县；邹卢，属今莱西县境，故城在今山东莱西县东北约20里。长广，在挺县与观阳之间，属琅邪郡。《莱西县志》载："（莱西）秦时属齐郡。汉代属邹卢县，在境内设治。"

《莱阳县志·沿革》：莱阳"前汉，邹卢、挺、昌阳、长广、观阳县、即墨县地，分属胶东国（治即墨，今平度东境）及东莱（治掖）、琅邪（治东武，今诸城）二郡，胶东、东莱隶青州、琅邪隶徐州。邹卢城在今县治西南四十里，挺城在今县治南七里，昌阳城在今海阳之庶村南，长广城在今海阳之废城，观阳城在今牟平之半城。"可见，西汉时期的邹卢、挺县、昌阳、观阳、即墨五县，分属于青、徐二州的胶东国和东莱、琅邪两郡，但从今天的地理区划来看，大致都在今莱阳、莱西境。

## 三、考古发现中的西汉时期的胶东城市

研究表明，"在胶东，凡汉代设县的地点，大多数能找到城址和居住遗址。城址多达十余处，著名的如烟台市开发区（福山）三十里堡牟平故城址，招远市曲成故城址、莱州市当利古城址等，不但城址规模大，而且至今仍有城垣保留，其他的城址也发现较多的建筑、水井，甚至冶铸熔炉等遗迹。其建筑构件如砖瓦和器皿都种类繁多，形体巨大，质地坚硬，模印花纹精细复杂，不但远远超过前代，而且也为后世所无，确实与大汉盛世相称。"[1] 本节结合现有的考古资料和文献记载，对考古发现中的西汉胶东城址，做一个简单的介绍。

（1）即墨古城遗址

秦汉时期的即墨（今平度东30公里）是胶东的政治、文化中心。秦代，即墨是胶东郡治所，管辖地域为胶东半岛全部。楚汉相争之时，项羽视齐国为根据地，于此封王设都。灭秦后，项羽自封西楚霸王，又改封齐王田市为胶东王，都即墨。这是秦汉时期即墨作为王都的开始。汉初，即墨为高祖之子齐悼惠王齐国所属的齐郡之一，胶东郡的郡治，文帝十六年（公元前164年），齐悼惠王之子刘雄渠被封到这

---

[1] 林仙庭："筚路蓝缕考古路，胶东历史谱新章"，载烟台博物馆编：《考古烟台》，齐鲁书社2006年版。

里为“胶东王”。即墨成为新设的胶东国国治，这是胶东国第一次作为诸侯王国登上大汉的历史舞台。七国之乱时刘雄渠参与反叛，兵败被杀，第一代胶东王国被废为汉郡。景帝前元四年（公元前 153 年），也就是七国之乱被平定的第二年，景帝封他的儿子刘彘（后改名为彻）为胶东王，因为刘彻后来又被立为太子，所以受封后始终未就国。到景帝中元二年（公元前 148 年）改封皇子刘寄为胶东王，仍设都即墨。刘寄死后谥“康”，因此当地群众又称即墨城为“康王城”。自“康王”刘寄始，胶东国传国六代，一直到王莽篡汉，西汉灭亡。

即墨故城建于何时不可考，据推测应自齐献公于公元前 859 年迁都临淄时即有了相当规模的邑城。史载，公元前 567 年齐灵公灭莱，齐国完全占领了山东半岛，并派大夫朱毛主政胶东，居于此城，故当地群众俗称“朱毛城”。即墨之称最早见于出土的战国早期“节墨之法化”刀币。节墨也就是即墨，有靠近之意，墨就是故城西之墨水河，即墨城之得名亦因其靠近墨水之意，学者分析这应是即墨之名称的由来。自东周建城至西汉 500 余年间，即墨故城一直是胶东半岛地区的政治、经济文化中心。北齐天宝七年（公元 556 年）即墨县被撤销，到隋开皇十六年（公元 596 年）在原不其县新设即墨县（即今即墨市），即墨故城逐渐失去往日的风采。

即墨故城位于平度市古岘镇大朱毛等村，故城呈南北长方形，分内外两城。外城南北长 5 公里，东西宽 2.5 公里。内城位于外城东南部，内城东墙与南墙与外城墙重合，城基已不存；南、西两城墙已不存，北城墙残高约 1 米，尚留有遗迹，东城墙尚存 1500 米，城基宽约 30—40 米，高 4—5 米，全为夯土板筑，层次清楚，非常坚固。据考古调查得知，遗址内有大量建筑遗址，包括宫殿、街道、作坊、房舍、点将台、储货湾等。故城之规模比古文献中“五里之城，七里之郭”的规模要大得多。由此可知，即墨故城由最初西周时期的一个边鄙小邑，历经春秋、战国，至西汉时，已发展成为全国闻名的大都市。

（2）汉牟平故城遗址

在今烟台市福山三十里堡。《福山志》载：“（牟平）周为青州牟子国地，秦为齐郡腄地，前汉为牟平县地、腄县地、育（梨）县地，属东莱郡。谨案：牟平城故址在今牟城社，盖居县之西北境，并连蓬莱之东北境，其东境、南境则皆腄地。惟育梨未详所在。……后汉为牟平县地,腄育梨省，属东莱郡。”

《登州府志》记载为春秋牟子国故城，但遗址尚未发现春秋时期的遗物。于钦《齐乘》以此为汉牟平县城。故城位于今烟台开发区古现镇30里堡村南，城址平面为正方形，东西长450米，南北宽423米。考古调查证明，城址属汉代，是汉代牟平县治，遗址中采集到的文物有树木纹半瓦当、“千秋万岁”圆瓦当；故城中有铸币遗址，出土汉半两钱石范、三铢钱石范。汉武帝时期铢三铢钱，但铸行的时间很短，数量也很有限。在这里出土的三铢钱石范，表明这里是一处重要的铸币地点。

（3）招远市曲成故城址

曲成，商周时期属莱国地。《竹书纪年》载：“周成王十四年，秦师围曲成克之。”（清朝孙渊如校正本作齐师）《汉书·地理志》载：“东莱郡，高帝置。属青州。……曲成,有参山万里沙祠。阳丘山，治水所出，南至沂入海。有盐官。”可知，曲成县在西汉时期属青州东莱郡，治在今招远市西北。旧《招远县志》载：“（招远）汉为曲成县，在今县治西四十华里，属东莱郡，东汉因之……元魏（北魏）以其地，置东曲城。”其地与今之曲成故城相符。

曲成故城址发现于1955年。1981年，文物普查小组对城址进行详细调查，确定城址保护范围。1988年，烟台市文管会与招远县文管所进行复查，将城址范围进一步扩大。城址位于招远城西偏北30公里处的蚕庄镇东曲城村南。城形属小盆地，三面环山，一面平缓。北有望儿山、金华山，东为灵山。城址东西长约950米，南北宽约200米，总面积约19万平方米。当地群众按自然地形将城址分为东南城、南城和西南城。城址内地表、断崖上陶片很多，文化内涵极为丰富。从断崖上发现文化层厚约3米，分为四层：第一层为耕土层，厚约0.4米；第二层为近代扰乱层，黄褐色土，内含少量的汉代陶片及近代瓷片，厚约1.1—1.2米；第三层为汉代文化层，黑褐色土，内含较多的筒瓦、板瓦和陶片等遗物，厚约1.05—1.1米；第四层土质较紧，黑褐土比三层稍黑，厚约0.8米，内含陶片较少，形制与三层相同。多年来，平整土地和烧窑取土，故城址遭到严重破坏。1973年春，东南城整地取土发现夯土城墙一段，高约1.2米，宽约4米，南北长度不清。夯层分为八层，每层约为0.12—0.17米不等，夯窝直径为0.05米。

另从断崖观察，见有多处文化堆积。在城址中部东断崖上，发现三个凹坑，形制相似，最大的口径1.9米，深1.4米，底较平，用途不详。城址内采集到的陶片多为夹沙灰陶，次为夹沙红陶。纹饰以绳纹为主，次为弦纹和卷云纹，绳纹主要饰在筒瓦上，弦纹饰在缸和盆等器物上，卷云纹主要饰在圆瓦当上，可辨器形有豆、盆、缸、鼎、瓮、筒瓦、板瓦、方砖等。1958年春，在曲城村南土崖处修筑地瓜育苗床时，离地表一米时出土一批西周时期青铜器，有鼎、盆、壶、簋等。1980年，曲城东邻的洼子村挖河引水出土了青铜器。1987年复查，在水渠边冲刷出一个洞穴（可能是墓葬），清理出几十件陶器（多数为碎片），为西周时期的豆罐等器物。在东南城南断崖上发现十余座战国至汉代墓葬，多为土坑竖穴，亦有砖室墓，从墓葬断面暴露的陶片分析，质料和形制与故城内出土器物相似，可能是当时的墓葬区。1981年调查时，据76岁的老人滕克述讲，（1910年）他家在南城烧窑取土时，挖出一个红漆木箱，内装满古铜器，后被贩卖至北京。解放前，在南城西半部断崖以北10余米处，在原地表以下3米处发现一口盖有石板的汉砖砌井，一直使用至1979年被填没。曲成故城历史悠久，从城址断崖暴露的文化堆积分析，文化层内含大量汉代的筒瓦、板瓦残片，不见晚于汉代的遗物。城址中部和东部，文化层内多处见有夯土层，可能是殿堂和城墙基础的残迹。地表散存较多的汉代陶片和汉砖。1958年以来，故城范围内及附近，多次出土西周至战国时期的铜器、陶器等，系墓中随葬品，但未见汉代以前的地层堆积。

这些出土文物和史书记载充分证明，曲成的历史远远早于汉代。汉代于此置曲成县、曲成侯国。虽遭严重破坏，但仍不失重要的历史保护价值。1984年2月20日，招远县人民政府第一批公布为县级重点文物保护单位。1987年4月27日，烟台市人民政府第一批公布为市级重点文物保护单位。1992年6月12日，山东省人民政府第二批公布为省级重点文物保护单位。

（4）莱州市当利古城址

《汉书·地理志》载："东莱郡，高帝置。属青州。……当利，有盐官。莽曰东莱亭。"当利县，西汉时期属东莱郡，据《后汉书·郡国四》载，东莱郡有"当利侯国"，知东汉时当利改县为侯国。治所在今掖县西南。

当利古城址，位于今莱州市区西南20公里沙河镇路旺侯家村西南150米，为西汉时当利县治所。南约2.5公里有大沙河，西北约4公里有烟潍公路。1957年调查，周长约2公里，有东西城壕，地高约1米，周围平原。汉代当利故城遗址出土铜器有：正方形刻字铜印、铜狗、铜铺首、铜镜片等，货币有五铢钱、货泉、货布、大布黄千等，铁器有釜、铁权、匕首、钁、铲等，陶器有瓮、壶、盒、扁壶、豆等残件，有长方、正方、弧形砖和子母口砖，有筒瓦、板瓦和圆形、半圆形瓦当等，饰文字、鸟兽、云纹等图案。其他出土文物分别有绳纹、布纹陶片，五株钱、刀、剑等。这些故城遗址和出土文物，说明四千多年来，在莱州大地上演绎着的社会历史文化的变迁和发展，参与着整个中华文明的创造。

据《掖县全志·古迹》载："当利城，城西南三十六里，汉县。……《郊祀志》云：武帝以卫长公主妻栾大，更名其邑曰当利公主，北齐废，唐复置，寻省入掖。遗址尚存，即路旺村。"又据遗址中出土遗物主要为汉代，可知是为汉代当利县城遗址，1992年被列为省级重点文物保护单位。

（5）临朐故城遗址

《汉书·地理志》载："东莱郡，高帝置。属青州。户十万三千二百九十二，口五十万二千六百九十三。县十七：……临朐，有海水祠。莽曰监朐。"临朐故城遗址，位于今莱州市区以北12.5公里的朱旺村，西临大海，西南有海庙。1957年调查在村西北部周围约2公里有城墙基和城壕遗址，出土有五铢钱、刀、剑等。由于民房不断扩建，遗址所剩无几。

（6）阳乐故城遗址

《汉书·地理志》，东莱郡有"阳乐，侯国。莽曰延乐"。东汉时期，撤县。未见《后汉书·郡国四》载。位于莱州市区西南15公里的杲村离家村西的河套中，北临海郑河，南5公里为当利故城。1957年文物普查时尚存遗址长250米，1982年文物普查时，遗址被完全损坏。

（7）阳石故城遗址

《汉书·地理志》，东莱郡有"阳石，莽曰识命延乐"。东汉时期，撤县。未见《后汉书·郡国四》载。阳石故城遗址位于莱州市区西南的沙河镇（原路旺镇），当利故城东部。《掖县全志》载：“当利故城东，汉县，属东莱郡。”《大清一统志》载：“阳石废县，在掖县南，汉县，属东莱郡。”遗址已完全破坏。

（8）黄县故城遗址

公元前221年，秦始皇统一中国，设置郡县，始置黄县，隶齐郡，县治今石良镇黄城集村东。西汉，县境置巾弦县、徐乡县。东汉，光武帝建武年间，徐乡县和惤县并入黄县，东莱郡徙治黄县。时，县境东抵芝罘，南至大姑河（今招远市境）上游等地区，西与曲成（今招远市境）跨天池、马鞍山诸山为界，北仍至渤海和黄海，括庙岛群岛海域。晋初，牟平并入黄县。县境东达成山头，南与胃阳依昆仑山脉为天然分水岭而平分胶东半岛。后，复置牟平县，析白洋河（今栖霞市境）以东为黄县境域。时，基本又恢复东汉时境域。北齐，天宝七年（公元556年），黄县徙治于今黄城，惤县并入黄县。北齐天宝七年（公元556年），迁至今黄县城处。原城遂废弃。

据文献记载，秦时黄县，幅员辽阔，北临渤海，东濒黄海，南至观阳（今莱阳、海阳、即墨一带）。时值秦始皇多次东巡，其三次驾临黄县，并登莱山祭祀月主，再经腄县（今福山一带），登芝罘，穷成山，刻石立碑，颂扬其政绩。

黄县故城遗址位于今山东烟台市黄城东13公里处。遗址内遗物丰富，历有大批文物出土。新中国成立后，在遗址处曾相继发现青铜器、陶器、石坊、水井、砖瓦等遗迹遗物。

（9）徐乡故城遗址

据文献记载，春秋时期，齐国置十五士乡，徐乡城为其中之一，故名士乡城。秦代因徐福求仙而改称徐乡，隶齐郡黄县。西汉，成帝元延元年（公元前12年）封胶东恭王子刘炔为徐乡侯，故为徐乡侯国；侯国与县同级，徐乡始为县级行政区划。东汉，光武帝建武六年（公元30年），并入黄县。徐乡城遂被废弃。

《汉书·地理志》载，东莱郡有县十七，最后一个为“徐乡”。清代史学家王先谦在《汉书补注·徐乡》条引用元代山东史学家于钦《齐乘》中的考证，（徐乡县）“盖以徐福求仙为名”。《后汉书》、《续山东考古录》、《一统志》、《登州府志》、《山东通志》和明清两朝的《黄县志》等文献亦有记载。

徐乡故城址位于黄城西北 7 公里处的徐福镇乡城东村村南。时为以农、渔为主的经济文化发达中心。20 世纪 50 年代，徐乡城的四周存有 1—2 米高的夯土城墙。由于遗址高于周围农田，当地群众称之为“南高顶”。60 年代后，在整地改土中，城墙全部破坏，城址被下挖约 2 米深。其间，先后出土了一大批城墙基石、水井、排水沟、花纹砖、汉瓦和陶器、青铜器、铜兵器及刻有“公孙造一石”的陶缸等文物 137 件，经考古专家认定均为秦汉时期文物。1991 年 5 月，龙口市徐福研究会和山东省考古研究所对徐乡故城进行勘探和发掘。初步探明，徐乡故城呈长方形，有 4 个城门，东北角有一便门，通往乾山。城池内宫殿、街道、作坊、窑场、水井及排水沟等遗迹分布清楚。整个故城东西长 510 米，南北宽 415 米，占地面积约为 22 万平方米。

（10）育梨故城

位于烟台市福山区福新街道奇张村北，城址平面呈长方形，南北长约 420 米，东西宽约 350 米，《山东通志》、《福山县志》有载，为汉育梨县治所。

（11）观阳故城

《汉书·地理志》载，胶东国，有观阳县。位于今烟台市牟平区观水镇丰城村，城址平面呈长方形，南北约 750 米，东西宽约 600 米，《牟平县志》有载，为汉代观阳县治所。

（12）昌阳故城

《汉书·地理志》载，昌阳县属东莱郡，“有盐官，莽曰夙敬亭”。故城位于文登市宋村镇石羊、宋村、城东三村之间，城址成平面长方形，南北长约 500 米，东西宽约 350 米，为汉置昌阳县治所。《文登县志》载，有昌阳故城，位于海阳市行村镇庶村周围，平面呈方形，面积约 25 万平方米。《莱阳县志》载，为西汉晚期至东汉时期的昌阳县治所。

（13）挺县故城

《汉书·地理志》在胶东国，有挺县，在今莱阳市。挺县故城，位于莱阳市古柳街道办事处中古城村。城址平面呈长方形，东西长约 1250 米，南北宽约 600 米。《莱阳县志》载，为汉挺县县治所在。

（14）不其故城

城子遗址，汉不其县故城址，位于墨水河南岸，青岛市城阳街道城子村东北约100米处。原是古代“不其城”的东北角，地势较高，当地人又称其为“东城顶”。遗址东西长约200米，南北宽约100米，高约2.5米，埋藏着丰富的文化遗物。遗址上东西两侧排列着两座土堆形古墓：小的在西边，直径约7米，高3米，称“拜斗台”；大的在东边，直径20多米，高约5米，称“梁王坟”，两座墓地相距50多米。这里原来是一片菜地，1963年春天，一支科考队在此考察时采集到大量新石器时代的珍贵文物：石器、骨器、陶器、蚌器等文化遗物。出土石器均锋利磨光，制作精细。陶器胎质坚硬，造型优美，以灰陶、黑陶为主，红陶次之。后经专家确认，该遗址为龙山文化类型遗址，距今约有4000多年的历史。

（15）归城故城遗址

西周至春秋时期的古国都城，位于黄城东南10公里的兰高镇归城姜家、莱山北侧的丘陵盆地。据文献记载，归城为西周初期莱子国的都城。公元前567年（周灵王五年），为齐国所灭，历时500余年。这个由“莱夷”部族建立的国家，在西周和春秋时期，青铜器制造业盛兴，拥渔盐之利，经济文化较发达。

秦汉时期，胶东郡国属县或侯国中已不见“归城”。大概莱子国被齐国所灭后，这座城市就被废弃了。

故城分内城与外城，周长约5公里，占地面积约为260万平方米。内城在盆地中部的台地上，现仅存一座东西走向，长约60.5米，宽约6米，高约10米的大土岭。其为黄褐色夯土，夯层厚6—8厘米不等。位于内城的西南角，俗称“点将台”。外城环内城四周筑建，北墙在凤凰山阳坡之半，南墙在南山阴坡山腰，东西墙皆筑于山冈顶部，均为夯土墙。现存残迹多散见于农田耕地之下，故城墙基依稀可见。

故城文化堆积丰厚，历年迭有文物出土。自清光绪八年（1882年）秋，大于家材出土古玺一纽后，陆续有零散文物出土。其精制的高檠陶豆、上钤印文的周瓦当、春秋器“已侯鬲”及铜钟、方鼎、古乐器、启尊、启卣等文物，具有较高的考古研究价值。山东省博物馆收藏的7件编钟，当为故城最早出土之珍品。1951年4月，在南埠村东北出土的8件国铜器，其四及盘等皆有铭文，系国媵器。据考古学家王献唐先生考证为“器”，并据此写就《黄县器》一书，为研究胶东历史提出了许多新的见解。1973—1974年，山东省文物复查工作队在南埠村、和平村相继发掘墓葬5座。1985年，山东省文物考古研究所又在和平村西北进行局部钻探，初步掌握了故城遗址内各类文化遗迹分布情况。文化堆积以内城区最为丰厚，深度可达2米，其墓葬分布较广，以和平村、南埠村北、归城姜家村南等处较为集中。

归城故城遗址，1977年12月被正式列为省级文物保护单位。2006年5月被列为国家级文物保护单位。

## 第二节　胶东侯国与七国之乱

公元前154年爆发的七国之乱，是西汉王朝统治阶级内部为争夺王朝最高权力而展开的一次叛乱。实际参与叛乱的诸侯王有七国，故名“七国之乱”。在参与叛乱的七国中，封地在胶东的有两国，即胶西国（都高密，在今山东高密西五十里）和胶东国（都即墨，在今山东平度东）。七国之乱爆发后，包括胶西国和胶东国在内的参与叛乱的山东王国，组成了叛军的东部军团，主要是配合西线吴楚主力，从中路西进，其作战对象是向西首当其冲的齐王刘将闾。汉军以周亚夫为统帅，采取分兵钳制齐赵，集中主力打击西线吴楚两军的策略，迅速解决了叛军的西线集团，以胶西王刘印为统帅的东线集团，久攻齐国不下，陷入被动。西线吴楚集团败亡后，汉军迅速向临淄合围而来，叛军即刻土崩瓦解，参与反叛的胶西、胶东、菑川、济南四王或伏诛，或自杀，七国之乱被迅速平定，王朝的统一得到进一步巩固。

### 一、七国之乱前的社会和政治局势

文景时期是汉代社会、经济恢复发展的重要时期。这一时期的治国政策大致可以概括为：经济层面的轻徭薄赋、法治层面的约法省禁和政治层面的无为而治。

文景两代皇帝实行轻徭薄赋，与民休息的宽松国策。《汉书·食货志》：“汉兴，接秦之敝，诸侯并起，民失作业而达饥馑。凡米石五千，人相食，死者过半。高祖乃令民得卖子，就食蜀汉。天下既定，民无盖藏，自天子不能具钧驷，而将相或乘牛车。于是约法省禁，轻田租，什五而税一，量吏禄，度官用，以赋于民。而山川园池市肆租税之入，自天子以至封君汤沐邑，皆各为私奉养，不领于天子之经费。

糟转关东粟，以给中都官，岁不过数十万石。孝惠、高后之间，衣食滋殖。文帝即位，躬修俭节，思安百姓。”政府采取“约法省禁，轻田租”的法制和经济政策，量入定出，实行开源节流的办法，根据政府的实际支出收取赋税，使社会负担和政府的社会管理成本大幅度削减。汉初几代皇帝大都实行过减免赋税或减免诸侯王侯岁贡间接减轻百姓负担等政策。

《汉书·高帝纪》载，二年（公元前205年）二月，“蜀汉民给军事劳苦，复勿租税二岁。关中卒从军者，复家一岁。”

七年（公元前200年），“民产子，复勿事二岁。”

八年（公元前199年）春三月，“令吏卒从军至平城及守城邑者，皆复终身勿事。”

十年（公元前196年）二月，“诏曰：‘欲省赋甚。今献未有程，吏或多赋以为献，而诸侯王尤多，民疾之。令诸侯亡、通侯常以十月朝献，及郡各以其口数率，人岁六十三钱，以给献费。’”

十一年（公元前196年）六月，“令士卒以入蜀、汉、关中者，皆复终身。”

《汉书·惠帝纪》：元年（公元前194年），“减田租，复十五税一”。

四年（公元前191年）春正月，“举民孝弟力田者，复其身。”

《汉书·文帝纪》：二年（公元前178年），“赐天下民今年田租之半。”

十二年（公元前168年），“赐农民今年租税之半。”

十三年（公元前167年）“除田之租税。”

《汉书·贾捐之传》：“至孝文皇帝，闵中国未安，偃武行交，则断狱数百，民赋四十，丁男三年而一事。”

《汉书·景帝纪》：元年（公元前152年）五月，“令田半租。”

从上述所列举的资料看，高帝到文、景，田租、口赋、算赋逐年减轻，全部免掉的情况也有数起。自公元前156年起，三十税一成为定制。虽然“免租”、“复身”的主要对象是从军的士卒，而减轻田租的主要受益者，是占田较多的地主，但相当一批受田的自耕农，也从中得到一些好处。这对稳定农民生活，提高他们的积极性，显然是有利的。至于减轻徭役，更给劳动人民提供了较充足的生产时间，对社会的安定，也起了重要作用。

史称：“及孝文即位，躬修玄默，劝趣农桑，减省租赋。而将相皆旧功臣，少文多质，惩恶亡秦之政，论议务在宽厚，耻言人之过失。化行天下，告评奸俗易。吏安其官、民乐某业，畜积岁增，户口寝息、风流笃厚，禁网疏阔。选张释之为廷尉，罪疑者予民，是以刑罚大减，至于断狱四百，有刑措之风。”❶

在古代帝王中，汉文帝是一位仁者之君，他在位期间可以称得上兢兢业业，关心民生，努力使百姓安居乐业。后元元年（公元前163年）三月，汉文帝诏曰：“间者数年比不登，又有水旱疾疫之灾，朕甚忧之。愚而不明，未达其咎。意者朕之政有所失、而行有过与？乃天道有不顺，地利或不行，人事多失和，鬼神废不享与？何以至此？将百官之奉养或费，无用之事或多与？何其民食之寡乏也！夫度田非益寡，而计民未加益，以口量地，其于古犹有余，而食之甚不足者，其咎安在？无乃百姓之从事于末以害农者蕃，为洒醪以靡谷者多，六畜之食焉者众与？”❷ 文帝多次指出，农为“天下之大本，”“民所恃以生”，“道民之路，在于务农”，表现了对农业生产重要性的清醒认识。❸

如果说“轻田租”是恢复社会生产的主要措施，那么“约法省禁”则是社会法治层面的基本政策。为了消除人们对秦代严刑酷法的敌视心理，从汉军入关之初，刘邦立即宣布约法三章，“蠲削繁苛”，废除了秦律。建国后，又多次发布律令，实行约法省刑的基本政策。从刘邦到文帝，《汉书》记载减刑的诏令有五次：

《汉书·高帝纪》载，高帝五年（公元前202年）春正月，“令曰：‘兵不得休八年，万民与苦甚，今天下事毕，其赦天下殊死以下。”

《汉书·惠帝纪》载，惠帝四年（公元前191年），“三月甲子，皇帝冠，赦天下，省法令妨吏民者，除挟书律。”

《史记·吕后纪》载，高后元年（公元前187年）春正月，“诏曰：‘前日孝惠皇帝言欲除三族罪，妖言令，议未决而崩，今除之。’”

《汉书·文帝纪》载，文帝元年（公元前179年）十二月，“尽除

❶ 《汉书·刑法志》。

❷ 《汉书·文帝纪》。

❸ 孟祥才：《中国历史·秦汉史》，人民出版社2009年版。

收帑相坐律令。”文帝十三年（公元前167年）五月，“除肉刑法。”

当然，对汉初的法治约法省刑，时人和后学都有不同的评价。比如荀悦在《汉纪·文帝纪》中一针见血地说：“官家之惠，优于三代，豪强之暴，酷于亡秦。……务除租税,适足以资豪强耳。”汉代的“轻制”不能说毫无进步意义，对劳动人民也的确有些好处。但也应该看到，“轻刑”的程度是微小的。丞相张苍、御史大夫冯敬根据汉文帝的“其改肉刑，有以易之”的诏旨制定新法：“当黥者，髡钳为城旦舂，当劓者，笞三百，当斩左趾者，笞五百，当斩右趾者，……弃市。”❶ 无怪乎有人尖锐地指出，文帝的废除肉刑，是“外有轻刑之名，内实杀人”❷ 了。

汉初统治者在黄老思想指导下实行的轻徭、薄赋、节俭、省刑为内容的政策，是“惩恶亡秦之政”“务在宽厚”，即接受了强大的秦王朝被农民起义颠覆的教训，而被迫采取的政策，是秦末农民战争的间接作用。正是这些政策，调整了封建生产关系中那些不利于生产力发展的环节，使西汉的社会经济，在文景时期，出现了一个高度繁荣的局面。史载，文帝时“专务以德化民，是以海内殷实，兴于礼仪。”❸“汉兴，扫除烦苛，与民休息。至于孝文，加以恭俭。孝景遵业，五六十载之间，至于移风易俗，立民醇厚。”❹ 到公元前140年，雄才大略的汉武帝即位时，就出现了我国封建经济的第一个繁荣时期。

在实行宽松的经济和社会管制政策的同时，西汉王朝在政治上也实行无为而治的政策。汉初大量分封同姓诸侯王国，意在拱卫朝廷，然而，随着诸侯王国势力的增强，至文帝时期，诸侯王国实际上已经形成了尾大不掉之势。但是，文景时期的西汉朝廷在政治上依然实行无为而治的国策，对于独立在汉王朝中央政治之外的诸侯王国，也采取宽容政策，致使诸侯王国势力得到空前的发展。汉文帝统治时期（公元前179—前157年）的二十多年间，由于“无为而治”的黄老政治得以全面贯彻，加之文帝以外藩继大统，更鉴于朝廷中央实力有限，不愿恶化与诸侯王的关系，对他们采取了比较优容的政策，从而使诸

---

❶《汉书·刑法志》。
❷《汉书·刑法志》。
❸《史记·律书》。
❹《汉书·景帝纪》。

侯王的势力迅速发展起来。这些诸侯王国在对其特别有利的条件下势力急剧膨胀，他们跨州兼郡，连城数十，宫制官制仿同京师，俨然皇帝的气派。有的甚至“不用汉法”，“自为法令，拟于天子”[1]，严重地妨碍了汉中央集权和统一。尽管文帝对他们采取优容政策，但他们欲壑难平，妄图从反叛朝廷中获取更多利益。公元前177年（文帝前三年）五月，济北王刘兴居乘文帝北上太原督师抵御匈奴之机发动叛乱，虽经柴武统帅的十万大军迅速平定，刘兴居亦自杀身亡，但此事表明，这些诸侯王为了自身的利益，是不惮与朝廷兵戎相见的。在这种局面之下，大规模的诸侯王叛乱实际上已成不可避免之势。

## 二、七国之乱的爆发与迅速平定

吴楚七国之乱是发生在汉景帝三年（公元前154年）的一次诸侯王国的叛乱。参与叛乱的七国国王分别是吴王濞、楚王戊、赵王遂、济南王辟光、淄川王贤、胶东王雄渠、胶西王印。吴王濞为这次叛乱的主谋。

七国之乱的根源，是强大的王国势力与专制皇权的矛盾。诸吕当权以及汉文帝刘恒继统等政治事件加剧了这一矛盾。七国之乱的导火线，则是汉景帝刘启采纳晁错的《削藩策》，削夺王国土地。

刘邦建立西汉王朝之后，为巩固统治，借口清除叛乱，杀掉在楚汉战争时期分封的异姓诸王韩信、彭越、英布等人。同时，他又认为秦朝迅速灭亡的重要原因是没有分封同姓子弟为王，使皇室陷于孤立，于是大封同姓子弟为王，并立下“非刘氏王者，天下共击之”的誓言，企图用家族血缘关系来维持刘氏的一统天下。他所分封的同姓王，有齐、燕、赵、梁、代、淮阳、淮南、楚、吴等。这些王国的封地，竟达39郡，占西汉整个疆土的大半，而皇帝直辖的才不过15郡。为防止诸王形成尾大不掉之势，朝廷又规定除诸封国内的经济由诸王支配外，王国的傅、相等官员均须由皇帝任命，法令由朝廷统一制定，军队由皇帝调遣，借以限制诸王的权力。但西汉所封的诸王国，国大民众，随着经济得到恢复和发展，财富日增，势力日强，逐渐形成割据状态，朝廷与诸王国的矛盾便日趋尖锐起来。

---

[1] 《史记·淮南衡山列传》。

高祖死后，吕后专权以及分封诸吕为王，激起了刘姓诸王的强烈反对，王国势力与专制皇权的矛盾，以刘姓诸王与拥刘大臣团结反吕的形式表现出来。吕后死，诸吕聚兵，准备发动政变。当时齐王肥的儿子朱虚侯刘章、东牟侯刘兴居宿卫长安。他们暗约其兄齐王刘将闾领兵入关，共灭诸吕，由将闾继承帝位。刘将闾应约起兵，长安方面派遣大将军灌婴出击。灌婴屯兵荥阳，与刘将闾相约连和，伺机共伐诸吕。这时，刘章在长安与太尉周勃、丞相陈平等协力消灭了诸吕势力。群臣认为代王恒外家薄氏比较可靠，估计不致出现类似诸吕弄权的严重问题。于是他们订下协议，舍齐王将闾而立代王恒为帝，即汉文帝。

汉文帝即位以后，深感诸王对朝廷的威胁日益严重，决定采纳太中大夫贾谊和太子家令晁错的建议，一方面把诸王的一部分封地收归朝廷直接管辖，一方面在诸王的封地内再分封几个小诸侯国，以分散削弱诸王的权力。同时，还把自己的儿子刘武封为梁王（封地在今河南东部），控制中原要地，屏障朝廷。诸侯王不甘心自己的力量受到削弱，纷纷反对。当时反对最强烈的是吴王刘濞。吴王的都城在广陵（今江苏扬州北），辖有豫章（今江西地区）、会稽（今苏南和浙江地区）等郡，封土广大，财力富足，他利用这些优越的经济条件扩张势力，蓄谋夺取朝廷大权。

景帝即位以后，诸王国的势力发展到了同朝廷分庭抗礼的地步，景帝接受御史大夫晁错的建议，继续推行削藩的政策，先削减楚、赵及胶西三王的封地。因而，引起诸侯王的强烈不满。吴王乘机纠合楚王、胶西王、齐王、菑川王、胶东王、济南王、济北王、赵王等各，准备进行武力反叛。

景帝三年（公元前 **154** 年）正月，朝廷下令削夺吴会稽、豫章两郡，吴王便以诛晁错、清君侧为名，首先起兵，并派人通知闽越、东越出兵相助。但由于齐王悔约背盟、济北王为其部下劫持不得发兵，故实际参加叛乱的仅为七国。一场史称为七国之乱的反对统一的战争就这样爆发了。史称："诸侯既新削罚，震恐，多怨错。及削吴会稽、豫章郡书至，则吴王先起兵，诛汉吏二千石以下。胶西、胶东、菑川、济南、楚、赵亦皆反，发兵西。齐王后悔，背约城守。济北王城坏未完，其郎中令劫守王，不得发兵。胶西王、胶东王为渠率，与菑川、

济南共攻围临菑。赵王遂亦阴使匈奴与连兵。”❶

从“七国之乱”爆发后的战略形势看，当时叛军与汉军的战斗大致分为三个战场，西部战场由吴王统帅，东部战场则由胶西王刘印统帅，还有一路是赵王遂统帅的北路战场。汉军针对当时叛军的态势，也作出分兵进击的战略部署：“天子乃遣太尉条侯周亚夫将三十六将军往击吴、楚；遣曲周侯郦寄击赵，将军栾布击齐，大将军窦婴屯荥阳监齐、赵兵。”❷

先看西部战场，这是七国反叛军队与汉军的主要战场，战役中心围绕梁国展开。

吴王反汉后，先杀尽朝廷在自己封国内所委任的官吏，然后聚集亲信，商议进兵之策。大将军田禄伯请求率兵 5 万，循江淮而上，占领淮南和长沙，入武关直捣长安，吴王唯恐大权旁落，拒绝了这一建议。青年将领桓将军对吴王说：“吴多步兵，步兵利险；汉多车骑，车骑利平地。”因此建议挥军急速西进，沿途不要攻城略地，迅速抢占洛阳的军械库和敖仓的粮库。并凭借洛、荥山河之险，会合诸侯。这样，即使不能西取长安，也占据了夺取天下的有利地位。否则，如行动迟缓，一旦让汉军抢先进占梁、楚一带，势必招致失败。遗憾的是，这一避短用长、速据关东战略要地的主张，也遭拒绝。吴王亲率 20 万军队从广陵出发，北渡淮河，会合楚兵，并力向梁进攻，又派出小部队潜赴崤（今函谷关南）、渑（渑池）之间，侦察关中汉军情况。在渡淮时，一面派兵袭占下邳（今江苏邳县南），向北攻城略地；一面遍告诸侯，提出这样一个行动计划：由南越兵先攻占长沙以北地区，再西趋巴蜀汉中；越、楚、淮南、衡山、济北诸王会同吴军西取洛阳；齐、菑川、胶东、胶西、济南诸王与赵王先攻占河间（今河北献县东南）、河内（今河南武陟西南），再入临晋关（今陕西大荔东），或与吴军会师洛阳；燕王北取代郡（今河北蔚县东北）、云中（今内蒙古托克托东北）后，再联合匈奴南下，入萧关（今宁夏固原东南），直取长安。这一战略构想的意图是：以诸王国的军队分东、南、北三个方向合击关中，吴楚主力先占荥阳，与齐赵军会师，攻占长安。

---

❶ 《汉书·荆燕吴传》。

❷ 《汉书·荆燕吴传》。

景帝在获悉七王叛乱后，先是采取姑息政策，杀掉晁错，并恢复诸王封地，企图以此平息战乱。直到这一政策失败后，才决心迎击叛军，任命周亚夫为太尉，统率36将军东攻吴楚，另派郦寄攻赵，栾布攻齐，并以窦婴屯于荥阳，监视齐赵叛军动向。这一作战部署的着眼点是分兵钳制齐赵，集中主力打击反汉的重要力量吴楚两军，也就是把战役的重点放在了西部战场。

周亚夫受命后，即提出："楚兵剽轻，难与争锋。愿以梁委之，绝其粮道，乃可制。"也就是暂时放弃梁国的部分地区，引诱并牵制吴楚军队，达到守梁以疲敌的目的，这一建议被景帝采纳。周亚夫率军由长安出发，准备会师洛阳，后接受部下意见，改变进军路线，迅速由蓝田出武关，经南阳抵达洛阳，抢占荥阳要地，控制了洛阳的军械库和荥阳的敖仓，并派兵清除了崤渑间的吴楚伏兵，保障了潼关、洛阳间的交通补给线和后方的安全，顺利实现了第一步作战计划。然后，周亚夫率军30余万东出荥阳，进抵淮阳，针对吴楚锐气正盛，难与正面交锋，遂引兵东北，屯于昌邑（今山东金乡西北），让梁王坚守梁地，阻止吴兵西进，同时派兵奇袭淮泗口（今江苏淮阴县西泗水入淮之口），截断吴军粮道。

景帝三年（公元前154年）正月，吴楚联军向梁进攻，棘壁（今河南永城西北）一战，歼灭梁军数万人，乘胜西进，梁军退保睢阳（今河南商丘南），被吴楚联军围攻。梁王数次派人求援，周亚夫按兵不动，直到吴楚攻梁受到相当消耗后，才将主力推进至下邑（今安徽砀山）。在吴楚四面围攻形势下，梁一面竭力固守，一面组织力量不断出击，袭扰吴军。吴楚联军久攻睢阳不下，屡屡受挫，西取荥、洛的企图难以实现，退路又受威胁，乃调转兵力进攻下邑，寻求汉军主力决战。周亚夫深沟高垒，坚壁不战。吴楚求战不得，派部分兵力佯攻汉军壁垒的东南角，转移汉军注意力，以主力强攻西北角，这一声东击西的企图被周亚夫及时识破。当吴军进攻东南角时，他加强了西北角的防御，粉碎了吴楚军的进攻。

吴楚联军号称数十万，既遭顿挫于睢阳，又不得逞于下邑，进退维谷，加上饷道被断，粮食不继，在粮尽兵疲、士卒叛逃、士气低落的情况下，不得不撤兵西走。周亚夫乘机追击，大破吴楚联军。楚王兵败自杀，吴王仅率数千人乘夜向江南逃窜，企图依托东越垂死挣扎，但东越王慑于汉军压力，诱杀吴王。喧嚣一时的吴楚叛乱，历时仅 3 个月便完全失败。

再说东部战场。

前元十六年（公元前 164 年），文帝同时封齐悼惠王刘肥的六个儿子为王，他们是齐孝王刘将闾、济北王刘志、济南王刘辟光、淄川王刘贤、胶西王刘卬、胶东刘雄渠，加上尚存的城阳共王刘喜（刘章之子，刘肥之孙），齐国被分为七个王国。其中胶西王刘卬都高密（在今高密西五十里之城阴城），胶东王刘雄渠都即墨（在今山东平度城东三十公里），是七个王国中封地在今胶东的两个王国。

景帝称帝后，接受大臣建议实行削藩，当时的诸侯王国似乎均有被削藩的遭遇，各王国对景帝普遍感到不满。与参与七国之乱的几个主要王国一样，胶西王参与七国之乱，也因对朝廷削藩强烈不满。景帝“前二年，……胶西王卬以卖爵事有奸,削其六县。”此后，朝廷又准备将削藩的烈焰燃至吴国。史称：“汉廷臣方议削吴，吴王恐削地无已，因欲发谋举事。念诸侯无足与计者，闻胶西王勇，好兵，诸侯皆畏惮之，于是乃使中大夫应高口说胶西王……犹恐其不果,乃身自为使者，至胶西面约之。”所谓“吴王恐削地无已”，表明诸侯王与朝廷之间的矛盾中心在于对土地、人民的控制权的争夺。就这一点而言，朝廷和诸侯王之间的对抗，似乎从分封制度开始就已注定要爆发。吴王亲赴高密拜会胶西王刘卬，企图联络胶西王一同起兵反叛。按照汉法，诸侯王不得私下相会，吴王与胶西王私会，表明两国已置汉法于不顾，决议起兵反叛了。

再说胶西王私会吴王，与之达成共同起兵的协议，胶西王将计划通报大臣，群臣谏曰：“诸侯地不能为汉十二，为叛逆以忧太后，非计也。今承一帝，尚云不易，假令事成，两主分争，患乃益生。”但胶西王心意已决，遂派出使者联络齐王、胶东王、淄川王、济南王等，这几个王国也许诺参反叛。

战争爆发后，齐王刘将闾临时改变参与反叛的计划，率兵固守都城临淄，坐观成败。胶西王闻讯后大为恼怒，于是亲率胶西、胶东、菑川三国兵马迅速包围了齐国都城临淄，又派济南国军队主持粮道，作为各国军队的策应。齐王见三国围城，急派路中大夫为使者入朝请求景帝发兵救援。景帝让路中大夫转告齐王，要齐王坚守数月，待汉军在西线击败吴楚两国后，便回师救援临淄。路中大夫回到临淄，但三国已将临淄包围得水泄不通，路中大夫被三国军队俘获。胶西王胁迫路中大夫假传消息给齐王说汉军已败，吴楚大军不日将进入长安，路中大夫先假意承诺，待三国军队将他带到城下，望见齐王，路中大夫对城上大喊："汉已发兵百万，使太尉亚夫击破吴、楚，方引兵救齐，齐必坚守无下！"[1] 言毕，路中大夫被三国兵将杀死。齐王知汉军必定来救，在城中坚守，果然，"三王之围齐临菑也，三月不能下"。

三个月后，吴楚主力在下邑（今安徽砀山东）被汉军大将周亚夫击败，景帝即刻命将军栾布、平阳侯曹襄率兵救齐。栾布驱兵杀到，齐王刘将闾也带军从城内杀出，夹击胶西等三国军，三国军大败，叛军便作鸟兽散了，主持粮道的济南军见围齐之军败，便逃回济南。胶西国王刘卬逃回都城高密，王太子刘德还想招集败卒再战，刘卬已无信心。适此时讨吴楚的韩颓的援军赶来，刘卬以剑自戕。胶东王刘雄渠、淄川王刘贤、济南王刘辟光，闻刘卬自杀，也都或服药或自缢而死。[2] 未参与反叛的齐王将闾为汉守城有功，但是他曾拟夺取帝位，也曾参与过七国之乱的策划，特别是在被围困时又与胶西王等通谋，因此不能见容于汉，也被迫自杀。

在赵地，赵王遂撤兵坚守邯郸，郦寄攻之不下。匈奴人知道吴楚兵败，也不肯入汉边助赵。栾布平定齐地诸国后，还军与郦寄共同引水灌邯郸城，邯郸城破，赵王遂自杀。至此，汉王朝赢得了平定七王叛乱战争的彻底胜利。

七国之乱的平定，对汉朝的发展是一大贡献。它巩固了削藩政策的成果，维护了国家的统一和安定，在很大程度上解决了汉高祖分封子弟为大国所引起的矛盾，并为汉武帝以"推恩令"从分封制度上进一步解决王国问题，创造了必要的条件。

## 三、七国之乱之后的胶东王国以及西汉朝廷对王国政策的进一步调整

七国之乱很快被朝廷镇压下去。直接参与叛乱或曾密谋参与叛乱的诸侯王们，或者战败自杀，或者兵败伏诛，就连在战乱时力保临淄

---

[1] 《汉书·高五王传》。

[2] 张家骥："西汉高密王事略"，载《春秋》2008 年第 6 期。

不失的齐孝王刘将闾，也因拒敌期间私下与叛军通谋，计划投向叛军，事发后自杀身亡。景帝以为，齐孝王虽然有与叛军密谋之事，但始终未曾叛汉，且在临淄拒敌有功，于是在齐孝王自杀后，立其太子刘寿为齐王，是为齐懿王。懿王在位23年，死后其子次昌继位，是为厉王，厉王立五年，国除。

景帝平定七国之乱以后，于当年封自己的几个儿子为王，占据齐悼惠王刘肥在汉初封得的齐国之地。其中，在胶东者有胶西王刘端和胶东王刘寄。

胶西王刘端，景帝三年六月封胶西王，是为端王，在位四十七年，死后无子，国除为郡。35年后，宣帝本始元年（公元前73年），“秋七月，诏立燕剌王太子建为广阳王，立广陵王胥少子弘为高密王。”[1]这是西汉在高密建都的最后一个王国，其后，高密国共传四代，到王莽时国除。

胶东王刘寄，景帝中元二年四月立为胶东王，是为康王，在位18年。此后，胶东国共传国六代，王莽篡汉后，胶东王国被废除。其实，刘寄被封为胶东国王之前，景帝前元四年（公元前153年）曾封皇子刘彻为胶东王，刘彻后被立为太子，未就国。所以，到中元二年（公元前148年）改封皇子刘寄为胶东王，仍设都即墨。刘寄死后谥“康”，因此当地群众又称即墨城为“康王城”。

鉴于七国之乱带来的巨大危害，景帝在平叛以后，进一步加快了对诸侯王国制度的改革。早在七国之乱以前，朝廷就对王国政治实行了多方位的限制政策，如诸侯王不得窃用天子礼仪；诸侯王置吏需依汉制（景帝以后四百石以上官吏须由朝廷任命）；诸侯王无虎符不得擅自发兵；不得在国内私自煮盐、冶铁；不得擅自颁发爵位与人；不得收纳流亡、藏匿亡命；不得与外戚私自交往；不得与其他诸侯王私下会晤；不得私自离境；不得对朝廷大臣私自行赏；必须按时入朝。对违背以上规定的诸侯王，严重者会被削地、夺爵，甚至处死。

七国之乱平定后，朝廷除了直接剥夺诸侯王国的政治权力，减省王国官属外，又对朝廷和诸侯王之间的法律关系进行调整，作左官之律，设阿党、附益之法，进一步加强了对王国政治权力的限制。

---

[1] 《汉书·宣帝纪》。

“左宫”是指在诸侯王那里任职的官。《汉书·诸侯王表序》服虔注：“仕于诸侯为左宫，绝不使仕于王侯（当做朝廷）也。”应劭注：“人道尚右，今舍天子而仕诸侯，故谓之左官也。”颜师古注：“左官犹左道也……汉时依上古法，朝廷之列以右为尊，故谓降秩为左迁，仕诸侯为左官也。”由于史料阙失，“左宫之律”的具体内容今天已无从考究，但从以上三家注来看，至少有两点是明确的：第一，王国官吏的秩级低于朝廷官员，同时受到歧视。第二，在王国任官者，以后任职朝廷要受到诸多限制。“左宫之律”的作用看来主要是限制诸侯王延揽优秀人才，以削弱其政治势力。❶

“附益阿党之法”的具体内容今已不详。《汉书·诸侯王表序》张晏注：“律，郑氏说，封诸侯过限日附益。或曰阿媚王侯，有重法也。”颜师古注：“附益者，盖取孔子云‘求也为之聚敛而附益之’之义也，皆背正法而厚于私家也。”这显然是对诸侯王追求法外的经济利益的限制。至于“阿党”，《汉书·高武王传》注引张晏曰：“诸侯有罪，傅相不举奏，为阿党。”此法旨在限制王国官吏与诸侯王互相结党营私，谋取政治特权或背叛朝廷。❷

白寿彝总主编的《中国通史》解释：如果诸侯王有罪，而官属知情不举，即为阿党，要受到朝廷的严厉制裁。从《汉书·高武王传》注引张晏的解释看，汉初就已经有“阿党法”颁布。但由于当时诸侯王拥有自辟除官吏的特权，阿附之举在所难免。所以，七国之乱平定以后，景帝再次重申“阿党法”，制为律令，也就显得恰如其时了。“附益法”则应该是专门为对应诸侯王国敛财自肥——即背正法而厚于私家——而设立的专门法。御史大夫张汤劾博士徐偃矫诏使胶东、鲁国煮盐铸铁，法致死，其所适用之法，当即附益之法。❸

总之，随着七国之乱平定之后，诸侯王势力的极大削弱，汉朝廷进一步加强在政治上对诸侯王权力的限制。景帝将王国任用官吏的权力收归朝廷。“令诸侯不得复治国，天子为置吏。改丞相曰相，省御史大夫、廷尉、少府、宗正、博士官、大夫、谒者、诸郎官。长丞皆

---

❶ 孟祥才：《中国历史·秦汉史》，人民出版社 2009 年版，第 293 页。

❷ 孟祥才：《中国历史·秦汉史》，人民出版社 2009 年版，第 293 页。

❸ 白寿彝总主编：《中国通史》（第四卷中古时代·秦汉时期），上海人民出版社 1995 年版，第 845 页。

损其员。”❶ 武帝以后，诸侯王的政治地位一落千丈，武帝继续减损王国官属，又取消了王国郎中令。至此，王国与朝廷同设的官职，基本被减损殆尽，王国“政府”基本上与地方郡的规模和形制没有太多的差异了。

此后，武帝进一步采取“推恩令”，下诏“诸侯王或欲推私恩分子弟邑者，令各条上，朕且临定其号。”❷ 允许诸侯王把国土分封给子弟为列侯，由皇帝制定这些侯国的封号。此令一下，各王国纷请分封子弟，“于是藩国始分，而子弟毕侯矣。”❸ 其后果是朝廷“不行黜陟而藩国自析”。❹ 将诸侯王国广大土地一步步分裂为县级的侯国，从此之后，“诸侯惟得衣租食税，不与政事”，❺ 对西汉朝廷的政治威胁日益减退。

## 第三节　汉武帝东巡胶东

### 一、汉武帝东巡胶东的历史背景

汉武帝时期，东巡活动更甚于秦始皇。自武帝元鼎四年（公元前113）到征和四年（公元前89），在短短的20余年内，武帝竟9次巡视山东，6次进行封禅泰山的活动，6次到沿海地区，其活动范围超过了秦始皇。汉武帝对山东地区频繁巡视，与其个人崇尚迷信、求仙升天、寻求海外长生不死之仙药的活动有关，也是与该地区政治、经济形势密不可分的。

首先，齐地的方士文化与仙道文化是汉武帝东巡胶东追求长生不死活动的文化背景。据《汉书·地理志》载，齐国自西周建国以后，民间迷信盛行。当地有一种特殊的风俗，即家中的长女终生不嫁，长大以后专门主持全家祭祖鬼神仪式等事宜，取名巫儿。巫儿兴盛的地方，正是产生方士的沃壤。另外，海上之方士产生在渤海滨海地区，

---

❶ 《汉书·百官公卿表》上。
❷ 《汉书·王子侯表》序。
❸ 《汉书·武帝纪》。
❹ 《汉书·王子侯表》序。
❺ 《汉书·王子侯表》序。

其起源或许与对神灵的崇拜和海市奇观有关。春秋战国时期，古黄县一带沿海地区，每当夏秋之交季节时有海市出现。这种大自然构成的幻影，古人信以为真，于是出现了渤海中有三神山的传说，从而引起许多人的向往和追求，研究海上神仙说的方士也应运而生。方士们利用邹衍的“大九州”学说，宣扬海外有神山，山上有仙人和仙药。他们又借用五行转化理论和悠久无限的时空观念，创造了冶炼丹药、长生延年的学说。经过方士们的系统整理与发展完善，逐渐形成了理论化的方士学说。[1]

西汉时期，方士多为齐人，其中比较著名的有李少君、少翁、栾大、公孙卿等。他们为了迎合帝王希望获得长生不老的心理，进行种种活动，以骗取荣华富贵。邹衍的学说被发展成改制封禅说，海上求仙活动变化为采药求仙说。汉武帝刘彻在方士和儒生们的鼓吹怂恿下，仿效秦始皇封禅泰山，东巡海上，祭祀八神，又派数千人入海求蓬莱仙人。

李少君，原为深泽侯赵将夕的舍人，自称“能使物，却老”。一次，他和武安侯田蚡一起宴饮，在座者有一个九十余岁的老者，李少君说自已曾和这位老者的祖父一起游射，并详细描述了那时的情形。这位老者儿时曾与其祖父到过那里，与李少君说的竟然完全一样。在座者无不惊讶。另一次，李少君来参见武帝，看到武帝桌上放着一件古铜器。武帝问少君是否知道此器的来历。少君说：（他曾经看到）此器在齐桓公十年曾被陈列在柏寝。武帝命人查验此器，果然是齐桓公时的器物。此事传开竟至于“一宫尽骇，以为少君神，数百岁人也”。从此武帝对其深信不疑。李少君对武帝说：“臣尝游海上，见安期生，安期生食巨枣，大如瓜。安期生仙者，通蓬莱中，合则见人，不合则隐。”“于是天子始亲祠灶，遣方士入海，求蓬莱安期生之属，而事化丹砂诸药齐为黄金矣。”李少君这个“数百岁”的不老之人死后，武帝并未觉醒，还“以为化去不死，而使黄、锤史宽舒受其方。求蓬莱安期生莫能得，而海上燕齐怪迂之方士多更来言神事矣。”继续着对神仙和长生不死药的追求。[2]

---

[1] 唐禄庭、唐志梅：《东来史话》，齐鲁书社 2006 年版。

[2] 《集解》引徐广云：“锤，音才恚反。锤县、黄县皆在东莱。”锤县，《汉书·地理志》作“腄”，西汉时属东莱郡。

李少君死后，“齐人少翁以鬼神方见上”，被武帝封为文成将军。可惜这位方士的手段也不高明，在百般作法不见其效后，“乃为帛书以饭牛，详不知，言曰此牛腹中有奇。杀视得书，书言甚怪。天子识其手书，问其人，果是伪书，於是诛文成将军，隐之。”少翁造假被诛杀，按说也是罪有应得，可武帝明知受骗，却偏偏执迷不悟，好面子还不敢将诛杀少翁的事情张扬出去，不久竟然对诛杀少翁产生了悔意，后悔当初没有将少翁的道术留传下来。看来，再次受骗似乎也是早晚的事情。此后，另一个方士栾大被引见给武帝，司马迁的《史记·封禅书》中言：“栾大，胶东宫人，故尝与文成将军同师，已而为胶东王尚方。”武帝见到栾大，封栾大为五利将军、天士将军、地士将军、大通将军、天道将军加乐通侯，配六印，以至于“贵震天下，而海上燕齐之间，莫不搤捥而自言有禁方，能神仙矣”。不难想见，当时社会上弥漫的求仙之风。

虽然在今天看来，所谓的求仙之说不过是当时方士们猎取功名和财富的欺人之言，但这些活动本身也具有一些积极意义。比如，它客观上开拓了人们的视野，丰富了人们的想象力，也在实际上加强了人们开拓海外世界的愿望和能力，为海上交通和海外关系的发展开辟了前景。❶

其次，武帝的东巡也是朝廷加强对东方郡国控制的举措。东方的齐地，是西汉时期重要的经济中心，又是当时诸侯王势力强大的地区之一，加强对齐地的政治和军事控制，对王朝而言是一件至吴重要的任务。山东地区从战国时期经济已很发达。史称：“齐临淄十万户，市租千金，人众殷富，巨于长安。”西汉初，全国设铁官50处，山东就有12处，分布在琅邪郡、临淄、历城等地，铁的产量达到全国的1/4；汉初全国设盐官35处，山东有11处，盐的产量达到全国1/3；山东还是全国纺织业中心，临淄、定陶、元文（今济宁）是当时三大丝织业生产基地。临淄的三服官手工工场，还成为专门为皇室和西汉政府生产丝织品的场所。秦汉时期，山东商业也很繁荣，时有“宛、周、齐、鲁，商遍天下”之说，其经济地位的重要性不言而喻。汉初，刘邦在山东境内先后分封了齐国、淄川国、济南国、胶东国、高

---

❶ 安作璋主编：《山东通史·秦汉卷》，人民出版社2009年版，第45页。

密国、城阳国和东平国。由于诸侯国势力强大，在文帝时就发生了齐王和济北王叛乱；景帝时又发生了吴楚七国之乱，山东的胶西、胶东、济南、临淄都为叛乱者所控制。虽然在叛乱被镇压以后，景帝将各王国地盘缩小，但在武帝即位后，对前代诸侯国叛乱仍忧心忡忡。在如此重要的地区，武帝时却多次出现水旱灾情和小规模农民起义。山东形势的变化对全国有牵一发而动全局的影响。这就不难看出武帝东巡首先便是为了稳定山东局势。[1]

从武帝东巡行程看，除了在琅邪、东莱等地巡行大海，在泰山举行封禅仪式，宣扬自己的功德以外，更重要的是在封禅仪式结束之后，让山东各地官员、诸侯汇集泰山脚下，听取汇报，考察他们的政务，或接受郡国上计（向中央汇报），或亲临治水第一线视察。可以说，了解山东情况，稳定山东局势，巩固在山东的统治是武帝东巡最重要目的。

再次，汉武帝东巡山东沿海，还与对朝鲜用兵密切相关。胶东与朝鲜半岛隔海相望，大约是中国大陆与朝鲜直线距离最近的地方。汉武帝时期对朝鲜用兵，选择陆路和海路夹击的战略，以胶东地区为出海基地，必然是从海路进兵的最佳选择。所以，为征服朝鲜而产生的对航运的需求也在很大程度上刺激了胶东海运业的发展。元封二年（公元前109），“朝鲜王攻杀辽东都尉，乃募天下死罪击朝鲜”，《史记·朝鲜列传》载，“遣楼船将军杨仆、左将军荀彘将应募罪人击朝鲜。”“其秋，遣楼船将军杨仆从齐浮渤海。”当时通过海运抵达朝鲜的部队在7000人左右，以当时的运输能力，按照《后汉书·马援传》“楼船大小二千余艘，战士二万余人”的比例，应有“楼船大小七百余艘”。按照《太平御览》卷七六八引《后汉书》“楼船大小三千余艘，士二万余人”的比例，则应有“楼船大小一千又五十余艘”。如此巨大的船队，即使在今天其规模也是蔚为壮观的。

最后，汉武帝东巡山东沿海，还与追求向海外发展、开疆拓土的强烈愿望有关。

武帝是中国历史上最具开拓精神的帝王之一。他在位时期正是西

---

[1] 朱亚非：“论秦始皇、汉武帝东巡琅琊及山东沿海”，载山东胶南琅琊暨徐福研究会编：《琅琊与徐福研究论文集》，华夏出版社1995年版，第159～168页。

汉帝国经济发达、社会稳定的时期。凭借着汉初七十年发展的积累，汉王朝国富兵强。雄才伟略的汉武帝采取积极进取的对外开拓战略，在北方全力反击匈奴，在西北凿通西域，开辟了著名的丝绸之路，在东南和西南经营闽越、南越和西南夷。在东北，展开针对卫氏朝鲜的征伐战争。汉武帝时期，朝鲜卫氏王朝开国之君卫满的孙子右渠继承王位，他“所诱汉亡人滋多，又未尝入见”[1]，还阻拦半岛上的其他小国与汉交往。元封二年（公元前109年），武帝派涉何入朝责让右渠，右渠不肯臣服。涉何返程中杀朝方送行人员，谎报“杀朝鲜将”。武帝认其有功，任命他为辽东东部都尉。朝鲜怨恨涉何，发兵将其击杀。汉与朝鲜关系恶化，终致兵戎相见。武帝多次东巡山东沿海，第一次就在元封元年（公元前110年），也就是征伐朝鲜的前一年，第二年，也就是征伐朝鲜的当年，武帝又第二次东巡山东。武帝此时连续东巡山东，或许与征伐朝鲜有密切关系。这显然也表现出武帝追求向海外发展、开疆拓土的强烈愿望。有学者指出，在当时邹衍等思想家“大九州之说”影响下，汉武帝也认识到除中国之外，海外仍有广阔的天地，也激励着他们向海外发展，去拓展新的势力范围。这种向海外发展的企图受到两种因素的刺激，更加速了其紧迫感。[2]

## 二、汉武帝多次东巡胶东

汉代大量古籍记录了汉武帝出巡海上的经历。

汉武帝第一次东巡前往海滨，是在元封元年（公元前110），“上遂东巡海上，行礼祠八神。齐人之上疏言神怪奇方者以万数，然无验者。乃益发船，令言海中神山者数千人求蓬莱神人。公孙卿持节常先行候名山，至东莱，言夜见大人，长数丈，就之则不见，见其迹甚大，类禽兽云。群臣有言见一老父牵狗，言‘吾欲见巨公’，已忽不见。上即见大迹，未信，及群臣有言老父，则大以为仙人也。宿留海上，予方士传车及间使求仙人以千数。”[3] 这一年，汉武帝在泰山行封禅之礼，因为封泰山时没有遭遇风雨之灾，方士们再次宣传蓬莱诸神或将

[1] 《史记·朝鲜列传》。

[2] 朱亚非：“论秦始皇、汉武帝东巡琅琊及山东沿海”，载山东胶南琅琊暨徐福研究会编：《琅琊与徐福研究论文集》，华夏出版社1995年版，第159～168页。

[3] 《史记·封禅书》。

可得，于是汉武帝再次东至海上远望，希望得见蓬莱神仙。“复东巡海上，至碣石，自辽西历北边九原，归于甘泉。”❶

元封二年（公元前109）春，“公孙卿言见神人东莱山，若云‘欲见天子’。天子於是幸缑氏城，拜卿为中大夫。遂至东莱，宿留之数日，无所见，见大人迹云。”公孙卿报告武帝自己在东莱山看到神人，并说神人竟然还说希望见到天子。汉武帝于是拜公孙卿为中大夫，又来到东莱，宿留数日，依然一无所见，但汉武帝并不死心，还是派遣数以千计的方士求神怪采芝药。

元封五年（公元前106），距第一次封禅正好五年，这一年冬，“（武帝）行南巡狩，至于盛唐，望祀虞舜于九嶷。登潜天柱山，自寻阳浮江，亲射蛟江中，获之。舳舻千里，薄枞阳而出，作《盛唐枞阳之歌》。遂北至琅邪，并海，所过祠其名山大川。春三月，还至泰山，增封。甲子，祠高祖于明堂，以配上帝，因朝诸侯王、列侯，受郡国计。”❷ 这次东巡和封禅结束后，武帝在明堂接见了诸侯王、列侯，并接受了各郡国的上计。可见，考察诸侯王、侯和地方郡县的政绩，了解各地的经济和政治状况显然也是武帝出巡的重要目的之一。

太初元年（公元前104），汉武帝第二次东巡海上，考察入海及方士求神者，没有得见神仙的实证，然而依然派遣更多的方士继续寻求。十二月，他又亲自行临渤海，望祀蓬莱神山。

太初三年（公元前102）春，汉武帝“行东巡海上。夏四月，还，修封泰山。”这是武帝第三次在泰山举行封禅典礼。

天汉二年（公元前99年）春，汉武帝行幸东海。就在这一年，泰山、琅邪等郡爆发了徐勃等领导的农民起义，起义军“阻山攻城，道路不通”。武帝派遣直指使者暴胜之等镇压了徐勃的起义。之后，武帝下令将起义地方的州刺史、郡守全部诛杀。

天汉三年（公元前98年），汉武帝“行幸泰山，修封，祀明堂，因受计。”这是武帝第四次举行泰山封禅典礼。

太始三年（公元前94年），汉武帝“行幸东海，获赤雁，作《朱雁之歌》。幸琅邪，礼日成山。登之罘，浮大海。”

---

❶ 《汉书·武帝纪》。

❷ 《汉书·武帝纪》。

太始四年（公前93年）夏四月，汉武帝“幸不其，祠神人于交门宫，若有乡坐拜者。作《交门之歌》。”“行幸泰山”，“祀高祖于明堂，以配上帝，因受计。”又“祀孝景皇帝于明堂”，然后又再次在泰山举行封禅典礼，这是武帝举行的第五次封禅典礼。

征和四年（公元前89年）春正月，汉武帝第六次行幸东莱。然后回到泰山进行封禅，这是最后一次举行封禅典礼。这时的武帝已是68岁高龄了。

## 三、汉宣帝东巡胶东

汉宣帝刘询，生于武帝征和二年（公元前91年），原名刘病已。他是汉武帝的曾孙，他的祖父是汉武帝之子，戾太子刘据，父亲是刘据和史良娣的儿子，史皇孙刘进。巫蛊之祸家人蒙难，他的祖父戾太子被逼自杀，父亲刘进也一同遇难，襁褓中的刘询曾下狱，后被祖母史家收养，直到武帝下诏掖庭养视，上属籍宗正。元平元年（公元前74年）昌邑王被废后，霍光等大臣将他从民间迎入宫中，先封为阳武侯，于同年7月继位，时年十八岁。第二年改年号为“本始”。

由于刘询幼年遭遇变故，长期生活在民间，因此对百姓的疾苦和吏治得失有所了解，这对他的施政有直接影响。他在位时期，勤俭治国，进一步确定儒家地位，而且放松了对人民思想的控制，对大臣要求严格，特别是宣帝亲政以后，汉朝的政治更加清明，社会经济更加繁荣。在亲政的二十年中，他着重于整肃吏治，加强皇权。他不但诛灭了腐败的霍氏家族，而且诛杀了一大批腐朽贪污的高官。为维护法律正常行使，宣帝设置治御史以审核廷尉量刑轻重；设廷尉平至地方鞫狱，重视民命之余又加强中央对地方的控制。此外宣帝又召集著名儒生在未央宫讲论五经异同，目的是巩固皇权、统一思想。其余如废除一些苛法，屡次蠲免田租、算赋，招抚流亡，在发展农业生产方面继续霍光的政策。对周边少数民族的关系，则软硬兼施。神爵元年（公元前61年），先零部（属羌族）与诸羌联盟并和匈奴借兵，企图对汉复仇。宣帝派后将军赵充国、弩将军许延寿出金城攻击西羌，均获胜利，留赵充国屯田。神爵二年五月（公元前62年），羌族杀其首领杨玉、犹非等，遂降汉。宣帝设金城属国，撤回屯田军。袭破车师。时匈奴发生内乱，呼韩邪单于甘露三年（公元前51年）亲至五原塞上请求入朝称臣，成了汉朝的藩属，宣帝又得以完成武帝倾全国之力用兵而未竟的功业。总之，宣帝统治期间，“吏称其职，民安其业”，号称“中兴”，应该说，宣帝统治时期是汉朝武力最强盛、经济最繁荣的时候，因此史书对宣帝大为赞赏，曰：“孝宣之治，信赏必罚，文治武功，可谓中兴”。他与前任汉昭帝刘弗陵的统治被并称为昭宣中兴。在以制定庙号、谥号极其严格著称的西汉历史中，宣帝刘询庙号中宗，是四位拥有正式庙号的皇帝之一（另三位是太祖高帝刘邦、太宗文帝刘恒、世宗武帝刘彻，皆是一代英主），可见其功德之高。

宣帝在位期间，也曾东巡山东，到过胶东沿海，并在曲成（今山东招远西北30公里）举行祭祀参山八神的活动。

《汉书·郊祀志》载，宣帝东巡胶东，在曲成祀参山八神之事曰：“祠太室山于即墨，三户山于下密，祠天封苑火井于鸿门。又立岁星、辰星、太白、荧惑、南斗祠于长安城旁。又祠参山八神[1]于曲城，蓬山石杜、石鼓于临朐，之罘山于腄，成山于不夜，莱山于黄。成山祠日，莱山祠月。又祠四时于琅邪，蚩尤于寿良。”

《掖县志·大事记》亦载此事云：“宣帝神爵中祠参山八神于曲成。”《汉书·地理志》东莱郡条曰：“曲成，有参山万里沙祠。”宣帝祠参山八神于曲成，或许即在此。

宣帝在位时期，吏治优良、经济发达，外邦臣服，是西汉朝武力最强盛、经济最繁荣的时候，史称“中兴”。所以，他在位期间虽然也和他的曾祖父那样东巡山东，但宣帝的东巡显然已经没有了对神仙和长生不死药的追求，此时的诸侯王国也基本上被严重削弱，已构不成对朝廷的严重威胁，所以监控诸侯王国也不是宣帝东巡的主要目的。宣帝东巡的主要目的也许就在于在政治上确立其皇帝地位的合法性。这一点从宣帝到曲成祀参山八神的活动可以略见端倪。宣帝虽贵为武帝皇曾孙，但由于巫蛊之祸，他早年流落民间，最终虽然得以入继大

---

[1] 所谓“八神”，《汉书·郊祀志》云：“八神将自古而有之，或曰太公以来作之。齐所以为齐，以天齐也。其祀绝，莫知起时。八神：一曰天主，祠天齐。天齐渊水，居临菑南郊山下下者。二曰地主，祠泰山梁父。盖天好阴，祠之必于高山之下畤，命曰“畤”；地贵阳，祭之必于泽中圜丘云。三曰兵主，祠蚩尤。蚩尤在东平陆监乡，齐之西竟也。四曰阴主，祠三山；五曰阳主，祠之罘山；六曰月主，祠莱山：皆在齐北，并勃海。七曰日主，祠盛山。盛山斗入海，最居齐东北阳，以迎日出云。八曰四时主，祠琅邪。”

统，但他深知自己地位并不牢固，继位之初，他对立他为帝的权臣霍光唯唯诺诺，言听计从。即位伊始，当霍光表示要还政于他时，汉宣帝非常诚惶诚恐地回绝了。《汉书·宣帝纪》载："大将军光稽首归政，上谦让委任焉。论定策功，益封大将军光万七千户"，接到霍光的"归政"请求，宣帝立刻向霍光表达了自己对他的绝对信任和欣赏，请霍光继续主持朝政，并当众宣布，事无大小，先报请霍光，然后再奏知他本人。他还专门下诏褒奖霍光的援立之功，益封七千户，并给予霍光上朝时的极高礼遇。汉宣帝的这一系列行为显然是在自己权力未稳之际，为消除霍光对他的猜忌和提防，缓和朝廷内部潜伏的政治危机的不得已之举，当然从客观效果看，这些退让为他的统治创造了一个良好政治气氛，对稳定朝政的确起到了积极作用，最直接的结果就是免于变成"昌邑王第二"。

宣帝即位之初，一切朝政都在重臣霍光的控制之下，史载："时，大将军霍光辅政，上共已正南面，非宗庙之祀不出。"作为皇帝的刘询，除了到宗庙祭祀，几乎不出内朝。在这样的政局之下，如何在政治上迅速树立自己的合法性权威，是摆在宣帝面前的一个棘手的任务。霍光死后，宣帝亲政，得以控制帝国的实际掌控权固然是先决条件，宣帝本人也深知将实权握于手中的重要性，但其皇位的合法性依据，依然是一个必须解决的问题。宣帝在位的第十二年，即元康四年（公元前 62 年）乃下诏曰："盖闻天子尊事天地，修祀山川，古今通礼也。间者，上帝之祠阙而不亲十有余年，朕甚惧焉。朕亲饬躬齐戒，亲泰祀，为百姓蒙嘉气、获丰年焉。"❶ 从内容上看，这条诏书无非是所谓"尊祖敬宗"，"敬天祭祖"的老调重弹，但此时重弹这些老调，却是颇有深意的——作为天子，他可以亲自祭祀天地诸神——这表明他代表了刘氏宗祠，成为天下唯一的正统，来执行天的旨意了。之后，宣帝再次"制诏太常：'夫江海，百川之大者也，今阙焉无祠。其令祠官以礼为岁事，以四时祠江海雒水，祈为天下丰年焉。'自是五岳、四渎皆有常礼。"❷ 由此，祭祀天地诸神的活动以诏令的方式规定下来，成为常制。

❶ 《汉书·郊祀志》。

❷ 《汉书·郊祀志》。

古代帝王一直坚守着君权神授的政治“理念”。在泰山举行封禅大典，是表明自己受命于天的合法性的重要典礼。当然，像宣帝这样的继位之君，并没有创建帝国的丰功伟绩，也没有其曾祖武帝那样的文功武略，也就不具备到泰山封禅的资格。所以，宣帝退而求其次，以祭祀参山八神的方式，来表明自己作为继位之君的合法性，也是一个合理的选择。

遗憾的是，由于史料的缺憾，宣帝巡视胶东、祭祀参山八神的具体情形已经不得而知了。但可以想见，在政治局面相对稳定，经济进一步恢复、发展，对外征服也取得相当进展的局势之下，宣帝东巡胶东，其声势和气派也未必逊于他的曾祖，只是这位从民间上位的帝王，可能更关心他作为帝王的政治合法性以及由此带来的臣民对他如神一般的敬仰。

史料能为我们留下宣帝东巡胶东，祭祀参山八神的只言片语，也不负宣帝的一片良苦用心了。

## 四、汉武帝东巡的作用

第一，加强了刚刚建立起来的封建中央集权制国家对地方的控制。秦汉时期，山东是仅次于关中的经济实力最强大的地区。因此，武帝东巡当首先意在稳定山东局势。汉初分封的同姓王国，不但在经济上具有特权，在政治上也基本等同于独立王国。武帝即位以后，在其父景帝削藩和平叛的基础上，进一步采取积极限制政策，削夺诸侯王侯的政治权力，诸侯王国大面积的国土被削为汉郡，由朝廷选派地方官员实施管理。汉武帝多次东巡山东，在泰山举办六次封禅典礼，这对树立朝廷的权威和刘氏王朝的政治合法性，都具有积极意义。本质而言，从秦始皇到汉武帝百余年间的中华统一大业，是遵循“普天之下，莫非王土；率土之滨，莫非王臣”的原则来进行的，于是泰山封禅成为一统天下的象征。这样，泰山封禅，成了由天下大乱走向天下大治的标志。所以东汉史学家班固云：“王者易姓而起，必升封泰山何？报告之义也，始受命之时，改制应天，天下太平，功成封禅，以告太平也。”此外，武帝在多次在东巡途中，接见地方大员并接受地方上计，考察地方吏治，并处罚了在地方处置不当引发暴动的地方官员，对加强朝廷对地方的控制起到了一定的作用。

第二，东巡也有利于促进山东地区经济的发展。秦汉时期，山东是仅次于关中的经济发达地区，这里的经济发展如何对全国有至关重要的影响。秦始皇、汉武帝无论是对外用兵、发展与外国的贸易，还是维持庞大的政权官员和军队的开支，山东地区所提供的赋税收入都是必不可少的。元封二年，汉武帝在第二次东巡途中，亲自参与堵塞山东境内的瓠子河黄河决口，并亲自作《瓠子之歌》来纪念这一伟大的工程，这充分反映了封建统治者对山东经济的重视程度。秦末汉初虽有战乱，但山东地区的经济仍持续发展，如琅邪人贡禹在汉元帝继位时曾谈到“故时齐三服官输物不过十笥，方今齐三服官作工各数千人，一岁费数巨万”；又如临淄齐故城发掘出汉武帝时冶铁业遗址有40万平方米范围，比战国后期齐国冶铁遗址大8—10倍。由于汉武帝亲自指挥治水，给地方官兴修水利以极大鼓舞，以致“用事者争言水利……东海引巨定，泰山下引汶水，皆穿渠为溉田，各万余顷，宅小渠披山通道者，不可胜言”。[1] 山东地区经济发展较快，除了广大劳动人民勤劳努力外，封建统治者的重视无疑也是一个重要因素。

第三，秦始皇、汉武帝东巡，促进了山东沿海地区航海业和海外交通的发展，增长了沿海地区人民的对外开放意识。在汉武帝庞大船队的刺激下，沿海地区贫苦农民为向海外谋求生计，也加快了造船业和航海业的步伐，秦汉时期，北方沿海的造船与航海技术在国内外均处于领先地位。在汉武帝东巡和探求海外有仙境之说的鼓舞下，在方士们宣扬海外有仙山、仙药的舆论引导下，在为摆脱暴政及贫困的现实状况推动下，山东沿海居民走出国门，奔赴海外的开放意识日益浓厚，并不断进行东渡的大胆实践。[2] 事实上，西汉末年，北海都昌人逢萌曾就学于长安，王莽专政，“即解冠挂东都城门，归，将家属浮海，客于辽东。”“及光武即位，乃之琅邪劳山”[3]。当时隔海互通消息，渡海似乎也可以轻易往返。一直到汉末三国时期，辽东半岛与山东半岛的海上交通依然往来不绝。当时多有所谓“遭王道衰缺，浮海

---

[1] 《史记·河渠书》。

[2] 朱亚非：“论秦始皇、汉武帝东巡琅琊及山东沿海”，载山东胶南琅琊暨徐福研究会编：《琅琊与徐福研究论文集》，华夏出版社1995年版，第159～168页。

[3] 《后汉书·逸民列传·逢萌》。

遁居”❶ 的情形。东莱黄人太史慈、北海朱虚人邴原、管宁、乐安盖人国渊、平原人王烈等，都曾避战乱入海至辽东。这样的海上交通固然不能说是武帝东巡的结果，但至少可以推测，始皇、武帝等的东巡和入海求仙，以及对外开拓的活动，极大地提高了当时人们对海外的认识，也增进了当时人们向海外探索以及对外开放的意识。其直接结果就是从秦汉时期，由于沿海人民群众向海外迁徙者众多，一条自山东沿海经长山列岛、辽东半岛再折向东南行，沿朝鲜西海岸南下，最后渡过对马海峡进入日本九州地区的中、日、朝海上交通线逐渐形成。

## 五、历史上文人墨客评价武帝入海求仙的诗词

汉武帝和秦始皇一样，既有非同寻常的雄才伟略，又是一个好大喜功，喜好神仙之术和追求长生不老之药的凡人。历史上的文人墨客对武帝的批评，主要集中在其对入海求仙以及对长生不死药的追求上。历代多有对此批评或讥讽的诗文传世。

唐人曹唐作《汉武帝将候西王母下降》诗，讥讽汉武帝梦想拜见西王母，来寻求成仙，达到长生不老的可笑之举，诗云：

昆仑凝想最高峰，王母来乘五色龙。
歌听紫鸾犹缥缈，语来青鸟许从容。
风回水落三清月，漏苦霜传五夜钟。
树影悠悠花悄悄，若闻箫管是行踪。

曹唐还有《汉武帝于宫中宴西王母》诗：

鳌岫云低太一坛，武皇斋洁不胜欢。
长生碧字期亲署，延寿丹泉许细看。
剑佩有声宫树静，星河无影禁花寒。
秋风袅袅月朗朗，玉女清歌一夜阑。

这些诗句都描绘了汉武帝对于求仙和长生不老的热情追求。

唐代诗人李贺的《仙人》写道：

弹琴石壁上，翩翩一仙人。
手持白鸾尾，夜扫南山云。
鹿饮寒涧下，鱼归清海滨。

---

❶ 《三国志·魏书·管宁传》。

时时汉武帝，书报桃花春。

宋代史学家司马光的《读汉武帝纪》写道：

方士陈仙术，飘飘意不疑。
云浮仲山鼎，风降寿宫祠。
上药行当就，殊庭庶可期。
蓬莱何日返，五利不吾欺。

此诗描写出汉武帝对仙术深信不疑的心态特征。

司马光又有《汉宫词》：

苜蓿花犹短，蒲萄叶未齐。
更衣过柏谷，走马宿棠梨。
逆旅聊怀玺，田间共斗鸡。
犹思饮云露，高举出虹蜺。

此诗表达了汉武帝有旷达潇洒的一面，但是面对生死，依然难以跳出世俗迷信。

唐人崔涂的《续纪汉武》写道：

分明三鸟下储胥，一觉钧天梦不如。
争那白头方士到，茂陵红叶已萧疏。[1]

唐人许浑的《学仙二首》写道：

汉武迎仙紫禁秋，玉笙瑶瑟祀昆丘。
年年望断无消息，空闭重城十二楼。
心期仙诀意无穷，采画云车起寿宫。
闻有三山未知处，茂陵松柏满西风。

这些诗都讽刺汉武帝学仙不成，最终还是长眠于茂陵松柏之下。

李华的《咏史诗》说得更为直接：

日照昆仑山，羽人披羽衣。
乘龙驾云雾，欲往心无违。
此山在西北，乃是神仙国。
灵气皆自然，求之不可得。
何为汉武帝，精意遍群山。
靡费巨万计，宫车终不还。

---

[1] 武帝死后，葬茂陵。

苍苍茂陵树，足以戒人间。

此诗讽刺武帝花费巨万资材，求仙祷神，结果终逃不脱一死，茂陵的苍苍林木，提供给后人永远的鉴诫。

李颀《王母歌》云：

武皇斋戒承华殿，端拱须臾王母见。
霓旌照耀麒麟车，羽盖淋漓孔雀扇。
手指交梨遣帝食，可以长生临宇县。
头上复戴九星冠，总领玉童坐南面。
欲闻要言今告汝，帝乃焚香请此语。
若能炼魄去三尸，后当见我天皇所。
顾谓侍女董双成，酒阑可奏云和笙。
红霞白日俨不动，七龙五凤纷相迎，
惜哉志骄神不悦，叹息马蹄与车辙。
复道歌钟杳将暮，深宫桃李花成雪。
为看青玉五枝灯，蟠螭吐火光欲绝。

苏东坡《安期生》诗云：

安期本策士，平日交蒯通。
尝干重瞳子，不见隆准公。
应如鲁仲连，抵掌吐长虹。
难堪踞床洗，宁挹扛鼎雄。
事既两大缪，飘然篇遗风。
乃知经世士，出世或乘龙。
岂比山泽臞，忍饥啖柏松。
纵使偶不死，正堪为仆僮。
茂陵秋风客，[1] 望祀犹蚁蜂。
海上如瓜枣，可闻不可逢。

吴筠《览古诗》云：

尝稽真仙道，清淑秘众烦。
秦皇及汉武，焉得游其藩。

---

[1] 汉武帝刘彻的陵墓是茂陵，在今陕西省兴平市，汉武帝在世时曾经写过《秋风辞》，所以在诗中说“茂陵秋风客”，指的就是汉武帝。

既欲先宇宙，仍规后乾坤。
崇高与久远，物莫能两存。
矧乃恣所欲，荒淫伐灵根。
安期反蓬莱，王母还昆仑。

宋人葛立方《韵语阳秋》卷一二写道，（汉武帝）斋戒求仙，毕生不倦，亦可谓痴绝矣。可惜这位痴绝于祷神求仙的一代大帝，也逃不过葬身茂陵的命运。❶

## 第四节　汉武帝东征朝鲜与胶东的作用

### 一、秦汉时期胶东的海外交通和军事地位的形成

#### （一）秦汉时期胶东的海外交通与武帝征朝鲜

胶东自古以来就是中国航海业相对发达的地区。《禹贡》曰，冀州贡道“岛夷皮服，夹右竭石入于海”。可知战国时期渤海沿岸及海上居民就已经可以熟练地运用航海技术实现相互往来。山东半岛沿岸居民也较早开通近海航线。齐建国初，即重视海洋渔业和航运资源的开发，“便鱼盐之利”，以致“人民多归齐，齐为大国”。战国时期，齐国君主入海航行的史实更是不绝于史，如《说苑·正谏》载，齐景公游于海上而乐之，六月不归，令左右曰：“敢有先言归者致死不赦！”《韩非子·十过》则以为田成子事：“昔者田成子游于海而乐之，令诸大夫曰：‘言归者死！’”

从史料记载看，从秦朝初年到汉末三国时期，山东胶东沿海前往辽东、朝鲜乃至日本等地的海上交通始终保持通畅。秦朝建立后，秦始皇自二十八年（公元前219）至三十七年（公元前210）四次巡游山东沿海，三次抵琅琊台，时间分别为公元前219年、公元前218年、公元前210年。❷

《史记·秦始皇本纪》亦载“齐人徐市等上书，言海中有三神仙，

---

❶ 以上咏武帝求仙的诗句，及其评价参见王子今：《汉武英雄时代》，中华书局2005年版。

❷ 朱亚非：“论秦始皇、汉武帝东巡琅琊及山东沿海”，载山东胶南琅琊暨徐福研究会编：《琅琊与徐福研究论文集》，华夏出版社1995年版，第159~168页。

名日蓬莱、方丈、瀛州，仙人居之。请得斋戒，与童男女求之。于是遣徐市发童男女数千人，入海求仙人。”据《秦始皇本纪》记载，徐市入海求仙人神药，前后历时 8 年，曾数次往返。《三国志·魏志》载：“陈胜等起，天下叛秦、燕、齐、赵民避地朝鲜者数万。”数万人得以通过海路进入朝鲜，可见当时近海航运已经具有相当水平。

汉武帝尤敬鬼神之祀，分别于元光二年（公元前 133 年）、元鼎四年（公元前 113 年）遣方士李少君、栾大等入海求神仙。“而海上燕齐之间莫不扼腕而自言有禁方，能神仙矣。”于是又多有“入海求蓬莱者”。元封元年（公元前 110 年），汉武帝“东巡海上，行礼祠八神”，一时“齐人之上疏言神怪奇方者以万数，然无验者。乃益发船，令言海中神山者数千人求蓬莱神人。”这可能是当时由政府组织的大规模航海活动。汉武帝自元封元年（公元前 110）至征和四年（公元前 89）曾七次巡幸山东半岛，六抵沿海，汉武帝本人甚至也多次亲自航海“考神仙之属”。有论者以为，汉武帝冀求遇海上仙人的偏执心理，促使他在位 54 年间，至少 8 次巡行海岸，甚至亲自“浮海”航行，前后 40 余年连续发船“入海求蓬莱”，参与者往往以千万数，在中国神话史、探险史和航海史上，都写下了引人注目的一页。[1]

秦皇汉武巡行的成功实践，可以说明环渤海地区特殊的交通条件。燕、齐环渤海地区除了陆路交通有所谓“东北诸郡濒海之处，地势平衍，修筑道路易于施工，故东出之途此为最便”的条件之外，海上交通的便利，也是一个有利的条件。

据《汉书》卷七六《循吏列传·王景》载，汉文帝三年（前 177 年），济北王刘兴居反，欲委兵琅邪不其人王仲，王仲惧祸，“乃浮海东奔乐浪山中，因而家焉。”可见汉初琅邪与乐浪间航海往来已较为顺畅。西汉末年，北海都昌人逢萌曾就学于长安，王莽专政，“即解冠挂东都城门，归，将家属浮海，客于辽东”，“及光武即位，乃之琅邪劳山”[2]。当时隔海互通消息，渡海似乎也可以轻易往返。[3]

《后汉书·法雄传》载，活动于“滨海九郡”的张伯路起义军曾经由东莱“遁走辽东，止海岛上”，又“复抄东莱间”，在情势危急时

---

[1] 王子今：“秦汉时期的近海航运”，载《福建论坛》1991 年第 5 期。
[2] 《后汉书·逸民列传·逢萌传》。
[3] 王子今：“秦汉时期的近海航运”，载《福建论坛》1991 年第 5 期。

再次“逃还辽东”。可见东莱与辽东间海上往来的便利。

一直到汉末三国时期，辽东半岛与山东半岛的海上交通依然保持往来不绝。当时多有所谓“遭王道衰缺，浮海遁居”[1]的情形。东莱黄人太史慈，北海朱虚人邴原、管宁，乐安盖人国渊，平原人王烈，等等，都曾避战乱入海至辽东。

魏明帝景初元年（237 年），为发展海上航运，特“诏青、兖、幽、冀四州，大作海船”[2]。景初二年（238 年），司马懿率军征公孙渊，围襄平城（今辽宁辽阳），“会霖雨三十余日，辽水暴涨，运船自辽口径至城下。”[3]在东汉航海业发展的基础上，渤海航运得到空前的发展。景初三年（239 年），“以辽东东沓县吏民渡海居齐郡界，以故纵城为新沓县以居徙民”。魏齐王曹芳正始元年（240 年），又“以辽东汶、北丰县民流徙渡海，规齐郡之西安、临菑、昌国县界为新汶、南丰县，以居流民。”[4]百姓能够大规模自发流徙渡海，说明当时从辽东到胶东的近海航运已相当普及。

从上述史料看，秦汉时期胶东沿海的近海航运，除上述秦皇汉武为求长生不老之药的巡幸外，还有着深刻的政治和军事用意以及社会生活要求。举凡逃避战乱、流民迁徙、战争需要等，都有赖近海航运的保障而这些需求又极大地刺激了近海航运事业的发展。

秦皇汉武的东巡，包括在胶东的近海航行，显然就隐含着中央政府稳定东方局势的政治目的。秦朝初年，东方局势初定，秦中央政府对东方的齐国故地，采取诸如迁徙豪强、拆除长城、决通川防、夷去险阻等预防性措施，另外又修筑自咸阳到山东胶东沿海的交通网以加强对东方的控制。始皇的东巡也必然出于对东方防务的特别重视，其目的就是要树立绝对权威，巩固对山东地区的统治。汉武帝时期，中央为加强对各地封国的严格控制，在主父偃、晁错等人的建议下，通过“推恩令”和“作左官之律，设附益之法”等手段实施“削藩”。武帝数次东巡，自然也包含了视察“削藩”成果的政治目的。同时，

[1]《三国志·魏书·管宁传》。
[2]《三国志·魏书·明帝纪》。
[3]《三国志·魏书·公孙渊传》。
[4]《三国志·魏书·齐王纪》。

山东是当时汉王朝的经济重心，人口占当时全国总人口的20%[1]，盐铁、丝织、商业、农业发展都居全国领先水平，在如此重要的地区，武帝时却多次出现水旱灾情和小规模农民起义，山东形势的变化对全国有牵一发而动全局的影响，山东的稳定事关整个国家全局，武帝多次东巡必到山东，可见，稳定山东局势，巩固在山东的统治应该是武帝亲至北京最重要原因。

胶东与朝鲜半岛隔海相望，大约是中国大陆与朝鲜直线距离最近的地方。汉武帝时期对朝鲜用兵，选择陆路和海路夹击的战略，以胶东地区为出海基地，必然是从海路进兵的最佳选择。所以说对朝鲜征服对航运的需求也必然在很大程度上刺激了胶东海运业的发展。元封二年（前109），“朝鲜王攻杀辽东都尉，乃募天下死罪击朝鲜”，《史记朝鲜列传》载，“遣楼船将军杨仆、左将军荀彘将应募罪人击朝鲜。”“其秋，遣楼船将军杨仆从齐浮渤海。”当时通过海运抵达朝鲜的部队在7000人左右，按照“楼船大小二千余艘，战士二万余人”的比例，应有“楼船大小七百余艘”。按照《太平御览》卷七六八引《后汉书》“楼船大小三千余艘，士二万余人”的比例，则应有“楼船大小一千又五十余艘”。如此巨大的船队，即使在今天其规模也是蔚为壮观的。

有学者指出，在秦皇、汉武东巡和探求海外有仙境之说的鼓舞下，在方士们宣扬海外有仙山、仙药的舆论引导下，在为摆脱暴政及贫困的现实状况推动下，山东沿海居民对走出国门，奔赴海外的开放意识日益浓厚，并不断进行东渡的大胆实践。正是由于沿海人民群众向海外迁徙者众多，秦汉时期，一条自山东沿海经长山列岛、辽东半岛再折向东南行，沿朝鲜西海岸南下，最后渡过对马海峡进入日本九州地区的中、日、朝海上交通线逐渐形成。这条路线也被称为“北方海上丝绸之路”。自汉至唐初，日本使节大都是经由这条航线来中国，直到唐代自宁波一带直抵日本的航线开通以后，北方海上航线的地位才有所削弱。我们认为，这样的分析是符合历史实际的。

### （二）胶东在秦汉时期的军事地位

胶东地区在秦汉时期具有重要的军事地位。这里既是西汉王朝对

---

[1] 尚新丽：《西汉人口研究》，郑州大学2003年博士学位论文。

西北用兵的后勤给养和兵源基地，又是征服朝鲜的前沿。在国内政治和军事斗争中也具有举足轻重的地位。

首先，胶东半岛是西汉王朝的东边门户。胶东所在的山东半岛历来是兵家必争的战略要地。早在楚汉战争时，齐地就突显了其重要的战略地位。项羽分封时，分齐地为三国：田市为胶东王，据今山东胶东地区，都即墨（今山东平度东）；田都为齐王，据今山东淄博、惠民等地，都临淄（今山东淄博市）；田安为济北王，据今山东德州、聊城、济南、泰安等地区，都博阳（今山东泰安市南）。几乎就在项羽分封的同时，齐王田儋之弟田荣因未获得封地，起兵反楚，尽占三齐之地，自立为齐王。项羽亲率主力往山东平叛，击败田荣，但齐地的反抗并未结束，田荣之弟田横，立田荣之子田广为王，占据城阳（今山东莒县），继续与项羽周旋。此时，刘邦乘机从汉中起兵，北定三秦。之后，乘势从关中杀出，扩张势力。这是的项羽征率部在山东作战。刘邦乘彭城空虚，率兵 **56** 万大举东伐，又得到彭越 **3** 万人来降，遂一举攻占彭城。项羽闻讯回师彭城，睢水一战，刘邦大败，仅率十余骑突围脱险，连自已的父亲和妻子都做了项羽的俘虏。刘邦逃到荥阳才收拢人马，此时，萧何从关中征集的军马赶到荥阳与刘邦汇合，汉军恢复了元气，两军在荥阳、成皋一线形成相持。韩信则平定了齐地，与刘邦形成对项羽的东西夹击之势。接着，刘邦撕毁与项羽达成的以“鸿沟为界，以西属汉，以东属楚”的合约，向项羽大举进攻。但此时的韩信却以王位相要挟，拒不出兵。刘邦无奈之下，封韩信为齐王，同时封了英布、彭越两人为王，韩信的主力才从山东西进，与刘邦等合围项羽，垓下一战，最终击溃项羽，迫项羽自杀，刘邦也顺利完成了统一战争，建立西汉王朝。

楚汉战争起于齐地，又因刘邦占据齐地形成对项羽的合围而最终获胜，可以说，楚汉战争刘邦击败项羽，如果没有齐地作为夹击敌人的后方战略基地，刘邦获取胜利可能就变得非常困难了。这一点，刘邦当时的谋臣看到非常清楚，所以，汉王朝建立后，谋士田肯奏曰：“秦，形胜之国也，带河阻山，县隔千里，持戟百万，秦得百二焉。地势便利，其以下兵于诸侯，譬犹居高屋之上建瓴水也。夫齐，东有琅邪、即墨之饶，南有泰山之固，西有浊河之限，北有勃海之利，地方二千里，持戟百万，县隔千里之外，齐得十二焉，此东西秦也。”

将关中之地与山东的齐地，比做是“东西秦也”，足见齐地在军事和政治上的重要地位。刘邦将自己的长子刘肥封在齐地为王，又选派后来做了帝国丞相的军功大臣曹参为齐相，都彰显了齐地的重要战略地位。

同样，平定七国之乱中，当时没有参与反叛的齐王刘将闾拼死据守临淄，阻挡了胶西、胶东、淄川、济南四国大军的西进，使七国叛军从三个战场同时向朝廷腹地进兵的战略计划未能实现，为汉军平定七国反叛赢得了宝贵的时间。这也从反面印证了胶东重要的战略地位。

其次，胶东是征服朝鲜所依赖的重要的造船业基地。汉代对海外征服的主要对象是朝鲜半岛。当时从大陆进攻朝鲜主要有陆路和海路两条进攻路线。陆路从辽东跨马訾水（今鸭绿江）进兵朝鲜，水路则从齐地渡渤海直攻朝鲜。由于陆路道路遥远，远途征伐，后勤给养在古代运输条件下是一个大问题，所以，从大陆进攻朝鲜海路是最佳路径。汉武帝时期征伐朝鲜实际上也是采取陆路为辅、海路为主的进攻线路。而海路进军无论是海战或是用于运兵，都必须依赖渡海用的船只。

胶东是中国大陆距朝鲜半岛最近的地区，也是中国东部海岸线最长的地区之一。据资料显示，胶东地区也是秦汉时期中国最主要的造船基地。有学者指出，“山东沿海黄县至成山一带，自古盛产木材，其中的揪木，就是造船的上等材料。”[1] 也有学者已经注意到反映“北方沿海地区”（如齐地）造船技术先进的史例。《汉书·郊祀志》载战国以至秦朝，那些乘坐入海求神仙的船，在当时社会条件下，只能是出自北方沿海地区所造。汉武帝时，越相吕嘉反于南越，齐相卜式上书，“愿与子男及临淄习弩，博昌习船者请行，死之以尽臣节。”博昌在今山东博兴县南，汉世濒临渤海，当地民众习于舟船。卜式上书事已先见于《史记》卷三十《平准书》：“齐相卜式上书曰：‘臣闻主忧臣辱。南越反，臣愿父子与齐习船者往死之’”。“博昌习船者”作“齐习船者”。“习船”有可能只是说驾驶船舶，而当地多有“习船者”，在市场化程度甚低的情况下也可以间接反映造船生产的发达程度。所以，“北方的山东半岛和渤海沿岸，早在战国时代即有舟船之

[1] 朱亚非：《古代山东与海外交往史》，中国海洋大学出版社2007年版。

盛，是齐国和燕国进行航海活动的基地。秦始皇攻匈奴以及汉代楼船将军杨仆征朝鲜，都曾以山东半岛沿岸为造船和补给基地。”❶

秦始皇遣方士入海求仙人，调用人员尝数以千计。汉武帝经营朝鲜，“燕齐之间靡然发动”。曹魏注重海运，曾“诏青、兖、幽、冀四州大作海船”。可见环渤海沿岸有多处造船基地。杨仆楼船军渡海征朝鲜的出发地点东莱，可能是中国北方沿海最重要的造船中心。❷

最后，胶东是对外征服的后勤和兵源基地。随杨朴和左将军荀彘出兵朝鲜的军队，据《史记·朝鲜列传》“天子募罪人击朝鲜”的说法，应该是从全国各地征募的罪犯，但该传又说“楼船将军将齐兵七千人先至王险”，则有杨朴统帅的七千人为“齐兵”，或许是正规军队，而非罪犯。至于“齐兵”之来源，从字面上看，或是“齐郡”的军兵，也可以解释为齐地（国）的军队。《汉书·地理志》载：“齐郡，户十五万四千八百二十六，口五十五万四千四百四十四。”以两户征兵一名的规模，7000应当是齐郡可以征集到的士兵教量的极限了。再者，秦汉文献中“齐”一般多指古齐国，如《史记·货殖列传》载，（汉兴）“齐带山海，膏壤千里，宜桑麻，人民多文彩布帛鱼盐”。这已属于历史常识，所以基本上可以判断这7000齐兵应该是从整个齐地征募的，这其中当然包括今属胶东的广大地区。

## 二、汉武帝东征朝鲜和胶东的贡献

### （一）武帝时期对朝鲜的征服

秦末汉初，燕人卫满率千余人渡浿水（今清川江），“居秦故空地上下障，稍役属真番，朝鲜蛮夷及故燕、齐亡命者王之，都王险”，建立了朝鲜国。汉代初年，汉辽东太守“约满为外臣”，并不阻止各部首领与汉朝交通。卫满孙右渠统治时期，汉武帝以右渠诱略汉人并阻挠真蕃等部与汉朝交通、谒见汉天子为由，派使臣涉何到王险责备右渠，被右渠拒绝。涉何在归途中将朝鲜的送行使者杀死，并谎称杀朝鲜将以邀功。此举致使朝鲜与汉王朝关系恶化，元封二年（前109年）汉武帝发兵五万，分两路征伐朝鲜。一路由楼船将军杨仆统帅，

---

❶ 金秋鹏：《中国古代的造船和航海》，中国青年出版社1985年版。

❷ 王子今：“秦汉时期的船舶制造业”，载《上海社会科学院学术季刊》1993年第1期。

从齐地渡渤海直攻王险；一路由左将军荀彘指挥，自辽东南下，向朝鲜进兵。

关于此次发兵征讨朝鲜，司马迁在《史记·朝鲜列传》中有如下记述：

“天子募罪人击朝鲜。其秋，遣楼船将军杨仆从齐浮渤海；兵五万人，左将军荀彘出辽东，讨右渠。右渠发兵距险。左将军卒正多率辽东兵先纵，败散，多还走，坐法斩。楼船将军将齐兵七千人先至王险。右渠城守，窥知楼船军少，即出城击楼船，楼船军败散走。将军杨仆失其众，遁山中十余日，稍求收散卒，复聚。左将军击朝鲜浿水西军，未能破自前。”看来，武帝从陆路和海路两路夹击朝鲜的战术，因两路军马并未形成真正的夹击之势，被朝鲜军队各个击溃。此后，“天子（汉武帝）为两将未有利，乃使卫山因兵威往谕右渠。右渠见使者顿首谢：‘愿降，恐两将诈杀臣；今见信节，请服降。”右渠“请服降”，“遣太子入谢，献马五千匹，及馈军粮”。朝鲜王右渠初战告捷，但他明知不可能长期与汉朝廷对抗，所以选择接受汉朝廷的条件，愿意投降，不过，因朝鲜军队拒绝汉军“毋持兵”的要求，坚持不肯放下武器，以至于战事倏忽再起。

《史记·朝鲜列传》记载此次战事，“左将军破浿水上军，乃前，至城下，围其西北。楼船亦往会，居城南。右渠遂坚守城，数月未能下。”两路汉军从西北和正南两面将朝鲜王险城包围，但进攻数月未能攻破王险城。

左将军荀彘出征前在朝廷长期担任侍中，深受皇帝亲信，他所率领的燕、代军队多为彪悍之士，战斗力要强于杨朴的海陆军。此前左将军一战击败但水的朝鲜守军，军威大振，此刻围住朝鲜王险城，力图一战而击溃守军，夺取王险城；而楼船将军杨朴所率海陆军队，此前在王险城下被朝鲜军队击溃，在山中逃亡十余日，虽未散尽，但战斗力应该大打折扣，且大军大败于前，此时还心有余悸，所以非常希望与朝鲜媾和。

此刻，左将军荀彘率军从西北急攻王险城，朝鲜在左将军的攻势下，怕城破后会遭到左将军的报复，于是和楼船将军密谋，准备投降楼船将军。双方使者往来谈判数次，还未有结果之时，左将军数次派联络官与楼船将军商议会战合围之事。杨朴急于完成与朝鲜的受降合约，所以对左将军的围攻计划并不积极；同时，左将军也派使者到王险城劝降朝鲜，朝鲜怕以前的拼死抵抗会招致报复，不肯向左将军投降，还是想投降杨朴。就这样，朝鲜战事一直久拖未决。武帝见两将围城，各怀己意，致使战事久拖不决，于是，派遣济南太守公孙遂前往前线督战，并授予公孙遂“有便宜得以从事”的特权。公孙遂到达前线后，左将军向他告杨朴的状，将朝鲜战事久拖不决的责任推到杨朴身上，指责他不积极参与合围，并担心杨朴投降朝鲜。他对公孙遂说：“今如此不取，恐为大害，非独楼船，又且与朝鲜共灭吾军。”公孙遂亦信以为真，于是以节召楼船将军入左将军营计事，即命左将军麾下将其逮捕，夺了杨朴的军权。此时上报武帝后，武帝非常不满，竟将公孙遂处死。然后命左将军全权指挥两路兵马，急击朝鲜。

面对强劲攻势，朝鲜臣民终于杀其王来降，“朝鲜相路人、相韩阴、尼溪相参、将军王唊相与谋曰：‘始欲降楼船，楼船今执，独左将军并将，战益急，恐不能与，王又不肯降。’阴、唊、路人皆亡降汉。路人道死。元封三年夏，尼溪相参乃使人杀朝鲜王右渠来降。王险城未下，故右渠之大臣成巳又反，复攻吏。左将军使右渠子长降、相路人之子最告谕其民，诛成巳，以故遂定朝鲜，为四郡。”[1]

朝鲜置郡之后，“封参为澅清侯，阴为荻苴侯，唊为平州侯，长降为几侯。最以父死颇有功，为温阳侯。”据裴骃《集解》引韦昭曰，其地分别“属齐”，“属勃海”，“属梁父”，“属河东”。“降汉”朝鲜贵族“凡五人”，其中二人封地在齐。

**（二）武帝东征朝鲜与胶东**

平定朝鲜的战争，楼船发挥了积极的作用。当然，这并不是说当时的作战主力就是“水军”。据考证，所谓楼船在当时“还不是武器，只是一种运输工具，作战时水兵借助船只实施机动，到了作战地，即舍舟登陆，在陆上进行战斗。”“至于水兵渡海作战的情况更少。”[2] 所以，有学者提出，尽管“楼船军”并非现代军事学意义上的“海军”，杨仆的楼船军从齐浮渤海，在水运朝鲜远征途中多有伤亡，也许无异于水上的“战逐”（即“战斗驱逐”）。这就是《史记》卷一一五《朝

---

[1] 《史记·朝鲜列传》。

[2] 黄今言：《秦汉军事史论》，江西人民出版社 1993 年版，第 213～214 页。

鲜列传》所谓“楼船将齐卒，入海，固已多败亡”。[1]

无论楼船是否属于战斗船只，但对于跨海作战而言，船只的作用是毋庸置疑的。当然，对出海作战（运兵）的船只吨位和数量应该是有一定的要求，同样对这些船只的停泊能力也要有相应的要求。优良的港口和后勤基地，同样是平定朝鲜战争的重要保障。

按照王子今教授的估算：若以“楼船将军将齐兵七千人先至王险”的兵员数额计，按照《后汉书·马援传》“楼船大小二千余艘，战士二万余人”的比例，应有“楼船大小七百余艘”。按照《太平御览》卷七六八引《后汉书》“楼船大小三千余艘，士二万余人”的比例，则应有“楼船大小一千又五十余艘”。无论如何，这都是一支规模庞大的舰队。[2]

据《朝鲜列传》“楼船将军将齐兵七千人先至王险”的记载，王险是杨仆的“楼船军”在朝鲜登陆的地点，至于王险的具体位置，谭其骧的《中国历史地图集》和张锡彤等编著的《中国历史地图集》（中央民族学院出版社 1988 年版）均未标注或说明。但据考证，王险城是西汉初年卫满朝鲜的都城，在今朝鲜平壤市西南大同江南岸（一说即今平壤市）。

《史记·朝鲜列传》载：“燕人卫满渡浿水，‘居秦故空地上下障，稍役属真番，朝鲜蛮夷及故燕、齐亡命者王之，都王险’。《集解》‘臣瓒云：王险城在乐浪郡浿水之东。’元封三年（公元前 108）置朝鲜县及乐浪郡于此。”

另据《史记·朝鲜列传》载：“楼船将军亦坐兵至洌口，当待左将军，擅先纵，失亡多，当诛，赎为庶人。”“洌口”，司马贞《索隐》引苏林解释曰：“县名。度海先得之。”显然，司马贞认为杨仆的“楼船军”正是在洌口附近登陆的。洌口，亦称“列口”，在朝鲜半岛北部的乐浪郡。《史记会注考证》：“《汉书》‘洌口’作‘列口’。乐浪郡有列口县。”洌口即列水的出海口，也就是今大同江出海口，在今平壤西南。按照《集解》的说法，王险在乐浪郡浿水之东，浿水即今

---

[1] 王子今：“论杨仆击朝鲜楼船军‘从齐浮渤海’及相关问题”，载《鲁东大学学报》2009 年第 1 期。

[2] 王子今：“论杨仆击朝鲜楼船军‘从齐浮渤海’及相关问题”，载《鲁东大学学报》2009 年第 1 期。

清川江，地理位置有较大差距。可见杨仆的楼船军在攻王险城之前，曾先由洌口登陆，由于贸然出兵结果兵败，这已见前文所引《朝鲜列传》："楼船将齐卒，入海，固已多败亡"。洌口兵败后，杨朴才又收集兵马，再次从王险城登陆，与左将军荀彘联手进攻王险城。

那么，近千艘战船同时"从齐浮渤海"，其出发的港口会在哪里呢？

有人说杨仆楼船军"自胶东芝罘渡渤海"，[1] 然而没有具体的论证。也有论者论为，杨仆军启航地点可能在东莱郡，登陆地点是洌口（或作列口）。洌口即今朝鲜黄海南道殷栗附近。

顾炎武《日知录》卷十九《海师》在谈到汉唐航海史事时说："汉武帝遣楼船将军杨仆从齐浮渤海击朝鲜。魏明帝遣汝南太守川豫督青州诸军，自海道讨公孙渊。秦符坚遣石越率骑一万自东莱出右径袭和龙。唐太宗伐高丽，命张亮率舟师自东莱渡海，趋平壤；薛万彻率甲士二万自东莱渡海，入鸭绿水。此山东下海至辽东之路。"这似乎认定汉唐时期从山东半岛到朝鲜的海陆交通，出发港在东莱。有学者考证，朝鲜平壤南郊大同江南岸土城里的乐浪郡遗址和黄海北道凤山郡石城里的带方郡遗址，都保留有丰富的汉代遗物。信川郡凤凰里有汉长岑县遗址，曾出土"守长岑长王君，君讳卿，年七十三，字德彦，东莱黄人也，正始九年三月廿日，壁师王德造"的长篇铭文，由此也可以推想，汉魏时通往乐浪的海上航路的起点，可能是东莱郡黄县。[2] 黄盛璋在《中国港市之发展》一文中考证，"汉征朝鲜从莱州湾入海，地点或在东莱。"[3] 这似乎也支持了顾炎武的判断。但也有汉以后隋唐乃至明朝时期的资料，明确记载了从山东半岛到朝鲜的海陆交通起点远远不止一处，这些出发港包括登州、芝罘、赤山、黄县等。

所以有学者指出，"现在我们还不能判定'楼船将军'杨仆'从齐浮渤海'的具体出发地点，然而可以推知，当时的'楼船军'基地大致应当在后来驶向朝鲜的海船的启航港'东莱'与'登州'（等地）。"虽然无法确定"楼船军"基地和出发港口的具体位置，但从上述推断来看，在今胶东地区的龙口、烟台、威海的某处港口是没有问题的。

---

[1] 张炜、方堃：《中国海疆通史》，中州古籍出版社 2003 年版。

[2] 王子今："秦汉时期的近海航运"，载《福建论坛》1991 年第 5 期。

[3] 黄盛璋：《历史地理论集》，人民出版社 1982 年版。

# 第五节　赤眉起义与大泽山

## 一、西汉末年的绿林、赤眉起义和刘秀集团

王莽天凤五年（公元 18 年）琅邪人樊崇在莒州（今山东莒县）起事，这是继海曲（今日照）吕母起义之后，又一次在莒县发生的起义。赤眉军以泰山山区一带为根据地，与政府军对抗，几年之间发展到数万人，赤眉军主要由农民组成，原本也并无建国立业的宏大志向。其组织一般以汉朝乡官为名号，地位最高的称三老，其次有从事、卒史等，相互间称“巨人”。[1] 据说为与官军相区别，故将眉毛染成红色，故称赤眉军。

樊崇领导的农民起义军，开始百多人，以泰山为根据地，在青、徐二州间活动。当时因连年干旱和蝗虫灾害，百姓衣食无着，连草根树皮都吃不上，饥饿的人们四处流离，死者无数。樊崇命令起义军，所到之处，打击贪官污吏，抢粮救灾。当地刺吏、郡守不能与起义军抗衡，纷纷逃之夭夭。此时，海曲农民起义军领袖吕母已死，她手下一万多人都归附了樊崇。同时，樊崇同乡逄安、东海郡临沂人徐宣、谢禄、杨音等也率领几万起义军，投奔了樊崇。赤眉军声势越来越大，屡败官军。《后汉书·刘玄刘盆子列传》载：“（樊崇的起义军）共还攻莒，不能下，转掠至姑幕，因击王莽探汤侯田况，大破之，杀万余人，遂北入青州，所过虏掠。还至太山，留屯南城。”

地皇二年（公元 21 年），王莽派大将景尚率领一队官兵来剿樊崇领导的起义大军。赤眉军和官军大战一年多，打了大胜仗，把景尚杀死。王莽大怒，又派遣太师王匡、更始将军廉丹率十万大军赶来镇压赤眉军。赤眉军作战勇敢，又深得百姓拥护，在成昌（今山东东平县）大战一场，樊崇一枪刺中了王匡的大腿，王匡慌忙夺路逃命，廉丹被赤眉军首领之一董宪杀死，官军溃败。经过这场大战，赤眉军更加壮大，发展成十多万人的武装队伍。

随着赤眉军的发展，在地皇三年（公元 22 年）王莽派出王匡、

---

[1] 《后汉书·刘玄刘盆子列传》。

廉丹率约十万军队进攻赤眉军，惨遭挫败，赤眉军发展到十万人以上，势力扩及青州、徐州、兖州、豫州各地。

天凤四年（公元 17 年），在今湖北地区的绿林山，爆发了农民起义。他们以绿林山为根据地，四处出击，吸引大批贫苦百姓，队伍迅速发展壮大。史称“绿林起义”或“绿林军”。起义军的首领起先有新市（今湖北京山县境）人王匡、王凤，不久，马武、成丹、王常等人也加入起义队伍。到公元 21 年，已发展到 5 万多人。部队的急速发展使绿林军的活动地区显得越发狭小，为了求得更大的生存空间，也为了进一步发展，起义军分成两支离开绿林山向外发展。分兵后，绿林军的一支在王常、成丹的率领下，南渡汉水，活动于南都一带，史称“下江兵”。另一支由王匡、玉凤、马武、朱鲔、张印等率领，北上南阳，史称“新市兵”。也是在这一年的七月，平林（今湖北随县境）人陈牧、廖湛等发动千余人的起义，拉起了一支队伍，史称“平林兵”。此后，这三支起义军构成了绿林军中的农民军主体。不久，以刘縯和刘秀为首的南阳地主武装也加入了起义军。

刘秀，西汉末年人，汉宗室，南阳（今河南南阳）著名的大豪族。公元 8 年，王莽篡权建立新朝，废除汉宗室封爵，并禁止刘姓人做官。刘秀一家受到很大打击。王莽末年，绿林、赤眉农民大起义爆发。公元 22 年，刘秀和他的哥哥刘縯怀着重建刘家天下的政治目的，在春陵（今湖北枣阳县南）纠集族人、宾客七八千人，起兵反王莽，号称“舂陵兵”。为了利用农民军，达到自己的目的，他们加入了绿林起义军。

地皇四年（公元 23 年），各路起义军为了统一指挥，协同作战，决定建立自己的政权。但是在立帝的人选上，农民领袖与南阳地主集团发生分歧。农民领袖选中了懦弱无能的旧贵族刘玄为天子，在淯水河畔登基，建元更始，史称“更始皇帝”。南阳地主集团实力暂时受到压制，农民领袖与南阳地主集团的矛盾，为日后更始政权内部分裂和火并埋下了伏笔。

更始政权建立后，在昆阳一战几乎全歼王莽军主力。此时，各地纷纷起兵，诛杀新莽官吏，用汉年号，以待更始诏命。绿林军随即兵分两路，攻取长安，次年更始皇帝移都长安，大封宗室，生活日益腐化，日夜与妇人在后庭饮宴。起义军将领和刘玄等旧贵族的矛盾也尖锐起来。此后，刘玄借故杀掉一批农民将领，引起王匡、张卬等不满，率军反抗，但被刘玄击败，他们便率军投奔了赤眉军。昆阳之战后不久，新市、平林诸将看到刘縯、刘秀的声名日盛，劝刘玄除掉刘縯。刘秀在兄长刘縯被杀害后，表面上表示对刘玄拥戴，以保全性命，并于这年的十月，奉命持节北渡黄河，到河北独立发展。刘秀在河北先后剿灭了当地的铜马、青犊等多支起义军，基本控制了河北地区，成为当时举足轻重的一支力量。刘秀于公元 25 年六月在鄗城（今河北高邑）正式即位称帝，年号建武，国号仍称汉，表示重建被王莽篡夺的汉朝，后来又定都洛阳。

在脱离更始政权后，赤眉军决意与更始政权采取敌对立场，于是也在更始三年（公元 25 年）立刘氏宗室刘盆子为帝，年号建世，史称“建世皇帝”。其实，早在这一年的一月，赤眉军就开始对更始政权所占据的长安展开攻击，九月，赤眉军攻占长安，赤眉军在长安城中并没有充分利用占领首都的优势，稳定秩序，继续扩大战果，而是贪恋京师，论功行赏不休，纪律也松弛下来，甚至发展到“烧宫室市里，宗庙园陵皆发掘”。仅四个月后，建世政权便陷入了军粮严重匮乏的地步。为筹集粮草，赤眉军放弃长安，引兵向西，取道南山、鄠县，转向西北的安定、北地一带。在那里，赤眉军虽然打败了更始将军严春，终因天寒地冻，加之遇到陇西豪强隗嚣的阻击，战斗力大为削弱，只好返回长安。此时，三辅地区经过连年战乱，已是“城郭皆空，白骨蔽野”。无奈之下，赤眉军决意向东转移，企图回到山东。

当赤眉军向东撤出关中时，被刘秀的大军堵截在崤山谷底（今河南渑池，洛宁两县之间的崤山），赤眉军死伤过半，余部东退到今河南宜阳，但又陷入刘秀的重重包围之中。疲惫不堪的赤眉军走投无路，献出了西汉王朝的传国玉玺和绶带，建世政权灭亡。其余十余万人南下宜阳（河南洛宁），陷入刘秀设下的包围圈中。饥寒交迫的赤眉军卒突遇伏兵，又逢大雨，措手不及，只好放下武器，向刘秀投降。三月，刘秀军占领长安。

## 二、赤眉军与大泽山

说起赤眉军，还有一段与胶东有关的史迹。大泽山，原称东莱山，又名九青山、巨青山，因历史上属东莱国而得名，纵横于平度、莱州、招远、莱西境内。据《史记·武帝本纪》载：“天下名山八，而三在蛮夷，五在中国。中国华山、首山（首阳山）、太室（嵩山）、泰山、东莱，此五山黄帝所常游，与神会。”古今中外，以“泽”命名的山脉并不多见，东莱山之所以更名为大泽山，实因群山多泉水，以泽万物之故。明万历年间莱州知府龙文明《游大泽山记》一文中，有“群山环而出泉，汇为大泽，以此名也”之句，《山东通志》亦有此说。

大泽山，在今山东平度境内，是胶东名山之一，主峰海拔737米。此山层峦叠樟，奇松异石，林壑静幽，雄深伟丽，因秦汉以来，名士高人多隐居于此，故又号神仙窟宅。宋金时期，游人渐多。明清两代，山中寺院香火甚旺，登山观日和进香者络绎不绝。现分为皇城、西坡、大姑顶、桃花涧、天柱山、御驾山及森林公园等区。其山多寺院，如智藏寺、日照庵等。大泽山多有奇石峭壁，如登西峰峰前陡崖高约4米，岩壁有供手足攀登的石窝10余个，手抓脚蹬，别有情趣。大泽山西坡南侧有一天然巨佛，形神俱备，佛是一座山，山拥一座佛，实为罕见的天然雕塑。此山历史积淀甚厚，有无数动人传说、名人佚闻或遗迹，如鬼谷洞孙庞学艺、范蠡涧范蠡西施隐居、汉代赤眉军拒守皇城、隋代杨斯玉箱子石藏书、李世民射石出水、明代户部右侍郎书法家刘耳枝读书处——红屋等名胜古迹。其中的汉代赤眉军拒守皇城的故事记述了赤眉军转战胶东的一段历史。

西汉末年，为反对王莽专权，琅邪人樊崇率赤眉军起义。大泽山的农民，奋起响应，以徐宣、谢禄、杨音为首起义，打出了赤眉军的旗号，在皇城内创建根据地。除皇城四门，凡能攀登处皆垒石为城墙，派兵把守，昼夜轮值，在山上各处凿石臼于石上以舂米粟。至今，遗迹仍比比皆是。为出入方便和隐蔽，在流云峡凿一石堑，长20米，宽2—3米，深4—8米，后人称之为“赤眉堑”。

据说，大泽山主峰之阳，系西汉末年赤眉军之根据地，至今其石城故址、石臼遗迹、赤眉堑尚存，称曰“古皇城”。古皇城内峰险涧深，石怪洞奇，瀑高泉清，林幽草密，名人高士多隐于此，号为“神仙窟宅”。古皇城，位于瑞云峰之阳。据《平度县志》载：“山中多石臼，有石城古址，昔人避兵所筑。”皇城地势险要，城内颇平阔。自瑞云峰起，自西向南以飞来峰、金刚崮、秋千口为屏障，自东向南有观日峰、宝案峰、双双顶、白马坡环绕。皇城有四门，南门在秋千口与南门顶间之峡谷，北门在主峰瑞云峰与碧云宫之间，东门在瑞云峰与观日峰之间，西门在流云峡（称普贤门）。除此四门，其余皆莫能攀。

据康熙《平度州志》载，北峰顶，半岩垒石为城，亦名皇城顶，又名赤眉寨。新莽末年，赤眉起义军占据此山，“多凿臼以舂黍”，“汉兵久攻之不下”。《山东通志》亦有“赤眉军扼守皇城，汉兵久攻不下”之记载。赤眉军所凿舂米之石臼，至今随处可见。据说，直至东汉初年，遭汉兵围剿数月，赤眉军终因势微断粮，才弃城而去。不过，由于历史资料所限，赤眉军在大泽山地区活动的具体情况已经不是很清晰了。

# 第二章　东汉时期的胶东

## 第一节　东汉王朝的建立及对胶东的统治

东汉王朝建立在绿林、赤眉起义的废墟之上。新莽末年，正当绿林、赤眉和刘秀三支力量逐鹿中原之时，整个山东境内也处于军阀割据之中。当时在山东境内出现了割据鲁西南的西汉宗室刘永，割据齐地的地方豪强势力张步以及占据东海的割据力量董宪。刘秀问鼎中原建立起东汉王朝，转而将进攻的矛头指向山东，先后剿灭了刘永、董宪，又将“专集齐地，据郡十二”的张步击败，平定了山东。使山东又重新置于统一的帝国政权的统治之下。

东汉政权建立后，刘秀在全国实行分封。山东境内一时间被大大小小的诸侯王国和侯国所占据。但是，与西汉初年的分封不同，这时的封国封土极其狭小，更重要的是，封国没有治民权，而且“诸王皆在京师，竞修名誉，争礼四方宾客”，对国家政治生活的影响也极为有限。山东境内各封国和郡县一样，其治权掌握在国家委任的地方首长手中。

就地方行政体制而言，东汉王朝一改西汉时期的郡、县两级地方行政制度，将西汉时期作为地方监察区域的州，正式设置为一级地方行政机构，由此构成了州、郡、县三级地方行政体制。州刺史成为对郡县具有行政统辖权的地方长官。史称：“旧制，州牧奏二千石长吏不任位者，事皆先下三公，三公遣掾史按验，然后黜退。（光武）帝时用明察，不复委任三府，而权归刺史之吏。”[1]《通典·职官典》亦称：“汉刺史乘传周行郡国，无适所治。中兴所治有定处。旧常以八

[1] 《后汉书·朱浮传》。

月巡行所部，录囚徒，考殿最。初岁尽诣京都奏事。中兴但因计吏，不复自诣京师。虽父母之丧，不得去职。”《通典》所说的这些变化表明，刺史统领的州已经从监察区域转变为行政区划，东汉以后的地方行政也由郡县二级转变为州、郡、县三级。东汉初年，原属徐州琅邪郡的部分胶东地区，被划归青州的东莱郡，所以，东汉时期的胶东几乎完全属于青州，其所属地域设有东莱郡（全境）和北海国（东部大部分地区）。其中东莱郡下辖十三个县级行政单位，有7个侯国和六个县；北海国，西汉时期为北海郡，景帝二年设立，与胶东国、高密国为邻。汉光武帝建武十三年（公元37年），光武帝将菑川国、胶东国、高密国三个王国与北海郡合并，设北海国，下辖18个县或侯国，其中东部11个县（侯国）属今胶东地区。

可见，东汉时期胶东的行政区划较西汉更为简略，与西汉时期胶东分属青、徐二州不同，东汉时期的胶东仅属青州，西汉时期，胶东行政区划范围内郡级行政区划先后有东莱郡、琅邪郡（部分）、北海郡、北海国、高密国等，东汉时期则仅有东莱郡和北海国。

## 一、东汉王朝的建立和对胶东的控制

### （一）西汉末年的全国和山东形势

西汉末年爆发了绿林、赤眉农民起义。起义军声势浩大，推翻了王莽政权。天凤四年（公元17年），在今湖北地区的绿林山，爆发了农民起义，他们以绿林山为根据地，四处出击，吸引大批贫苦百姓，队伍迅速发展壮大。史称“绿林起义”或“绿林军”。起义军的首领起先有新市（今湖北京山县境）人王匡、王凤，不久马武、成丹、王常等人也加入起义队伍。到公元21年，已发展到五万多人。部队的急速发展使得绿林军的活动地区显得越发狭小，为了求得更大的生存空间，也为了进一步发展，起义军分成两支离开绿林山向外发展。分兵后，绿林军的一支在王常、成丹的率领下，南渡汉水，活动于南都一带，史称“下江兵”。另一支由王匡、玉凤、马武、朱鲔、张卬等率领，北上南阳，史称“新市兵”。也是在这一年的七月，平林（今湖北随县境）人陈牧、廖湛等发动千余人的起义，拉起了一支队伍，史称“平林兵”。此后，这三支义军构成了绿林军中的农民军主体。不久，以刘縯和刘秀为首的南阳地主武装也加入了起义军。到地皇四年

(公元23年)，各路义军为了统一指挥，协同作战，决定建立自己的政权。但是在立帝的人选上，农民军领袖与南阳地主集团发生分歧。经过一番激烈的争论，最终，农民领袖选中了懦弱无能的旧贵族刘玄立为天子，在淯水河畔登基，建元更始，史称“更始皇帝”。南阳地主集团实力暂时受到压制，但是，农民领袖与南阳地主集团的矛盾并未因此平息，表面的平静下面是暗潮涌动，为日后更始政权内部分裂和火拼埋下了伏笔。

此时的山东地区，也爆发了由樊崇领导的赤眉军起义，他们以泰山作根据地，在青、徐二州间活动，短时间内迅速发展到数万人的规模。公元21年（地皇二年），王莽派大将景尚率领一队官兵来剿樊崇领导的起义大军。赤眉军和官军大战一年多，打了大胜仗，把景尚杀死。王莽大怒，又派遣太师王匡、更始将军廉丹率十万大军赶来镇压赤眉军。赤眉军作战勇敢，又深得百姓拥护，在成昌（今山东东平县）大战一场，樊崇一枪刺中了王匡的大腿，王匡慌忙夺路逃命，廉丹被赤眉军首领之一董宪杀死，官军溃败。经过这场大战，赤眉军更加壮大了，发展成十多万人的武装。

随著赤眉军的发展，在地皇三年（公元22年）王莽派出王匡、廉丹率约十万军队进攻赤眉军，惨遭挫败，赤眉军发展到十万人以上，势力扩及青州、徐州、兖州、豫州各地。

再说更始政权建立后，在昆阳一战几乎全歼王莽军主力。随即兵分两路，攻取长安，次年更始皇帝移都长安。此时的更始政权已经开始腐化，农民军将领与刘縯集团的矛盾也突发出来，刘玄杀掉刘縯，刘秀在刘縯被杀后，表面上表示对刘玄的拥戴，得以保全性命，并于这年的十月，奉命持节北渡黄河，到河北独立发展。刘秀在河北先后剿灭了当地的铜马、青犊等多支起义军，基本控制了河北地区，成为当时举足轻重的一支力量。接着，刘秀便把矛头指向了赤眉军。公元27年，刘秀消灭了赤眉军势力，基本上控制了黄河中、下游地区。于是，他又用10多年的时间先后消灭了当时在全国影响较大的一些封建割据势力。

赤眉军在刘玄称帝后曾短暂地归附了更始政权，但樊崇因不满权力被架空，旋即脱离更始政权的控制，成为更始政权的对手。为了消灭新起的刘玄政权，公年24年12月，樊崇率领赤眉军开始了战略西征。西征的赤眉军兵分两路：樊崇、逄安为一路，进攻武关（今陕西丹凤东南）；徐宣、谢禄、杨音为一路，进攻陆浑关（今河南嵩县东北）。公元25年6月，樊崇立刘氏宗室城阳景王的后代刘盆子为皇帝，国号汉，年号建世。就在赤眉军立刘盆子为帝的同时，盘踞河北的西汉宗室后裔刘秀在鄗（今河北柏乡）称帝，不久移都洛阳。这样，在全国形成了更始、建世与刘秀集团三大势力角逐的局面。

再说此时的山东。赤眉军西征后，东部一时出现了真空地带，于是封建割据势力乘机而起。东汉初年，山东地区处于刘永、张步、董宪等武装割据势力的控制之下，战火不断。不过，这时战争的性质已经演变为地主阶级内部争夺最高统治权的斗争。

割据鲁西南的是西汉宗室梁孝王八世孙刘永。更始元年（公元23年），刘永以宗室后裔的身份赴洛阳朝贺，刘玄封其为梁王，都睢阳（今河南商丘县南）。后来刘玄西迁长安，加上赤眉军西征使东部空虚，刘永乘各种势力无暇顾及之机，举兵起事。刘永封弟弟刘防为辅国大将军，封汉宗室刘少公为御史大夫、鲁王，然后招兵买马，自己任命将帅，并设济阴、山阳、沛、楚、淮阳、汝南等共28郡。

割据齐地的是琅邪人张步。《后汉书·张步传》载："张步字文公，琅邪不其人也。汉兵之起，步亦聚众数千，转攻傍县，下数城，自为五威将军，遂据本郡。更始遣魏郡王闳为琅邪太守，步拒之，不得进。闳为檄，晓喻吏人降，得赣榆等六县，收兵数千人，与步战，不胜。时梁王刘永自以更始所立，贪步兵强，承制拜步辅汉大将军、忠节侯，督青、徐二州，使征不从命者。步贪其爵号，遂受之。乃理兵于剧，以弟弘为卫将军，弘弟蓝玄武大将军，蓝弟寿高密太守。遣将徇太山、东莱、城阳、胶东、北海、济南、齐诸郡，皆下之。"张步最初起兵于琅邪，聚众数千，自称王威将军，占据了本郡。更始政权建立后，刘玄任王闳为琅邪太守，被张步率军拒之境外。王闳发出檄书文告，告知黎民百姓，征集到数千人，占领了赣榆（今属江苏）等6个县，与张步相持。这时受封于更始政权的梁王刘永，却贪图张步的军事实力，假借更始政权任命张步为辅汉大将军、忠节侯，命令张步督管青、徐二州军政事务，实际上是借张步的力量实现自己对山东地区的控制。

张步起兵齐地之时，东海人董宪也于东海起兵，占据东海郡。

《后汉书·刘永传》载：刘永自立之后，“是时，东海人董宪起兵据其郡，而张步亦定齐地。永遣使拜宪翼汉大将军、步辅汉大将军，与共连兵，遂专据东方，及更始败，永自称天子。”显然，刘永也感到单凭自己的力量尚不足以争天下，于是收拢董宪、张步势力也就成了刘永的必然选择。而当时董宪、张步出于各方面的考虑，表示愿意与刘永联合。这是因为：一是刘永的势力较强，与其联合对董宪、张步有益；二是刘永是汉宗室，依附刘永可以名正言顺。就这样，刘永与董宪、张步三方实现了以刘永为首的政治军事联合。刘永仍称梁王，董宪称翼汉大将军，张步称辅汉大将军、忠节侯，督青、徐二州。刘永还收编了西防（今山东单县北）以山阳佼强为领袖的一支地方农民军，封山阳佼强为横行将军。这样，东汉初年山东地区基本上是在刘永的势力覆盖之下。刘玄被赤眉军处死后，刘永自称天子，与在河北称帝的刘秀，在四川称帝的公逊述三方并立。

在接受了刘永封爵后，张步在剧县（今山东寿光南）举行了大阅兵，任命其弟张弘为卫将军、张蓝为玄武大将军、张寿为高密太守，然后分兵略地，占领了泰山、东莱、城阳、胶东、北海、济南、齐诸郡，成为一支雄厚的力量。这时，王闳听说刘玄已死，也归附了张步，协助张步处理地方政务。

在建武二年（公元 26 年）以前，由于东汉光武帝刘秀忙于同占据关中地区的绿林和赤眉军作战，无暇顾及东部。公元 26 年以后，刘秀便开始了进攻山东割据势力的战争。

**（二）刘秀平定山东**

建武二年（公元 26 年），刘秀首先向刘永发兵。这一年，刘秀派遣虎牙大将军盖延包围并攻克刘永所在的睢阳，刘永败走保湖陵。这时，盖延军中原绿林军将领苏茂却临阵倒向了刘永，使形势发生逆转。为了扭转不利局面，切断刘永后援的路线，刘秀于建武三年（公元 27 年）春天，派遣光禄大夫伏隆持节使齐，拜张步为东莱太守。刘永听说伏隆到剧县，也派使者至齐，立张步为齐王。张步见刘永的封号重于刘秀，于是杀死伏隆，表示接受刘永的命令。但不久刘永在与吴汉、盖延的战斗中，被吴汉、盖延合围，兵败被杀。

刘永死后，其部将苏茂、周建立其子刘纡为梁王，占据了垂惠（今安徽蒙城北）。建武四年（公元 28 年）秋，刘秀派遣捕虏将军马武、骑都尉王霸包围垂惠。刘纡自知力量不足，难以抵挡，于是率部突围来到西防与早年归附刘永的佼强会合。

建武五年（公元 29 年），刘秀的骠骑大将军杜茂攻西防，佼强与刘纡逃往下邳投奔接受刘永海西王封号的董宪。[1]

此时，刘秀的进攻目标转向了占据东海的董宪。刘秀派盖延与平狄将军庞萌进攻董宪。这时发生了意外情况，平狄将军庞萌阵前发动叛乱。"庞萌，山阳人。初亡命在下江兵中。更始立，以为冀州牧，将兵属尚书令谢躬，共破王郎。及躬败，萌乃归降，光武即位，以为侍中。萌为人逊顺，甚见信爱。帝常称曰：'可以托六尺之孤，寄百里之命者，庞萌是也。'拜为平狄将军，与盖延共击董宪。"[2] 庞萌早年投入绿林军的下江兵，更始政权建立后，被任命为冀州牧，后加入刘秀集团，还颇受刘秀的赏识。但此次征伐董宪到山东前线时，刘秀的诏书只传送给了盖延而没有下达给庞萌。史称："时，诏书独下延而不及萌，萌以为延谮己，自疑，遂反。"庞萌因起疑心而反叛，《后汉书·刘永传》载："时，平狄将军庞萌反叛，遂袭破盖延，引兵与董宪连和，自号东平王，屯桃乡之北。"桃乡，即今山东汶上县东北。

得知庞萌反叛的消息，刘秀亲自起兵征讨庞萌。董宪等听说后，就与刘纡、苏茂、佼强离开了下邳，回师兰陵（今山东苍山），与庞萌合兵 3 万，进围桃乡。

这时，刘秀已进兵至蒙，听说董宪等兵围桃乡，于是亲自率轻骑三千，步兵数万人，星夜前往救援。同时，命令在东郡的吴汉也率军进击。结果，在桃乡城下，东汉军队大败董宪军，董宪、刘纡逃往郯城。汉军又追击到郯城，刘纡被杀。董宪逃往朐县（今江苏连云港市西南），吴汉又率军包围朐县。第二年，董宪与庞萌逃出朐县，率兵突袭占据了赣榆，后来被东汉的琅邪太守陈俊赶走。在逃亡途中，董宪、庞萌先后被杀。

消灭了刘永、董宪之后，建武五年（公元 29 年），刘秀又把进攻的矛头对准了张步。

早在建武三年（公元 27 年），刘永死后，张步就曾计划拥立其子

---

[1] 《后汉书·刘永传》："（建武）三年春，永遣使立张步为齐王，董宪为海西王。"

[2] 《后汉书·刘永传》。

刘纡，并自封为定汉公以扩大影响。由于王闳的反对，张步取消了原来的计划，在刘秀与刘纡、董宪的斗争中采取了观望态度。当听到刘秀派军来攻的消息后，张步封其部将费邑为济南王，屯兵历下，以阻挡刘秀大军的攻势。刘秀派遣建威大将军耿弇进围费邑。公元 29 年冬，耿弇击破费邑所部，费邑被斩首。耿弇乘胜东进又攻克了临淄。张步见耿弇孤军深入，便亲自率大军包围临淄，想一举拿下耿弇，结果张步却被耿弇击溃。张步率领残部逃往剧县，刘秀率军进围剧县。张步又退保平寿，刘秀又追剿而至。在刘秀大军压境的形势下，张步不得不放下武器，向刘秀投降。张步投降后，刘秀封其为安丘侯，迁到洛阳。建武八年（公元 32 年），张步由洛阳潜逃至临淮（今属江苏），并召集旧部，结果被琅邪太守陈俊追歼。至此，山东境内的割据势力全被平定。山东又重新置于统一的、中央集权的封建国家的统治之下。

## 二、东汉时期胶东的行政建制

东汉时期，全国重新划分郡、县，州刺史改为州牧，掌一州军政大权，实行中央以下州、郡（国）、县三级政制。

《中国历史地图集》东汉时期的疆域和行政区划图是按照东汉顺帝永和五年（公元 140 年）的情况编制的。东汉永和时的地方行政区划分中的郡县两级（包括与郡平级的王国、属国和与县平级的邑、道、侯国、公国），包括 105 个郡、王国、属国和 1180 个县、邑、道、侯国、公国。当时在今胶东地区大致包括东莱郡、北海国两个大的行政区划以及由这两个郡级单位统辖的 24 个县、侯国。其中包括即墨、胶东、夷安、高密、昌安（属北海国）和㡇、曲成、掖、当利、东牟、黔陬、不其等 12 个侯国。侯国占县级行政区划的 50%。原归琅邪郡管理的胶东东南沿海的不其等县已划归东莱郡。胶东国和北海郡合并为北海国，东莱郡、北海国均属青州刺史部。

《后汉书·志第二十二·郡国四》记载：“（东莱郡）十三城，户十万四千二百九十七，口四十八万四千三百九十三。”包括黄县（县治在今龙口东南）、牟平（县治在今福山西北）、㡇侯国（国治在今龙口西南）、曲成侯国（国治在今招远西北）、掖侯国（国治在今莱州。有过乡）、当利侯国（国治在今莱州西南）、东牟侯国（国治在今牟平）、昌阳（县治在今文登西南）、卢乡（县治在今平度西北）、长广（县治在今莱阳东南）、黔陬侯国（国治在今胶县西南）、葛卢（地望无考）、不其侯国（国治在今崂山西北）等十三县和侯国。东汉时期，东莱郡治所迁至黄县，其辖区全部在今胶东地区。十三个县级行政区划中，有侯国7个，占63.4%。

“（北海国）景帝置。建武十三年省菑川、高密、胶东三国，以其县属。十八城，户十五万八千六百四十一，口八十五万三千六百四。”属县有剧县、营陵、平寿、都昌、安丘、淳于、东安平、壮武、下密、挺县、观阳等11县和平昌侯国、朱虚侯国、高密侯国、昌安侯国、夷安侯国、胶东侯国、即墨侯国等7个侯国，北海国治所剧县（县治在今昌乐西）。东汉北海国辖下十八个县级地方行政中，即墨侯国（国治在今平度东南）、胶东侯国（国治在今平度市）、夷安侯国（国治在今高密）、高密侯国（国治在今高密西）、昌安侯国（国治在今安丘东南）等5个侯国和淳于（县治在今安丘东北）、都昌（县治在今昌邑西北）、壮武（县治在今胶州东北）、下密（县治在今昌邑东北）、挺（县治在今莱阳南）、观阳（县治在今海阳西北）等6个县，共计11个县级行政区划属今胶东地区，其中的侯国占45.45%。

### （一）东莱郡辖县

东汉时期在胶东地区设立东莱郡，全郡共辖黄县、牟平、昌阳、卢乡、长广、葛卢等六县和掖、惤、黔陬、不其、当利、东牟、曲成等7个侯国，共13个县级行政区划。郡治设在黄县。其辖区大致包括西汉时期的东莱郡全境和琅玡郡的北部数县。相比西汉时期，东汉的东莱郡面积有所扩大，但辖县数量却有所减少。东莱郡所辖侯国见下节《胶东地区的诸侯王国》，下面仅就东莱郡所辖各县略作考述。

黄县，（同治版）《黄县志》载：“秦为齐郡东鄙，汉为黄县。黄为县名始见《汉书·地理志》，故《元和志》云：黄本汉旧县；《寰宇记》亦云：黄，汉县；《史记·秦始皇本纪》有东国黄、腄之文，疑其时黄、腄为地名，尚未置黄、腄二县。隶青州东莱郡，其治在今治东南二十五里，所谓东黄城也。后汉为东莱郡治，省徐乡县入焉。”

牟平，“后汉青州东莱郡东牟县。西南境为北海国观阳县地。”本注曰：“《后汉书·郡国志》东莱郡十三城，无育犁，盖省并入东牟。又东牟，《注》云‘侯国’。何时国除，失考。观阳则改属北海国，城治仍旧。”从《牟平县志》的记载来看，东汉时期的东牟县，即今烟台牟平区。当时属东莱郡，地理位置与西汉时无异，治所在今烟台市福山区。《福山志》载：福山，“前汉为牟平县地、腄县地、育（犁）县地，属东莱郡。谨案：牟平城故址在今牟城社，盖居县之西北境，并连蓬莱之东北境，其东境南境则皆腄地。惟育犁未详所在。后汉为牟平县地，腄、育犁省属东莱郡。”

昌阳、卢乡。《后汉书·光武十王列传》载：“永平二年（公元59年），以太山之盖、南武阳、华，东莱之昌阳、卢乡、东牟六县益琅邪。”昌阳，在今威海市文登南。《后汉书·光武十王列传》章怀注：昌阳故城在今文登县西南。《寰宇记》：莱阳县前昌阳县，在文登县西南三十里，昌阳故城是也。永平二年，卢乡与昌阳、东牟一起被划归琅邪，则应相距不远，或许其地界是相连的，但是，按照《中国历史地图集》两汉部分的分幅图，卢乡在今山东平度北，与当利、掖县相近，北距莱州湾不远。卢乡与东牟、昌阳之间尚有观阳、挺县、长广等三县，也就是今天的莱阳地界，按照《后汉书·光武十王列传》将“昌阳、卢乡、东牟益琅邪”的记载，卢乡不应在莱州湾的掖县附近。

长广，属今莱阳市境。长广当在西汉初设县，《莱阳县志·大事记》载：“吕后七年，立营陵侯刘泽为琅邪王，长广属之。……武帝元狩四年，置盐官长广县，禁私煮盐。”长广在汉初曾属琅邪王刘泽封地，武帝时实行盐铁官营，长广是当时设立盐官的43县之一。《汉书·地理志》所载：“长广，有莱山莱王祠。奚养泽在西，秦地图曰剧清池，幽州薮。有盐官。”长广县治在今莱阳东。《莱阳县志·大事记》载：“光武十三年，封贾复为胶东侯，食挺胡、观阳等六邑，省邹卢入挺，以长广益东莱。”长广县东汉以后划归东莱郡。

葛卢，在今胶县境内。《胶县志·沿革表》载：葛卢，“《郡国志》有尤涉亭，赵一清《水经注释》：东汉废计斤入黔陬，又析置葛卢县。又曰尤涉亭即姑尤之水入海之处，旧志失载。……范氏（范晔）《郡国志》原序曰：凡前志有县名今所不载者，皆世祖所省并也，前无今所有者后所置也。”按此，《后汉书·郡国志》东莱郡“葛卢，有尤涉亭”，但不见于《汉书·地理志》，当为东汉所设。

**（二）北海国辖县**

北海国，西汉时期为北海郡，景帝二年设立，与胶东国、高密国为邻。汉光武帝建武十三年（公元 37 年），光武帝将菑川国、胶东国、高密国与北海郡合并，设北海国。首封的北海国王为刘秀长兄刘縯的次子刘兴。《后汉书·郡国志》载，东汉时期的北海国辖下十八个县级地方行政区划，其中，即墨侯国（今平度东南）、胶东侯国（现平度市）、夷安侯国（今高密）、高密侯国（今高密西）、昌安侯国（今安丘东南）等 5 个侯国和淳于、都昌、壮武、下密、挺县、观阳等 6 个县，共计 11 个县级行政区划属今胶东地区，这其中的侯国占了 45.45%。有关侯国的地理位置和传国情形等具体内容见本书“胶东地区的诸侯王国”一节。下面仅就淳于等 6 县略作考述。

淳于，西汉时期，属北海郡，在今山东安丘县东北，县治在今杞城村。据明代《安丘县志》卷十二《历代地理沿革表》载：“郦道元曰：淳于县，故夏后氏之斟灌国也。周武王灭之，以封淳于公。按斟灌当作斟寻，《左传》寒浞使浇用师，灭斟灌及斟寻氏。杜预曰：斟寻在平寿县东南，今安丘东北境是也。”《安丘县志》同表又载：（今安丘县）“属青州北海国，县邑有安丘、淳于、平昌、朱虚、昌安”五县。可见，东汉时，淳于、安丘、平昌、朱虚、昌安等五个县的土地，都在今安丘县境内。

都昌，即今山东昌邑。《昌邑县志·沿革》载：“昌邑……汉置都昌国，后国除为县，属北海郡。东汉改郡为国仍属焉。”都昌，西汉初年为侯国，国治即今昌邑，后来国除为都昌县，县治仍在故址。《昌邑县志·沿革表》：（昌邑）“东汉，（属）青州部、北海国、都昌。”按照《中国历史地图集》两汉部分的分幅图，都昌县治在今昌邑。

壮武，在今山东即墨境。西汉时期文帝曾封宋昌为壮武侯。《史记·孝文本纪》载，孝文帝元年，因功封宋昌为壮武侯。《集解》引徐广曰：“四月辛亥封，封三十四年，景帝中四年夺侯，国除。”《索隐》引韦昭云胶东县。西汉无胶东县，东汉时，设胶东侯国，都即墨，即今山东平度，始封者贾复。所以，《索隐》所说的胶东县，不知何依据。《正义》引《括地志》云：“壮武故城在莱州即墨县西六十里，古莱夷国，有汉壮武县故城。”《括地志》所说“莱州即墨县”，即今山东即墨，壮武县就在即墨西六十里。《即墨县志》载：即墨，东汉属青州北海国，“建武中兴，壮武并属胶东侯国，永平中，别为即墨侯国，肃宗以封贾复小子宗，安帝复壮武县”。

下密，故城在今山东昌邑县东。汉景帝中元二年（公元前 148 年），置下密县（山东昌邑市围子镇古城村），属北海郡。汉成帝建始二年（公元前 31 年），封胶东顷王子刘林为密乡侯于此，下密县为密乡侯国。东汉建武元年（公元 25 年），复为下密县，仍属北海郡。县治当在故址。

挺县，即今莱阳。《莱阳县志》载：“文帝十六年，置胶东国，分封齐王刘肥子白石侯雄渠，都即墨（今平度东南），挺县、观阳、邹卢属之。”挺，故城在今山东莱阳县南数里；观阳，故城在今山东莱阳县东六十里；与莱阳中间隔隶属琅邪国的长广县。

观阳，在今莱阳境。《莱阳县志》载：“文帝十六年，置胶东国，分封齐王刘肥子白石侯雄渠，都即墨（今平度东南），挺、观阳、邹卢属之。”观阳，故城在今山东莱阳县东六十里，《莱阳县志·沿革表》：莱阳在“东汉，（属）挺、昌阳、长广、观阳县、即墨县地，分属北海国（治剧，今广饶东南境）及东莱郡（治黄县），隶青州。”本注云：“后汉省邹卢，《郡国志》无挺，有拒，《贾复传》作挺胡，据此，拒当即挺字之讹。建安间，魏武始于长广置长广郡，以挺属之，故《郡国志》无长广郡，仍以挺属北海国。”可见，今莱阳在东汉时分属挺县、昌阳、长广、观阳和即墨等县境，分别隶属东莱郡和北海国。

### （三）胶东地区的诸侯王国

刘秀建立东汉皇朝后，打出的是“复西京旧制”的旗号，其中的一项内容即恢复封国爵邑制度。

建武二年（公元 26 年），“春正月甲子朔，日有食之。大司马吴汉率九将军击檀乡贼于鄴东，大破降之。庚辰，封功臣皆为列侯，大国四县，余各有差。”[1] 此后，刘秀不断对宗室贵族和功臣宿将们封王封侯。一些归服的地方实力派、古圣先贤的后裔、敌对阵营叛降的文武之士，也都得到了相应的封赏。

建武二年（公元 26 年）四月，刘秀下诏封叔父刘良为广阳王，封刘縯的儿子刘章为太原王、刘兴为鲁王，封春陵侯的嫡子刘祉为城

[1] 《后汉书·光武帝纪》。

阳王，一个月后，又封刘歙为泗水王，故真定王刘杨的儿子刘得为真定王，周王后裔姬常为周承休公。六月，又封宗室刘终为淄川王。十二月，刘秀下了一道诏书，对被王莽所废的所有宗室列侯恢复爵位："惟宗室列侯为王莽所废，先灵无所依归，朕甚愍之。其并复故国。若侯身已殁，属所上其子孙见名尚书，封拜。"❶

从刘秀恢复对宗室的大规模分封来看，似乎是有意恢复西汉初年郡国并行的政治体制，其实，东汉分封与西汉初年的分封有很大的不同。首先，东汉分封的诸侯王国和侯国的领地非常有限，一般不过一小郡，所能动员使用的人力、物力都很少。他们的力量，与当年刘邦分封的连城七十的齐国，连城五十的吴国等相比，实在不可同日而语。其次，东汉的王国，基本上只是食封邑的贵族地主，而不像他们的西汉前辈们一样拥有封土治民的独立政治地位。中央在诸侯王国和侯国，直接派遣由中央任命的相，主持王国或侯国政务，如《后汉书·吴延史卢赵列传》载："吴祐，字季英……祐以光禄四行迁胶东侯相。时济北戴宏父为县丞"。"祐在胶东九年，迁齐相，大将军梁冀表为长史。"吴祐和戴宏父分别担任侯国相和县丞，是侯国的行政长官和副手，诸侯国的侯，只享受爵禄而无执政权力。再次，这些封国大都集中于今日之河北、河南、山东、安徽一带，既处于首都洛阳的严密控制之下，又穿插于朝廷直辖的郡县之间，处于各地地方官的监视之下，使他们很难连成一气反叛朝廷。最后，刘秀对受封王侯实行了严格的管理限制措施。建武二十四年（公元48年）七月，刘秀"诏有司申明旧制阿附蕃王法"❷，依法对诸侯王进行管理。这里刘秀所申明的旧法，也许就是汉武帝在同诸侯王斗争时制定的"左宫之律"和"附益阿党之法"。❸

刘秀甚至还一度废除了王国的封号，将先前所封之诸侯王，一律降爵为公。《后汉书·光武帝纪》载："十三年春。二月丙辰，诏曰：'长沙王兴、真定王得、河间王邵、中山王茂，皆袭爵为王，不应经义。其以兴为临湘侯，得为真定侯，邵为乐成侯，茂为单父侯。'其宗室及绝国封侯者凡一百三十七人。丁巳，降赵王良为赵公，太原王

❶《后汉书·光武帝纪》。

❷《后汉书·光武帝纪》。

❸ 参见孟祥才：《中国历史·秦汉史》，人民出版社2009年版。

章为齐公，鲁王兴为鲁公。庚午，以殷绍嘉公孔安为宋公，周承休公姬武为卫公。省并西京十三国：广平属巨鹿，真定属常山，河间属信都，城阳属琅邪，泗水属广陵，淄川属高密，胶东属北海，六安属庐江，广阳属上谷。”由于泗水王刘敏、淄川王刘终、城阳王刘祉已经死去，所以决定把西汉时设立的九个诸侯王国取消，将其辖区并入邻近的郡治。至此，东汉皇帝以下，一个诸侯王也没有了。

就在将王国降为公爵的同时，刘秀又“班劳策勋”，为功臣们“增邑更封”。到这时已有365人获得爵邑，其中有外威恩泽侯45人。刘秀削去诸侯王的王爵，封功臣为列侯，其目的是很明确的——既使宗室贵族中无法形成与朝廷对抗的力量，也对立下功勋的文武臣僚予以应得的奖赏，使之进一步增强对汉中央的向心力，这对巩固和加强中央集权是有明显好处的。

仅过了两年，即建武十五年，在大臣的一再奏请之下，光武帝同意封拜诸皇子的奏议，于当年“夏四月戊申，以太牢告祠宗庙。丁巳，使大司空融告庙，封皇子辅为右翊公，英为楚公，阳为东海公，康为济南公，苍为东平公，延为淮阳公，荆为山阳公，衡为临淮公，焉为左翊公，京为琅邪公。癸丑，追谥兄伯升为齐武公，兄仲为鲁哀公。”刘秀虽然废除了王一级的爵位，但此时的公仍相当于王。至建武十七年（公元41年）十月，刘秀又下令恢复王爵，凡称公者又一律改称王了。

1. 封地在胶东的诸侯王国

东汉时期在胶东分封的诸侯王国是北海国。

北海国，西汉时期为北海郡，景帝二年设立，与胶东国、高密国为邻。建武十三年（公元37年），光武帝将菑川国、胶东国、高密国三个王国与北海郡合并，设北海国。首封的北海国王为刘秀长兄刘縯的次子刘兴。

《后汉书·宗室四王三侯列传》载：“北海靖王兴，建武二年，封为鲁王，嗣光武兄仲。”刘兴是光武帝刘秀兄长刘縯的儿子。建武二年作为其叔父刘仲的子嗣被封为鲁王。同《传》载，“初，南顿君娶同郡樊重女，字娴都。娴都性婉顺，自为童女，不正容服不出于房，宗族敬焉。生三男三女：长男伯升，次仲，次光武；长女黄，次元，次伯姬。皇妣以初起兵时病卒，宗人樊巨公收敛焉。建武二年，封黄为湖阳长公主，伯姬为宁平长公主。元与仲俱殁于小长安，追爵元为新野长公主，十五年，追谥仲为鲁哀王。”刘秀兄弟三人，长兄刘縯、次兄刘仲，刘秀为少子。刘秀起兵后，刘仲战死于小长安之战，建武十五年被刘秀追封为鲁哀王。刘仲应该没有子嗣，所以刘秀封长兄刘縯的长子刘章为太原王，又以其次子刘兴作为刘仲继嗣封为鲁王，又于“二十八年春正月己巳，徙鲁王兴为北海王，以鲁国益东海。”

刘兴被封为鲁王后，刘秀对这个侄子非常看重，任命他们担任地方官，以锻炼他们的能力和才干。《后汉书·宗室四王三侯列传》载：“兴其岁试守缑氏令。为人有明略，善听讼，甚得名称。迁弘农太守，亦有善政。视事四年，上疏乞骸骨，征还京师，奉朝请。二十七年，始就国。”第二年，刘秀将鲁国的封地划入东海郡，“故徙兴为北海王。……显宗器重兴,每有异政，辄乘驿问焉。立三十九年薨，子敬王睦嗣。”刘兴做了39年的北海王，死后，他的儿子刘睦继承王位，是为北海敬王。

据说，刘睦从少年时代就非常好学，能博通书传，深受光武帝刘秀的喜爱，数被廷纳。显宗（刘秀子刘庄，即汉明帝）在东宫做太子之时，对这个侄子也“尤见幸待，入侍讽诵，出则执辔”。《后汉书·宗室四王三侯列传》载；“中兴初，禁网尚阔，而睦性谦恭好士，千里交结，自名儒宿德，莫不造门，由是声价益广。永平中，法宪颇峻，睦乃谢绝宾客，放心音乐。然性好读书，常为爱玩。岁终，遣中大夫奉璧朝贺，召而谓之曰：‘朝廷设廷问寡人，大夫将何辞以对？’使者曰：‘大王忠孝慈仁，敬贤乐士。臣虽蝼蚁，敢不以实？’睦曰：‘吁，子危我哉！此乃孤幼时进趣之行也。大夫其对以孤袭爵以来，志意衰惰，声色是娱，犬马是好。’使者受命而行。其能屈申若此。”虽然深受汉明帝的喜爱和信任，但这位北海敬王还是非常低调和谨慎，看来，他对惨烈的政治权力之争采取了敬而远之的策略，保境安民，或许是这位国王的理想。刘睦做了10年的北海敬王，死后，其子刘基继位，是为北海哀王。

刘基的几个弟弟也先后被封为县侯、乡侯。“永平十八年（公元75年），封基二弟为县侯，二弟为乡侯。建初二年，又封基弟毅为平望侯。基立十四年薨，无子，肃宗怜之，不除其国。”[1] 刘基为北海王十四年，死后无子嗣，按说应除国为郡，但肃宗（汉章帝）并未收回北海王的封地，而是从北海敬王刘睦的庶子中选了一个叫刘威的来继承北海国王位。《后汉书·宗室四王三侯列传》载：“汉和帝永元二年（公元 90 年），和帝封睦庶子斟乡侯威为北海王，奉睦后。”但是，这位北海王在位仅 7 年，便“以……坐诽谤，槛车征诣廷尉，道自杀。”刘威死后，“永初元年（公元 107 年），夏五月丁丑，诏封北海王睦孙寿光侯普为北海王。延光二年，复封睦少子为亭侯。普立十七年薨，子恭王翼嗣；立十四年薨，子康王嗣，无后，建安十一年，国除。”[2] 据《后汉书·孝献帝纪》载：“建安十一年，立故琅邪王容子熙为琅邪王。齐、北海、阜陵、下邳、常山、甘陵、济北、平原八国皆除。”东汉众多的诸侯王国，也随着王朝的衰落，退出了历史舞台。

从光武帝建武二十八年（公元 52 年）靖王刘兴移封北海国，到建安十一年（公元 206 年）北海王康无嗣，国除。北海国历六代、七王，传国 154 年。

北海国世系：

①北海靖王兴—②北海敬王睦—③北海哀王基

—④北海□王威

—⑤北海顷王普—⑥北海恭王翼—⑦北海□王康

2. 胶东的侯国

与东汉王国的政治地位大大下降一样，东汉所封之侯国，隶属于郡，置相一人，“主治民，如令、长”，“不臣”于列侯。列侯在封国内但食租税，无治民权。不仅如此，他们还要受到郡守和国相的严格监管，[3] 已经与西汉时期相对独立的政治实体不可同日而语了。

按照西汉时期就已经确立的“刘氏王，功臣侯”的原则，刘秀分封诸子为王，同时分封功臣为列侯。据宋代熊方所著《补后汉书年表》统计，刘秀一朝共封同姓王侯 28 人，异姓侯者 107 人，加上承袭祖、父爵位者，共 174 人。

---

[1] 《后汉书·宗室四王三侯列传》。

[2] 《后汉书·宗室四王三侯列传》。

[3] 《后汉书·窦融列传》载，和帝夺外戚窦氏之权，将窦宪兄弟“遣就国……为选严能相督察之”。

除分封功臣为列侯外，刘秀对外戚是信任和重用的，东汉政权建立初期，他封赏的外戚恩泽侯就多达 45 人。其中舅父樊氏一家 5 人封侯，妻子阴氏一家 4 人封侯。刘秀的儿子汉明帝刘章，在大行分封方面也丝毫不落其父之下风，“永平中，显宗追感前世功臣，乃图画二十八将于南宫云台，其外又有王常、李通、窦融、卓茂，合三十二人。故依其本弟系之篇末，以志功臣之次云尔。”[1] 他们是：

太傅高密侯邓禹，中山太守全椒侯马成；

大司马广平侯吴汉，河南尹阜成侯王梁；

左将军胶东侯贾复，琅邪太守祝阿侯陈俊；

建威大将军好畤侯耿弇，骠骑大将军参蘧侯杜茂；

执金吾雍奴侯寇恂，积弩将军昆阳侯傅俊；

征南大将军舞阳侯岑彭，左曹合肥侯坚镡；

征西大将军阳夏侯冯异，上谷太守淮陵侯王霸；

建义大将军鬲侯硃祐，信都太守阿陵侯任光；

征虏将军颍阳侯祭遵，豫章太守中水侯李忠；

骠骑大将军栎阳侯景丹，右将军槐里侯万脩；

虎牙大将军安平侯盖延，太常灵寿侯邳肜；

卫尉安成侯铫期，骁骑将军昌成侯刘植；

东郡太守东光侯耿纯，横野大将军山桑侯王常；

城门校尉朗陵侯臧宫，大司空固始侯李通；

捕虏将军杨虚侯马武，大司空安丰侯窦融；

骠骑将军慎侯刘隆，太傅宣德侯卓茂。

这其中，高密侯邓禹、胶东侯贾复的封地就在胶东，此外，封地在胶东的侯国还有黔陬侯国、东牟侯国、昌安侯国、夷安侯国、曲成侯国、不其侯国、即墨侯国等，共计 12 个侯国，其中，隶属东莱郡管辖的有 7 个侯国，北海国管辖的有 5 个侯国。以下对各侯国略作考述。

（1）高密侯国

高密侯国，都高密，在今山东高密西，始封者邓禹。《高密县志·总纪》：“光武封旗门将军钱咸为高密侯，按咸封建年月无考，邓禹至十三年封，故列于前。建武十三年，定封邓禹为高密侯，食高密、

[1] 《后汉书·朱景王杜马刘傅坚马列传》。

昌安、夷安、淳于四县。❶ 明帝永平元年，封邓禹子震为高密侯，珍为夷安侯。自注：震传乾、成、褒、某四世；珍传良、康二世。”从这段记载看，邓禹被封为高密侯在建武十三年，钱咸之封高密侯年月不详，推测应在建武十三年之前。因为，虽然明帝永平元年从高密侯国析封夷安侯国给邓禹子邓珍，但高密侯国一直由邓氏传国，从邓禹始，传国六代。但因钱咸享国时间过短，受封又无从考述，所以将高密侯国的始封者，定为邓禹。

邓禹，字仲华，南阳新野（今河南省新野）人，东汉开国名将，云台二十八将之首。刘秀对邓禹深为敬重，令左右呼邓禹为邓将军，每遇大事，必与商讨。汉明帝即位后，以邓禹为先帝元勋，拜为太傅，当年病逝，终年 57 岁，谥元侯。《后汉书・孝明帝纪》载：诏曰“高密侯禹，元功之首；东平王苍，宽博有谋；并可以受六尺之托，临大节而不挠。其以禹为太傅，苍为骠骑将军。”

关于高密侯国的分封和传国历史，《后汉书・邓寇列传》载：“（建武）十三年，天下平定，诸功臣皆增户邑，定封禹为高密侯，食高密、昌安、夷安、淳于四县。……是时，列侯惟高密、固始、胶东三侯与公卿参议国家大事，恩遇甚厚。永平元年，年五十七薨，谥曰元侯。（永平元年，汉明）帝分禹封为三国：长子震为高密侯，袭为昌安侯，珍为夷安侯。”永平元年，汉明帝在邓禹死后，为表彰其功勋，将邓禹的高密侯国一分为三，分给了邓禹的三个儿子。长子邓震嗣位，为高密侯；另两个儿子邓袭为昌安侯、邓珍为夷安侯。昌安、夷安均为邓禹的高密侯国封地，具体情况见下文昌安侯国、夷安侯国。

邓禹长子邓震继位高密侯，“高密侯震卒，子乾嗣。永平三年（公元 60 年），乾尚显宗女沁水公主。”❷ “永元十四年（公元 71 年），阴皇后巫蛊事发，乾从兄奉以后舅被诛，乾从坐，国除。元兴元年（公元 105 年），和帝复封乾本国，拜侍中。乾卒，子成嗣。成卒，子褒嗣。褒尚安帝妹舞阴长公主，桓帝时为少府。褒卒，长子某嗣。少子昌袭母爵为舞阴侯，拜黄门侍郎。”邓震死后，其子邓乾继位，永

---

❶ 邓禹的高密侯国食封高密、昌安、夷安、淳于四县。东汉时期，高密在今高密西，高密与安丘之间，夷安在今高密，昌安在今安丘东，淳于在今安丘东北，四县的范围大致包括今高密、安丘两地的主要地区。

❷ 《后汉书・皇后纪》载：（显宗）皇女致，三年封沁水公主，适高密侯邓乾。

平三年，邓乾娶汉明帝刘庄女沁水公主。邓乾的从兄邓奉为和帝阴皇后的舅舅，永平十四年（公元 71 年），阴皇后巫蛊事件暴露，邓奉作为皇后舅父被诛杀，邓乾也受从兄的牵连被除国。直到元兴元年（公元 105 年），汉和帝又恢复了邓乾的封国，冰凝征邓乾为侍中。邓乾的高密侯国从公元 71 年国除到 105 年复国，中间中断了 34 年之久。邓乾死后，其子邓成嗣位，成卒，子邓褒嗣位，并迎娶安帝的妹妹舞阴长公主为妻。邓褒死后，长子嗣位，少子邓昌继承了母亲舞阴长公主的舞阳侯爵位并官拜黄门侍郎。

（2）胶东侯国

胶东侯国，都即墨，封地在今山东平度，始封者贾复。

贾复（9—55），字君文，云台二十八将之一引，汉族，南阳郡冠军县（今河南邓县西北）人，出身儒生。少好习《尚书》。新莽末年，聚众加入绿林军，后归刘秀，任都护将军。刘秀即位，任执金吾，封胶东侯。临阵身先士卒，屡受重创。晚年退居私第，仍参议国家大事。《后汉书·冯岑贾列传》载：贾复，于“十三年，定封胶东侯，食郁秩、壮武、下密、即墨、梃、观阳，凡六县。复知帝欲偃干戈，修文德，不欲功臣拥众京师，乃与高密侯邓禹并剽甲兵，敦儒学。帝深然之，遂罢左右将军。复以列侯就第，加位特进。……是时，列侯惟高密、固始、胶东三侯与公卿参议国家大事，恩遇甚厚。三十一年卒，谥曰刚侯。”

子忠嗣。忠卒，子敏嗣。建初元年，坐诬告母杀人。国除。肃宗更封复小子邯为胶东侯，邯弟宗为即墨侯，各一县。邯卒，子育嗣。育卒，子长嗣。

（3）昌安侯国

昌安侯国，封地在今山东安丘东南，永平元年汉明帝析高密国封邓禹子邓袭。

《后汉书·邓禹传》载：“（明）帝分禹封为三国：长子（邓）震为高密侯，（邓）袭为昌安侯，（邓）珍为夷安侯。”同《传》又云：“昌安侯（邓）袭嗣子藩，亦尚显宗女平皋长公主，和帝时为侍中。”此事在《后汉书·皇后纪》亦有记载：“显宗十一女，皇女小姬，十二年封平皋公主，适昌安侯侍中邓蕃。”看来，邓氏家族凭借着祖辈建立的元首功勋，始终保持着优厚的政治地位，是与皇族联姻的主要家族之一。

（4）夷安侯国

夷安侯国，在今山东高密。《高密县志·沿革》载："汉（高祖）六年封子肥为齐王，食七十城，县属焉。文帝十六年分为胶西国，封胶西王卬都高密（自注：在今县西五十里之城阴城）。今县别为夷安属焉。"夷安，即在今高密县治。永平元年汉明帝析高密国封邓禹子邓珍为夷安侯。

《后汉书·邓禹传》中没有邓珍的活动记录。生卒年月也不详，只是说，邓珍死后，长子邓良袭封，因无继承人，安帝永初六年（公元112年），又绍封邓珍少子邓康为夷安侯。《后汉书·邓寇列传》载："夷安侯珍子康，少有操行。兄良袭封。无后，永初六年，绍封康为夷安侯。时诸绍封者皆食故国半租，康以皇太后戚属，独三分食二，以侍祠侯为越骑校尉。"

邓康不满邓太后久临朝政，宗门盛满，于是多次上书长乐宫谏争，希望太后"宜崇公室，自损私权"，虽然言甚至切，无奈不被太后采纳。邓康于是心怀畏惧，永宁元年，遂谢病不朝。太后派内侍者到邓康家探问。正好这个内侍曾是邓康的家仆，到邓康家后，没能受到邓康的礼遇，心中怨恚，回复说邓康诈疾并对太后出言不逊。当时的内侍宦官非常得势，被称为"中大人"，常常可以左右朝廷官员的毁誉。内侍回复的报告令太后大怒，于是免了邓康的官职，遣其归国。并将邓康从邓氏的属籍中除名。权臣邓骘被诛以后，安帝又任命邓康为侍中。顺帝时，邓康又升为太仆，做官"有方正称，名重朝廷。以病免，加位特进。阳嘉三年卒，谥曰义侯"。

（5）即墨侯国

即墨侯国，在今山东平度东南[1]。汉章帝析胶东侯国封胶东侯贾复之子贾宗。

《后汉书·冯岑贾列传》载，贾复于建武十三年封为胶东侯，封地有郁秩、壮武、下密、即墨、梃、观阳等六县，贾复死后，他的孙

[1] 即墨侯国，按照《中国历史地图集》东汉时期分幅图所标的位置，在今平度《即墨县志·沿革表》载：即墨"建武中，与壮武并属胶东侯国。永平中别为即墨侯国，肃宗以封贾复小子宗，安帝复壮武县。又建武四年，封卓茂子崇为汎乡侯，建武六年徙封伏湛为不其侯，俱在隋以后县境内，当年疆域未详。"

子贾敏作胶东侯时，因诬告其母杀人被治罪，国除。建初元年（公元76年），汉章帝恢复了贾氏的封地，将贾复的两个儿子分别封为胶东侯和即墨侯，这就是《后汉书·冯岑贾列传》所说的，“肃宗更封（贾）复小子邯为胶东侯，邯弟宗为即墨侯，各一县”。胶东、即墨两个侯国的封地只有各一县，比起父亲的胶东侯国，已经不可同日而语了。

《后汉书·冯岑贾列传》：“（贾）宗字武孺，少有操行，多智略。初拜郎中，稍迁，建初中为朔方太守……匈奴畏之，不敢入塞。征为长水校尉。宗兼通儒术，每宴见，常使与少府丁鸿等论议于前。章和二年卒，朝廷愍惜焉。”贾宗历任边郡太守，又曾入职中枢，是一位文武兼备的人才。其死后，“子参嗣。参卒，子建嗣。元初元年，尚和帝女临颍长公主。主兼食颍阴、许，合三县，数万户。时邓太后临朝，光宠最盛，以建为侍中，顺帝时为光禄勋。”《后汉书·皇后纪》也记此事说：“（和帝）皇女利，元年封临颍公主，适即墨侯侍中贾建。”贾邯，见上文“胶东侯”条。

（6）黔陬侯国

黔陬侯国，在今山东胶县，县治在今胶县西南。东汉时期，在今胶县境内有黔陬、葛卢两县。《胶州志·沿革表》载：黔陬，“《后汉书·郡国志》曰，故属琅邪，有介亭。刘昭注补引《左传》杜注：介根曰县东北计基城；又自注曰：号介国，旧志皆以为杜注非是。按此时计斤、柜、祓并省入黔陬，纯德除，亦入焉。”纯德，即西汉时期的郑县，新莽改称纯德，《汉书·地理志》载，琅邪郡有“郑，胶水东至平度入海，莽曰纯德”。西汉时，黔陬、计斤、柜、郑、祓等五个县（或侯国）均在今胶县境，《胶县志·沿革表序》载：“盖汉承秦旧，以周食采邑列县，故城多而地小。”也就是说，在胶县一县之地设有黔陬、计斤等五县，设县多而属地狭小。所以，到东汉光武帝建武十三年，省祓、柜、郑、计斤四县，以柜入徐州刺史部琅邪郡琅邪县，计斤入黔陬侯国，改属青州刺史部东莱郡。献帝建安三年，分北海置城阳郡，以黔陬县属。《后汉书·郡国志》东莱郡条载：“黔陬，侯国，故属琅邪。有介亭。”但所封者不详。

（7）不其侯国

不其侯国，在今山东即墨境内。始封者为光武帝大将伏湛。《即墨县志·沿革》载："考西汉近（即）墨有三县：壮武隶胶东，不其，皋虞隶琅邪郡。建武中，以即墨隶北海国，时，不其析隶东莱郡，又分其地立汎乡侯国，和帝时除。前汉皋虞未知何时废。"东汉时，不其划归东莱郡，为侯国。《后汉书·伏湛传》载："伏湛字惠公，琅邪东武人也。……建武三年，遂代邓禹为大司徒，封阳都侯。……六年，徙封不其侯，邑三千六百户，遣就国。"此后至少一直传国到八世孙伏完，伏完娶桓帝女阳安长公主刘华为妻。《后汉书·皇后纪》载："献帝伏皇后讳寿，琅邪东武人，大司徒湛之八世孙也。父完，沉深有大度，袭爵不其侯，尚桓帝女阳安公主，为侍中。"《后汉书》同传亦载此事曰："（桓帝）皇女华，延熹元年封阳安长公主，适不其侯辅国将军伏完。"看来到东汉末年，伏氏所受封的不其侯国还在传国，并能与皇族联姻，任辅国将军，政治地位颇高。

另据《后汉书·皇后纪》，灵帝宋皇后之父宋酆，官至执金吾，封不其乡侯。《后汉书·皇后纪》载："灵帝宋皇后讳某，扶风平陵人也，肃宗宋贵人之从曾孙也。建宁三年，选入掖庭为贵人。明年，立为皇后。父酆，执金吾，封不其乡侯。此当与伏氏的不其侯国无关。

（8）东牟侯国

东牟侯国，在今山东牟平。《后汉书·光武十王列传》载："琅邪孝王京，建武十五年封琅邪公，十七年进爵为王。……永平二年，以太山之盖、南武阳、华，东莱之昌阳、卢乡、东牟六县益琅邪。"可见，至少到永平二年（公元59年）之前，东牟尚为县，属东莱郡，永平二年划归琅邪郡，应当还不是侯国。《后汉书·地理志》所载的是东汉顺帝永和五年（公元105年）的行政区划，此时的东莱郡有"东牟侯国"，《后汉书》除《郡国志》外亦不见东牟侯国的历史记载，未知何时封为侯国，又划归东莱郡。

（9）惤侯国

《后汉书·郡国志》作"侯国"，据《中国历史地图集》，东汉时期的惤（侯国）县治在今山东龙口市（旧黄县）西南，与西汉巾弦县县治在同一位置。其受封者不详。

（10）掖侯国

掖侯国，西汉时为掖县，属东莱郡。东汉时仍属东莱郡，《掖县志》载："《郡国志》东莱郡领十三城，《郡国志》曲成、当利并侯国，按后汉东莱郡治黄，而掖与曲成、当利皆属焉。”《郡国志》东汉掖县为侯国，但受封者身份不详。

（11）曲成侯国

曲成侯国，在今山东省莱州（原掖县）和招远境内。旧《招远县志》载：招远“汉为曲成县，在今县治西四十华里，属东莱郡，东汉因之……元魏（北魏）以其地，置东曲城。”其地与今之曲成故城相符。据《后汉书·郡国志》载，东汉时，曲成为侯国，另据《后汉书·寒朗传》载，曲成侯为刘建。“永平中，（寒朗）以谒者守侍御史，与三府掾属共考案楚狱颜忠、王平等，辞连及隧乡侯耿建、朗陵侯臧信、护泽侯邓鲤、曲成侯刘建。”[1]《后汉书》中有关曲成侯刘建的事迹，仅见于此。估计是当时的皇族亲族成员得封者。

（12）当利侯国

当利侯国，在今山东莱州市境内。《掖县志》载：“《通志》汉置掖县，古作夜字，《功臣表》有夜侯[2]，按东莱郡所领□有曲成、当利，今并在夜境。《郡国志》曲成、当利并侯国，按，后汉东莱郡治黄（县），而夜与曲成、当利皆属焉。”当利，县治位于今莱州市区西南20公里沙河镇路旺侯家村西南150米。《后汉书·郡国志》载当利为侯国，但受封者不详。

除上述十二侯国外，不见于《后汉书·郡国志》的胶东侯国，还有安丘侯国、牟平侯国。

（13）安丘侯国

安丘侯国，在今山东安丘西南，始封者张步。清同治版《即墨县志·大事》载：“新莽始建国元年，徐乡侯刘炔起兵，以数千人攻即墨，败，死之。东汉建武三年，拜张步为东莱太守。步，不其人。汉兵起，步亦聚众数千。刘永拜步辅汉大将军，督青、徐二州，遣将徇泰山、东莱、胶东、北海、济南诸郡，皆下之。建武三年，永败。步献鳆鱼请降。帝以步为东莱太守。后，刘永立步为齐王。步受永命屯历下。诏大将军耿弇攻破之。步乃斩苏茂降。封步安邱侯。八年，步复谋叛，为琅琊太守陈俊所斩。”张步是西汉末年割据胶东的军阀武

[1] 《后汉书·寒朗传》。
[2] 即曲成侯蠱达。

装之一，早年投靠在山东自立的梁孝王八世孙刘永，被刘永封为齐王，刘永被刘秀击败后，张步又投靠刘秀，于光武帝建武五年（公元29年）受封为安丘侯。建武八年（公元32年），张步由洛阳潜逃到临淮（今属江苏），并召集旧部，结果被琅琊太守陈俊追歼。至此，山东境内的割据势力全被平定。山东又重新置于统一的、中央集权的封建国家的统治之下。

（14）牟平侯国

牟平侯国，在今山东烟台福山区。始封者是光武帝建威大将军耿弇之弟，复胡将军耿舒。

西汉时期，齐悼惠王刘肥子孝王刘将闾少子曾封牟平侯。东汉桓帝时期的司徒刘宠，即是西汉牟平侯的后人，世代居于牟平，故《后汉书·循吏列传》曰："刘宠字祖荣，东莱牟平人，齐悼惠王之后也。悼惠王子孝王将闾，将闾少子封牟平侯，子孙家焉。"刘宠作为西汉牟平侯的后裔，世代居于牟平，故本传说他是"东莱郡牟平人"。但他的家族并没有能够继承祖上的爵禄，东汉时期受封牟平的侯爵是光武帝的大将耿舒。

东汉建立，光武帝封建威大将军耿弇之弟，复胡将军耿舒为牟平侯。《后汉书·耿弇列传》："光武以弇弟舒为复胡将军，使击晔，破之。……封舒为牟平侯。"耿舒死后，其子耿袭嗣位，并娶汉明帝之女为妻，《耿弇列传》载"牟平侯舒卒，子袭嗣。尚显宗女隆虑公主。袭卒，子宝嗣。"《后汉书·皇后纪》对此亦有记载说："（显宗）皇女迎，三年封隆虑公主，适牟平侯耿袭。"从耿舒受封牟平侯，到其子耿袭嗣位，再传子耿宝，共传了三代。但安帝死后，耿宝却因宫中的权力斗争获罪，被逼自杀，侯国被除为县。《耿弇列传》记载此事曰："安帝崩，阎太后以宝等阿附嬖倖，共为不道，策免宝及承，皆贬爵为亭侯，遣就国。宝于道自杀，国除。"但耿氏毕竟是皇亲国戚，耿宝的母亲是汉明帝的女儿刘迎，耿宝的妹妹是安帝的父亲清河王刘庆的王妃，安帝即位后被封为甘园大贵人。[1]《后汉书·章帝八王列传·清河王刘庆传》载："耿贵人者，牟平侯舒之孙也。贵人兄宝，袭封

---

[1] 安帝的生母是清河王刘庆的王妃左氏。耿宝的妹妹耿妃为嫡母。《后汉书·清河王刘庆传》载，汉殇帝不到一岁继位，控制朝政的邓太后"以殇帝襁抱，远虑不虞，留庆长子祐与嫡母耿姬居清河邸。至秋，帝崩，立祐为嗣，是为安帝。太后使中黄门送耿姬归国。"

牟平侯。”耿贵人就是这位甘园大贵人。耿宝贵为帝舅，身份地位毕竟非一般功臣侯可比。此后，“大贵人数为耿氏请，阳嘉三年，顺帝遂绍封宝子箕牟平侯，为侍中。以恒为阳亭侯，承为羽林中郎将。其后贵人薨，大将军梁冀从承求贵人珍玩，不能得，冀怒，风有司奏夺其封。承惶恐，遂亡匿于穰。数年，冀推迹得之，乃并族其家十余人。”阳嘉三年（公元 134 年）汉顺帝恢复了耿氏的牟平侯国，封耿宝之子耿箕为牟平侯。但此后不久，耿氏一族被专权的外戚梁冀设计谋害，一族十余人被杀。估计牟平侯国也就不存在了。《后汉书·郡国志》所载为东汉顺帝五年（公元 140 年）的行政区划，此时牟平已为县。

## 第二节　东汉末年割据混战对胶东的影响

### 一、东汉末年州牧郡守的坐大与武装割据集团的形成

东汉皇朝自和帝以后，朝政中央的权力即呈现逐步弱化之势。一方面是东汉皇朝中央的军力、财力不断弱化，另一方面是国内不断爆发的农民起义和边疆地区的少数民族起义使东汉政府焦头烂额，穷于应付。面对这种政况国势，东汉朝廷只得赋予地方上的州牧郡守越来越多的权力。由此，就使州牧郡守借机扩大权力，增强军力，扩充地盘，形成一个个的武装割据集团。[1] 随着朝廷对地方的控制力日益弱化，而一天天强大的州牧则因利乘便地把他们管辖的地区变成父子相袭的独立王国。特别是黄巾起义以后的形势，使州牧拼命扩大自己手中的武力和地盘，互相攻讦，争城掠地，成为割据一方的诸侯。东汉皇朝也就名存实亡了：“焉牧益土，造帝服于岷峨；袁绍取冀，下制书于燕朔；刘表荆南，郊天祀地；魏祖居兖，遂构皇业；汉之殄灭，祸源乎此。”[2]

中平六年（公元 189 年），汉灵帝病逝。何太后与其兄大将军何进立刘辩继帝位，是为少帝。何进与袁绍密谋杀宦官，并召西凉董卓

---

❶ 孟祥才：《中国历史·秦汉史》，人民出版社 2009 年版。

❷ 《续汉书志·百官五》。

的军队进京协助。由于泄密何进被宦官先行杀害，此后，西园八校尉之一的袁绍和虎贲中郎将袁术率兵将二千多宦官全部杀死，从而结束了东汉中期以后外戚与宦官交替擅权的历史。但是，东汉王朝并未因此而获得安宁。不久，进京协助何进的董卓，很快凭借手中的强悍之师，掌控了东汉的朝廷。董卓废少帝刘辩为弘农王，立王贵人所生陈留王刘协为皇帝，是为汉献帝。董卓自任太尉，不久又改任相国，“入朝不趋，剑履上殿”[1]，成为专断朝政的权臣。

初平元年（公元 190 年）正月，以袁绍为首的山东州牧郡守共同起兵讨伐董卓，兵锋直指洛阳，由此揭开了东汉末年军阀混战的序幕。

面对讨伐大军的军事压力，董卓为避其锋芒，以大火焚烧了汉都洛阳，挟持汉献帝迁都长安。但是，山东征讨董卓的诸侯联军虽然声势浩大，但“军合力不齐，踌躇而雁行”[2]，曹操、袁绍、孙坚、王匡等州牧郡守很快被董卓各个击破，只能退而以求自保。第二年四月，司徒王允利用董卓与吕布的矛盾，精心策划了诛杀董卓的行动，终于将董卓刺杀在朝会的大殿门前。但由于王允处置适当，董卓部将又联兵攻陷长安。初平三年（公元 193 年），他们的首领李傕、郭汜杀死王允，将汉献帝控制在自己手上。此后，李傕、郭汜与西凉的马腾、韩遂展开一场争夺长安的混战，马腾、韩遂败走后，李傕、郭汜两部为争夺对汉献帝和朝廷的控制权再起刀兵，双方“相攻连月，死者以万数”[3]。后在屯兵弘农（今河南灵宝北）的镇东将军张济的调解下双方言和，并允许汉献帝离开长安，东归洛阳。紧接着，在汉献帝东归途中，张济、李傕与郭汜双方又展开一场混战，造成朝廷“百官士卒死者不可胜数，皆弃妇女辎重，御物符册典籍，略无所遗”[4]。虽然在兴义将军杨奉和河内太守张扬等护卫下，献帝终于辗转回到洛阳，但此时的洛阳已成一片废墟，君臣无法在此安身。这时主政的董承等人，召兖州牧曹操前来洛阳护驾。曹操意识到控制汉献帝，“挟天子以令诸侯”的巨大政治资本，于是欣然赶赴洛阳。曹操到洛阳朝见汉帝后，就被任命为司隶校尉，录尚书事。在曹操主持下，汉朝迁都于许

[1] 《后汉书·董卓传》。
[2] 《后汉书·董卓传》。
[3] 《后汉书·董卓传》。
[4] 《后汉书·董卓传》。

县（今河南许昌），之后，曹操又用汉帝名义任命自己为大将军。由于袁绍反对，曹操才把大将军的头衔让给袁绍，自己做了司空，行车骑将军事。自从曹操迎汉帝都许以后，“挟天子以令诸侯”，不仅使自己的地位高出一切文臣武将，而且此后发号施令或是征伐异己，都用汉帝名义，名正言顺，造成了政治上极大的优势。[1]

董卓死后，其部下在关中混战之时，关东的军阀混战也如火如荼地进行着。早在初平元年（190 年），袁绍在渤海（任渤海太守）举起了讨伐董卓的旗帜。关东起兵讨伐董卓的地方实力派大都归附到袁绍的旗帜下。[2] 这些实力派包括后将军袁术、冀州牧韩馥、豫州刺史孔伷、兖州刺史刘岱、河内太守王匡、陈留太守张邈、东郡太守桥瑁、山阳太守袁遗、济北相鲍信以及前骁骑校尉曹操和长沙太守孙坚等。但这些州郡牧守大多以保持实力为上，在与董卓的军事行动中作壁上观。只有曹操与孙坚真正与董卓有过几次硬仗。

董卓退守关中后，这些以讨董卓为名联合到一起的军阀们便迫不及待地展开厮杀。正如《三国志·魏志·文帝纪》注引《典论·自叙》中所载的：“名豪大侠，富室强族，飘扬云会，万里相赴。……山东大者连郡国,中者婴城邑，小者聚阡陌，以还相吞灭。”“关东诸州郡起兵，众数十万，皆集荥阳及河内，诸将不能相一，纵兵抄掠，民人死者且半。”[3]

起始，兖州刺史刘岱和东郡太守桥瑁首先发生火并，刘岱攻杀了桥瑁，派王肱去代理东郡太守。不久，袁绍也夺取了冀州牧韩馥的地盘，而自领冀州牧，逐渐在黄河中下游形成一股强大的力量。与此同时，山东、河北地区本来就已发展到百万之众的青州黄巾军和河北黑山军，更以燎原之势发展起来。初平二年（公元 191 年）秋天，以于毒、白绕、眭固为首的黑山农民军，开始向冀州的心脏邺城推进，并有渡过黄河南攻兖州的动向。而这时青州黄巾军一百多万人，在青州刺史臧洪的军事压力之下，也正分两路向河北移动，有与河北的黑山军会师之势。假使河北的黑山军渡黄河而南，或青州的黄巾军渡黄河而北，两支近百万的大军一旦会师，黄河中下游的力量对比就会引起

[1] 王仲荦：《魏晋南北朝史》，上海人民出版社 2003 年版。
[2] 《三国志·魏志·武帝纪》。
[3] 《三国志·魏志·司马朗传》。

急速而深刻的变化。这样，关东州郡尽管充满内部矛盾，还是要集中力量来对付农民军。[1] 于是，袁绍以东郡太守王肱无力对抗黄巾军为由，上表曹操任东郡太守，曹操终于有了属于自己的地盘。初平三年（公元 192 年），刘岱在与青州黄巾军的战争中被杀，济北相鲍信与兖州吏万潜到东郡，迎曹操从东郡太守转任兖州刺史。曹操在兖州击败青州黄巾军，将其三十万众收编至麾下。曹操在兖州刺史的位置上还没有坐稳，长安的汉政府就任命金尚为兖州刺史，令其赶来兖州就任。曹操派兵在兖州边界迎击，金尚只得投奔南阳袁术。兖州就此归了曹操。

初平四年（公元 193 年），幽州牧刘虞与其部将公孙瓒也以兵戎相见。刘虞组织十万大军进攻公孙瓒的驻地蓟县（今北京市），结果全军溃败，公孙瓒轻而易举地占有了整个幽州。

至此，随着混战的展开，北方逐步形成了冀州袁绍、幽州公孙瓒、兖州曹操以及徐州陶谦等数个军阀集团，围绕着冀、兖、青、徐、豫数州的争夺而展开激战。

## 二、军阀混战时期的胶东

东汉末年的胶东，属青州刺史辖区的东莱郡和北海国（东部 11 县和侯国），即青州的东部。从黄巾起义以后，伴随着军阀混战的展开，青州地区一直都是各路军阀和黄巾军反复争夺的地区，因而也是东汉末年兵祸最为惨烈的地区之一。

曹操在初平三年取得兖州以后，也开始了对青州的争夺。曹操首先进攻的对象是徐州牧陶谦。这是因为，此时曹操还是袁绍集团的成员，受袁绍制约。徐州牧陶谦此时与公孙瓒结盟，在袁绍与公孙瓒的争夺中，出兵帮助公孙瓒进攻袁绍，而此时袁绍受制于河北黑山军和青州黄巾军的进攻威胁而无暇东顾，所以命曹操进击徐州。此外，曹操的父亲曹嵩及一家族众数十人被陶谦的部将张闿袭杀，曹操进击徐州自然也有复仇之意。

从公元 193 年秋开始，到第二年夏，曹操先后对徐州发动两次大规模的攻击。曹操攻入徐州境内，接连攻下彭城（江苏徐州市）以北

---

[1] 王仲荦：《魏晋南北朝史》，上海人民出版社 2003 年版。

的十多座城市，屠杀人民数万口，这一带破坏得“鸡犬亦尽，墟邑无复行人”。[1] 此时，曹操的兖州却出现危机。原来，陈留太守张邈联络驻屯东郡的曹操部将陈宫，迎吕布出任兖州牧，共拒曹操。曹操闻讯，不得不迅速从徐州撤兵，处理兖州危机。曹操用了一年多时间，才把兖州的郡县陆续收复。到了公元 195 年的夏天，经过巨野（今山东巨野南）会战，曹操终于击败了吕布，迫使吕布逃奔徐州。张邈随吕布南奔，后来为其部下所杀。这样，曹操在兖州的统治地位总算渐渐稳固下来。

随着曹操势力在兖州的发展，当时称得上“袁曹方睦”[2] 的袁绍、曹操两大集团的矛盾也逐渐加深，快要表面化了。此时的战略形势是，袁绍作为当时势力最大的集团，占据冀州，公孙瓒占据幽州，曹操拥有兖州，吕布则坐拥徐州，青州之地则处在袁绍与公孙瓒的割据争夺之中。此时，袁绍的主要精力放在北方与公孙瓒争夺幽州，曹操则据兖州之地，北则进取幽、冀，南则谋取徐州。曹操的主要谋士郭嘉向曹操建议，趁袁绍“方北击公孙瓒，可因其远征，东取吕布”。并且他指出，倘“不先取布，若绍为寇，布为之援，此深害也”[3]。荀彧也指出：“今与公争天下者，唯袁绍尔。”他也认为，倘若“不先取吕布”，就有可能造成以后两线作战的被动局面，如此则“河北末易图”[4]。曹操听从了谋臣的分析决定先取吕布，并于建安三年（公元198 年）迅速解决了吕布。而在征讨吕布时与曹操合作并进而进占徐州的刘备，也于此后与曹操分裂，曹操亲征，于建安五年（公元 200年）击败刘备，刘备放弃徐州，往青州投奔了袁绍。

至此，曹操的南部后方被彻底扫平，取得兖、豫、徐、扬四州大部分地区的控制权。同时，袁绍也在北方得手，解决了公孙瓒势力，尽占冀、幽、并、青四州之地。曹操终于可以放手与袁绍展开对北方的争夺。青州首当其冲，成为曹袁争夺的第一个目标。

东汉末年的青州包括济南、平原、乐安、北海、东莱、齐六个郡国，与冀州、兖州、徐州相接，辖境主要在今山东省，以及河北省的

---

[1] 《三国志·魏志·荀彧传》注引《曹瞒传》。
[2] 《三国志·魏志·臧洪传》。
[3] 《三国志·魏志·郭嘉传》注引《傅子》。
[4] 《三国志·魏志·荀彧传》。

一小部，北面紧靠渤海，东面则濒临黄海，是一个特殊的自然地区。

今胶东地区在当时的行政区划中，正属于青州下辖东莱郡和北海国。从军阀混战开始，青州就处于几大军阀集团的争夺之中。《三国志·魏志·臧洪传》注引《九州春秋》曰："初平（190—193 年）中，焦和为青州刺史。"这是东汉政府所任命的青州最高行政长官。青州爆发黄巾军之后，焦和被黄巾军杀死。焦和死后，袁绍即派臧洪为刺史，企图控制青州。之后，臧洪与袁绍决裂被杀，袁绍的长子袁谭继任青州刺史。《三国志、魏志·袁绍传》注引《九州春秋》曰："(袁）谭始至青州，为都督，未为刺史。"说明当臧洪任刺史时，袁谭即以都督职位同在青州，已将兵权控制在手里。当袁绍与公孙瓒争夺河北时，公孙瓒又任命田楷为青州刺史。青州一地同时出现了来自敌对双方的两个刺史，说明这里是袁绍和公孙瓒的必争之地。实际上，当时以平原为界，袁绍和公孙瓒各自割据了青州的一部分。袁绍在北方解决公孙瓒势力以后，青州就成为袁绍的势力范围。

同时，曹操在解决徐州的刘备之后，立即派臧霸率领精兵攻入青州，攻下齐（国都临淄，今山东临淄）、北海（郡治剧，今山东寿光东南）等郡国。《三国志·臧霸传》载："臧霸字宣高，泰山华人也……黄巾起，霸从陶谦击破之，拜骑都尉。遂收兵於徐州，与孙观、吴敦、尹礼等并聚众，霸为帅，屯於开阳。"臧霸本是地方豪强武装首领，参与徐州牧陶谦镇压黄巾军有功，遂屯兵地方，拥兵自重。后吕布占据徐州，"太祖之讨吕布也，霸等将兵助布"。在吕布占据徐州以后，臧霸这个武装集团实际上归属了吕布势力。建安三年，曹操击败吕布，臧霸等遂归附曹操帐下。"太祖以霸为琅邪相，(吴）敦利城、(尹）礼东莞、(孙）观北海、康城阳太守，割青、徐二州，委之於霸。"❶《三国志·魏志·武帝纪》乔载："太山臧霸、孙观、吴敦、尹礼、昌豨各聚众。(吕）布之破刘一备也，霸等悉从布。布败，获霸等，公（曹操）厚接纳，遂割青、徐二州附于海以委焉。"

《三国志·魏志·武帝纪》载："(建安四年）秋八月，公进军黎阳，使臧霸等入青州破齐、北海、东安，留于禁屯河上。"黎阳，在今河南省浚县，时属魏郡，是袁绍控制的冀州南境，与兖州接壤。曹

---

❶ 《三国志·魏志·臧霸传》。

操进击黎阳是向冀州进军的开始。这时，青州之地尚在袁绍与曹操两大集团的争夺之中，曹操派臧霸等入青州，显然是为了牵制青州的袁绍军队，防止袁绍可能从青州方面配合主力发动的攻势。

建安五年（公元 200 年），曹操与袁绍在官渡展开一场大战，袁绍兵败。两年后，袁绍病死。起初，袁绍任长子袁谭为青州刺史；任次子袁熙为幽州刺史，镇蓟（今北京市西南）；任外甥高幹为并州刺史，镇晋阳（今山西太原市西南）；小儿子袁尚为冀州刺史，镇邺城，继承他的位置。袁绍死后不久，袁尚、袁谭兄弟即刻发生火并，袁尚进攻袁谭于平原（今山东平原西南）。袁谭向曹操求救，曹操采用围魏救赵之计，直捣邺城，袁尚回师救邺，被曹操击败，逃奔幽州。但邺城的袁军坚守不降，曹军围攻半年之久，到建安九年八月才攻下邺城。第二年春，曹操斩杀降而复叛的袁谭，平定青州和冀州。此后，曹操将自己的大本营安放邺城，自封魏公，再晋魏王，全力经营北方。建安十年（公元 205 年），攻占幽州。建安十一年（公元 206 年），攻破并州，斩杀并州刺史、袁绍外甥高幹。至此，袁绍的冀、幽、并、青四州全部落入曹操的势力范围。东汉末年，军阀势力在北方的争夺以曹操的胜利而告终。

## 三、军阀混战对胶东的影响

青州在东汉末年，不但是黄巾起义的主战场之一，又是军阀集团反复争夺的地区，因此也是战祸最为惨烈的地区之一。黄巾起义的战火以及此后军阀割据的硝烟，造成了青州之地严重的社会动荡，东汉的政治统治岌岌可危。

首先，黄巾军所到之处，立即以雷霆万钧之势打击官府、镇压官吏，“所在焚烧官府，劫略聚邑，州郡失据，长吏多逃亡。”❶《典论》引魏文帝（曹丕）自叙曰：“会黄巾盛於海、岱，山寇暴於并、冀，乘胜转攻，席卷而南，乡邑望烟而奔，城郭睹尘而溃，百姓死亡，暴骨如莽。”❷ 王公贵族在这场战祸中，遭到冲击。“是时诸国无复租禄，而数见虏夺，并日而死，转死沟壑者甚众。”❸ 东汉王朝分封的诸侯国

---

❶《后汉书·皇甫嵩传》。

❷《三国志·魏志·文帝纪》注引《典论》。

❸《后汉书·陈敬王羡传》。

王，被黄巾军俘获、镇压或驱逐者所在皆有。东汉王朝的地方长官，更是黄巾军打击的对象，他们中的很多人“望寇奔走，未尝接风尘，交旗鼓”就逃之夭夭了，还有许多则成了黄巾军的刀下之鬼。兖州刺史刘岱、任城相郑遂、济北相鲍信等，都死在了与黄巾军的交锋之中。东汉在青州的统治受到严重的削弱。

其次，与黄巾起义交织在一起的是军阀割据的战乱，继续加重了战争对青州地区的破坏，致使“粮食并尽，士卒疲困，互掠百姓，野无青草。”❶ 可见，当时山东（指中国东部）群雄并起，军阀割据一方，农民起义风起云涌，多方势力交织在一起，到处是惨烈的战乱景象。

当然，在军阀割据和黄巾起义的双重战乱之下，遭受苦难最为深重的还是地方民众。连曹操之子，后来做了魏国皇帝的曹丕也承认，战祸之下到处是“百姓死亡，暴骨如莽”的惨象。战乱造成整个国家人口锐减，青州也难免其祸。史载：“是时天下户口减耗，十裁一在，”❷ “名城空而不居，百里绝而无民者，不可胜数。”❸ 曹操在其《蒿里行》中也描述当时的情形，“白骨蔽于野，千里无鸡鸣”。《续汉书·郡国志》注引《帝王世纪》曰：“……献帝即位，而董卓兴乱，火焚宗庙，劫御西迁，京师萧条，豪杰并争。……是以兴平、建安之际，海内凶荒……白骨盈野……遂有寇戎，雄雌未定，割剥庶民，三十余年。及……文帝授（受）禅，人众之损，万有一存。景元四年（公元 263 年），与蜀通计，民户九十四万三千四百二十三，口五百三十七万二千八百九十一人。又案正始万年（公元 244 年）扬威将军朱照日所上吴之所领兵户，九十三万二千，推其民数，不能多蜀矣。昔汉永和五年（公元 140 年），南阳户五十余万。汝南户四十余万，方之于今，三帝鼎足，不逾二郡；加有食禄复除之民，凶年饥疾之难。见可供役，裁若一郡。以一郡之人，供三帝之用，斯亦勤矣!”即使是像青州这样素来殷实，户至百万的富庶地区，也是“州遂萧条，悉

---

❶ 《后汉书·公孙瓒传》。

❷ 《三国志·魏志·张绣传》。

❸ 《后汉书·仲长统传》。

为丘墟”❶。青州人民流徙入幽州者百余万口❷。

百姓如此，就连那些地方宗族大姓，也只能在连年的战祸之下，选择举族逃亡。《三国志·曹休传》载：“天下乱，宗族各散去乡里。休年十余岁，丧父，独与一客担丧假葬，携将老母，渡江至吴。”《三国志·司马朗传》载：“今承大乱之后，民人分散，土业无主，皆为公田。”

## 第三节　东汉末年胶东的农民起义和张伯路起义

### 一、东汉末年黄巾起义的爆发和失败

从汉安帝登基开始，七八十年间，农民起义的烽火几乎遍布东汉统治区的每个地方。桓帝时的刘陶就已经预言，这种农民起义必将对东汉皇朝造成致命的威胁。“诚恐卒有役夫穷匠，起于板筑之间，投斤攘臂，登高远呼，使愁怨之民，响应云合，八方分崩，中夏鱼溃。”❸ 其实，就在东汉建立之初，胶东地区就已经爆发过农民起义。《后汉书·张宗传》载：“（建武）十六年，琅邪、北海盗贼复起，（张）宗督二郡兵讨之，乃设方略，明购赏，皆悉破散，于是沛、楚、东海、临淮群贼惧其威武，相捕斩者数千人，青、徐震栗。”张宗于“建武六年，都尉官省，拜太中大夫。八年，颍川桑中盗贼群起，宗将兵击定之。后青、冀盗贼屯聚山泽，宗以谒者督诸郡兵讨平之。”所谓，“琅邪、北海盗贼复起”，当指此前已有的“青、冀盗贼屯聚山泽”之事。

永兴二年（公元154年），公孙举、东郭窦等在泰山、琅邪一带，率三万人起义，“破坏郡县”。官府派兵镇压，“连年不克”。❹ 延熹三年（公元160年），劳丙、叔孙无忌等又在琅邪、泰山一带领导农民

---

❶《三国志·魏志·袁绍传》注引《九州春秋》。

❷《后汉书·刘虞传》：“青、徐士庶，避乱归虞（于幽州）者，百余万口。”

❸《后汉书·刘陶传》。

❹《后汉书·段颎传》。

起义，“杀都尉，攻没琅邪属县”。[1] 这些此起彼伏的农民起义虽然都失败了，但却为以后山东更大规模的农民起义播下了火种。东汉后期连绵不断的农民起义终于酿成了规模宏大的历史狂飙——黄巾农民大起义，使东汉皇朝在分崩离析中走向灭亡。

灵帝中平元年（公元 184 年），历史上著名的黄巾起义爆发。起义军在波才、张角、张曼城等人的率领下在颍川、冀州、南阳这三个主战场几乎同时打响。起义军的口号是：“苍天已死，黄天当立，岁在甲子，天下大吉。”各地农民纷纷起义响应。各地农民纷纷起义响应。“所在播烧官府，劫略聚邑，州郡失据，长吏多逃亡。旬日之间，天下响应．京师震动。”[2] 山东一带积极响应的有卜己、张伯和、梁仲宁等。但经过九个月的艰苦激战，三支起义军先后被东汉政府剿灭，黄巾起义失败了。

但是，东汉政府并未能从黄巾起义中吸取任何的教训，反而进一步加强对农民的剥削。中平二年（公元 185 年），东汉政府下令每亩增税十钱，“以修宫室、铜人”。同时又在西园重开卖官市场，进一步加深了“使饿狼守庖厨，饥虎牧牢豚”的政治腐败，人民的反抗自然无法消歇。所以，在庆祝胜利的鼓乐还在绕梁盈耳的时候，从中平二年起，各地又陆续爆发了多次比较有规模的起义。《典论》引魏文帝（曹丕）自叙曰：“初平之元，董卓杀主鸩后，荡覆王室。是时四海既困中平之政，兼恶卓之凶逆，家家思乱，人人自危。山东牧守，咸以春秋之义，‘卫人讨州吁于濮’，言人人皆得讨贼。於是大兴义兵，名豪大侠，富室强族，飘扬云会，万里相赴；兖、豫之师战于荥阳，河内之甲军于孟津。卓遂迁大驾，西都长安。而山东大者连郡国，中者婴城邑，小者聚阡陌，以还相吞灭。会黄巾盛於海、岱，山寇暴於并、冀，乘胜转攻，席卷而南，乡邑望烟而奔，城郭睹尘而溃，百姓死亡，暴骨如莽。”可见，当时山东（指中国东部）群雄并起，军阀割据一方，农民起义风起云涌，多方势力交织在一起，到处是惨烈的战乱景象。而今山东省境的青州，又是张角起义失败后黄巾军活动的中心地区。史载：“灵帝中平五年（公元 188 年）冬十月，青、徐黄巾复起、

[1] 《后汉书·皇甫嵩传》。

[2] .《后汉书·赵彦传》。

寇郡县。”“时黄巾群盗处处飙起，而青部段实，军革尚众。”初平二年（公元191年），青、徐30万黄巾军攻泰山，入渤海。第二年，又南下到平原。沿途队伍不断扩大，很快猛增至百万人。起义军“入兖州，杀任城相郑遂，转入东平。”公元192年底，这支黄巾军最终被曹操击败。

## 二、黄巾军活动时期青州的政治局势

据《续汉书·郡国志》载，青州包括济南、平原、乐安、北海、东莱、齐六个郡国，与冀州、兖州、徐州相接，辖境主要在今山东省，以及河北省的一小部，其中的东莱郡和北海国的东部地区，属今胶东地区，北面紧靠渤海，东面则濒临黄海，是一个特殊的自然地区。

灵帝中平元年（公元184年）黄巾起义爆发时，青州就是黄巾“连结郡国”，“莫不毕应”的八州之一。青州是当时政治势力错综复杂的地区，《三国志·魏志·臧洪传》注引《九州春秋》曰：“初平（190—193年）中，焦和为青州刺史。”这是东汉政府所任命的青州最高行政长官。“是时英雄并起，黄巾寇暴，和务及同盟，俱入京畿，不暇为民保障，引军逾河而西。未久而袁、曹二公卓将战于荥阳，败绩。黄巾遂广，屠裂城邑。和不能御，然军器尚利，战士尚众，而耳目侦逻不设，恐动之言妄至，望寇奔走，未尝接风尘交旗鼓也。欲作陷冰丸沈河，令贼不得渡，祷祈群神，求用兵必利，蓍筮常陈於前，巫祝不去於侧；入见其清谈干云，出则浑乱，命不可知。州遂萧条，悉为丘墟也。”焦和面对黄巾军的迅速蔓延，似乎找不到对抗之策，只能求助于蓍筮、巫祝，结果兵败身死。此时，袁绍为了加紧对青州的争夺，派臧洪为刺史，企图控制青州。臧洪后来与袁绍决裂被杀，袁绍的长子袁谭继任青州刺史。《三国志、魏志·袁绍传》注引《九州春秋》说：“（袁）谭始至青州，为都督，未为刺史。”说明当臧洪任刺史时，袁谭即以都督职位同在青州，已将兵权控制在手里。当袁绍与公孙瓒争夺河北时，公孙瓒又任命田楷为青州刺史。青州一地同时出现了来自敌对双方的两个刺史，说明这里是袁绍和公孙瓒主要的必争之地。实际上，当时以平原为界，袁绍和公孙瓒各自割据了青州的一部分。

后来成为蜀汉先主的刘备，此时亦曾在青州一代镇压黄巾军。

《三国志·蜀志·先主传》引《典略》曰："平原刘子平知（刘）备有武勇，时张纯反叛，青州被诏，遣从事将兵讨纯，过平原，子平荐备於从事，遂与相随，遇贼於野，备中创阳死，贼去后，故人以车载之，得免。后以军功，为中山安喜尉。"刘备在初次与黄巾军的战斗中即险些丧命，幸亏被故人搭救才得以幸免。不久，"大将军何进遣都尉毌丘毅诣丹杨募兵，先主与俱行，至下邳遇贼，力战有功，除为下密丞。复去官。后为高唐尉，迁为令。"因镇压黄巾军建功，刘备初入政坛，坐上了县令的位置。不过，刘备很快被黄巾军击溃，只能投奔了中郎将公孙瓒。此时，公孙瓒正在与袁绍对峙，正当用人之际，所以，"瓒表（刘备）为别部司马，使与青州刺史田楷以拒冀州牧袁绍。数有战功，试守平原令，后领平原相。"

此时，青州局势错综复杂，一方面，袁绍与公孙瓒争夺对北方冀、幽、并、青四州的控制权；另一方面，曹操与陶谦在争夺徐州。青州处于数州中枢，为数家争必之地。《三国志·蜀志·先主传》载，刘备为平原相，与公孙瓒任命的青州刺史田楷"东屯齐。曹公征徐州，徐州牧陶谦遣使告急於田楷，楷与先主俱救之。"刘备因此得到陶谦的兵力资助，力量稍有扩充，刘备"遂去楷归谦"。陶谦上表任命刘备作了豫州刺史。不久，陶谦病死，遂将徐州让予刘备。随即，袁术、吕布、曹操等几支势力又与刘备展开对徐州的争夺，曹操最终取得徐州之地，刘备遂向北投奔了袁绍。

当时，在袁绍和公孙瓒两大势力之外，青州地区还有东汉政府所任命的北海相孔融。《后汉书·孔融传》载："时黄巾寇数州，而北海最为（黄巾）贼冲。董卓乃讽三府同举（孔）融为北海相。"显然，董卓举荐孔融来北海任相，是要借黄巾之手置孔融于死地。据《三国志·魏志·崔淡传》注引《续汉书》，从初平元年（公元 190 年）直到建安元年（公元 196 年），东汉政府征孔融为将作大匠时为止，任北海相凡六年。在这六年内，正是袁绍、公孙瓒争夺青州之时，也是黄巾军活动最为频繁的时期，所谓"最为贼冲"，显然是说北海国是黄巾军活动的最主要地区之一。

孔融此时任北海国相，《后汉书·孔融传》载："时袁（绍）、曹（操）方盛，而（孔）融无所协附。"面对三面夹击，自知不能独全，必须在袁绍和公孙瓒之间做出选择，投靠一方。同《传》载"时黄巾复来侵暴，（孔）融乃出屯都昌，为贼管亥所围。融逼急，乃遣东莱太史慈求救于平原相刘备。……（刘备）即遣兵三千救之，贼乃散走。”当黄巾进击之际，孔融求救的对象是刘备，刘备是公孙瓒所任命的平原相，显然，孔融选择投靠了公孙瓒。

建安四年，袁绍攻破公孙瓒的易京，公孙瓒自杀身亡。青州方面，公孙瓒的军事力量也在袁谭进逼下退出青州，孔融也不得不“身奔山东”，连家室也成了袁谭的俘虏。从此，北海落入袁绍之手。

随后，曹操和袁绍之间的盟友关系开始破裂，青州又成为袁绍和曹操的争夺焦点。

曹、袁官渡之战前，曹操首先消灭了占据徐州的吕布集团，攻占徐州，并收纳了依附吕布的地方豪族臧霸、孙观等五支武装，《三国志·魏志·武帝纪》记此事曰：“太山臧霸、孙观、吴敦、尹礼、昌豨各聚众。（吕）布之破刘一备也，霸等悉从布。布败，获霸等，公（曹操）厚接纳，遂割青、徐二州附于海以委焉。”曹操将自己控制的青州一部和徐州拱手交给五名降将，任他们出任太守或国相，并任命孙观为青州刺史，其意是稳固青、徐后方，腾出手来与袁绍决战官渡。《三国志·魏志·臧霸传》曰：“时太祖（曹操）方与袁绍相拒，而（臧）霸数以精兵入青州，故太祖得专事绍，不以东方为念”。从臧霸“数以精兵入青州”的表述来看，似乎曹操也并未真正控制青州，只是以臧霸等所率之精兵，数次进击青州，牵制袁绍在青州的兵力，使之不能与冀州的袁绍对曹军形成东西夹击之势。因此，曹军方可无后顾之忧，故能“不以东方为念”。所以，在官渡战役以前，青州始终处于袁曹的争夺之中。

官渡之战后，袁绍集团被曹操击败，青州也全部纳入了曹操的势力范围。从《三国志·臧霸传》的记载看，曹操控制青州以后，仍以臧霸等人镇守青州。史载：“东州扰攘，霸等执义征暴，清定海岱，功莫大焉，皆封列侯。霸为都亭侯，加威虏将军。又与于禁讨昌豨，与夏侯渊讨黄巾贼徐和等，有功，迁青州刺史。”《三国志·夏侯渊传》亦载：“济南、乐安黄巾徐和、司马俱等攻城，杀长吏，渊将泰山、齐、平原郡兵击，大破之，斩和，平诸县，收其粮谷以给军士。”讨济南黄巾军徐和一事在《三国志·吕虔传》中亦有记载曰：“济南黄巾徐和等，所在劫长吏，攻城邑。虔引兵与夏侯渊会击之，前后数十战，斩首获生数千人。”看来参与镇压徐和黄巾军的将领还有吕虔，吕虔此后还受曹操之命“督青州诸郡兵以讨东莱群贼李条等”。所谓东莱群贼李条，当是青州黄巾余续，其具体情况不详。

## 三、青州黄巾军在胶东的活动

黄巾起义是一次有组织有准备的大规模农民起义。从公元 184 年开始，前后持续了二十多年，参加人数有数百万之多。活动的地区遍及青、徐、幽、冀、荆、扬、豫、兖八州之地。幽、冀、荆、扬、豫、兖六州黄巾起义先后失败，只有青、徐两州黄巾军成为后期黄巾军的主力。徐州黄巾军遇到徐州刺史陶谦的打击，全部转入青州，青州成为黄巾军的集结地。

青、徐二州的黄巾起义是起于连年的灾荒，其迅速蔓延也因灾荒所致。《后汉书·王望传》载：“是时（青州）州郡灾旱，百姓穷荒，（王）望行部，道见饥者裸行草食。”《后汉书·左雄传》载：“今青州饥虚，盗贼未息，民有乏绝，上求廪贷。”《后汉书·皇甫规传》载：“故江湖之人群为盗贼，青、徐饥荒，极负流散。”《后汉书·陈蕃传》亦载：“青、徐炎荒，五谷损伤，民物流迁，茹菽不足。”此时，青、徐二州在连年不断的灾旱袭击下，饥民遍野，饿殍遍地。对饥饿流散的广大饥民而言，投奔“黄巾”，显然成为无奈之下的最好生路。“三十万众”，应该就是这样逐渐形成的。

青州的黄巾军在中平五年（公元 188 年）爆发并迅速蔓延开来，《后汉书·灵帝纪》载：“（中平五年，公元 188 年）冬十月，青、徐黄巾复起，寇郡县。”此时，东汉政府（已实际操控在董卓手中）任命的青州刺史焦和面对“处处飙起”的起义军的浩大声势，一筹莫展，只能“坐列巫史，禜祷群神”，他的军队也“望寇奔逃，未尝接风尘交旗鼓”。焦和死后，袁绍乘地理便利之机，立即派臧洪出任青州刺史，负责剿灭起义军。但是，继任的臧洪也缺乏对付起义军的雄才大略，起义军利用董卓、袁绍、曹操、公孙瓒等军阀混战之时机，在短短三年中，即发展到 30 万人，并一度向南转战，进军兖州的泰山郡。《后汉书·献帝纪》载：“（初平二年，公元 191 年）十一月，青州黄巾寇太山，太山太守应劭击破之。”又《后汉书·应劭传》说：“初平二年，黄巾三十万众入郡界。（应）劭纠率文武连与贼战，前后斩首数千级，获生口老弱万余人、辎重二千两，贼皆退却，郡内以安。”从上述记载看，青州黄巾军向南的转战，应该受到了极大的阻力。

公元191年的秋天，以于毒、白绕、眭固为首的黑山农民军，开始向冀州的心脏邺城推进，并有渡过黄河南攻兖州的动向。而这时青州的黄巾军一百多万人，因受到袁绍所委派的青州刺史臧洪的军事压力，也正分两路向河北移动，有与河北的黑山军会师之势。设使河北的黑山军渡黄河而南，或青州的黄巾军渡黄河而北，两支数近百万的大军一旦会师，黄河中下游的力量对比就会引起急速而深刻的变化。这样，关东州郡尽管充满内部矛盾，还是要集中力量来对付农民军。[1]

据《后汉书·公孙瓒传》说：“初平二年，青、徐黄巾三十万众入勃海界，欲与黑山合。”按照这个说法，黄巾军此次转战的军事目的显然是与活动在那里的黑山军汇合。但是在勃海，青州黄巾遭到公孙瓒袭击，“死者数万，流血丹水”。[2] 其中一支不得不选择返回青州，另一路则直指兖州。

在黄巾军返回青州途中，首先攻击的是孔融任相的北海国。《后汉书·孔融传》说：“（黄巾）贼张饶等群辈二十万众从冀州还，（孔）融逆击，为饶所败，乃将散兵保朱虚县。……时黄巾复来侵暴，融乃出屯都昌，为贼管亥所围。”幸亏得到平原郡刘备的救援，才得以脱身。此后，这支部队继续在青州境内坚持活动，最终被曹操剿灭了。

另一支黄巾军，则于初平三年（公元192年），在进攻河北受阻后又转向兖州。《三国志·魏志·武帝纪》载：（初平三年）夏四月，青州黄巾众百万入兖州，杀任城相郑遂，转入东平。刘岱欲击之，鲍信谏曰：“今贼众百万，百姓皆震恐，士卒无斗志，不可敌也。观贼众群辈相随，军无辎重，唯以钞略为资，今不若畜士众之力，先为固守。彼欲战不得，攻又不能，其势必离散，后选精锐，据其要害，击之可破也。”刘岱不听从鲍信的意见，执意与黄巾主力作战，结果被黄巾军击杀。刘岱死后，被曹操举荐的济北相鲍信与兖州治中万潜，到东郡，迎曹操从东郡太守转任兖州刺史。曹操到任后，与黄巾军于

---

[1] 王仲荦：《魏晋南北朝史》，上海人民出版社2003年版。

[2] 《三国志·魏志·袁绍传》注引《英雄记》曰：“公孙瓒击青州黄巾贼，大破之。”当指此役。

寿张东展开激战，结果曹操初战不利，鲍信战死，曹操也险些被黄巾军所俘。此后，曹操改变战术，一方面对黄巾军采取劝降，以瓦解黄巾军心，一方面用奇计、设埋伏，对起义军展开奇袭，使起义军遭受很大挫折。这年冬天，青州黄巾三十余万以及家属民众百余万人降曹，其主力被曹操收编，成为曹操日后发迹的主要力量——青州兵。

关于曹操收编“青州军”的问题，也有学者考证，“青州兵”并非曹操主力，也未参加官渡之战，因为“青州兵”是一支曹操所不能控制的部队。他提供的证据为，《三国志·魏志·武帝纪》载：“（吕）布出兵战，先以骑犯‘青州兵’。‘青州兵’奔，太祖（曹操）陈乱，驰突火出，坠马，烧左手掌。司马楼异扶太祖上马，遂引去。”十分明显，这次战争失败的主要原因，出于“青州兵”一触即退，打乱了曹操的作战部署，曹操本人也仅以身免。又有《三国志·于禁传》载：“虏（张绣）稍缓，（于）禁徐整行队，鸣鼓而还。未至太祖（曹操）所，道见十余人被创裸走，禁问其故，曰：‘为“青州兵”所劫’。初，黄巾降，号‘青州兵’，太祖宽之，故敢因缘为略。”看来，所谓“太祖宽之”的笼络政策下，曹操并未获得对“青州兵”的绝对控制，“青州兵”在曹操军中保持有相对独立性，如果不加宽容，他们更可能再打出“黄巾”旗号，继续与曹操为敌。所以“从讨伐张绣之战失败后，史籍上即没有出现过‘青州兵’参加作战的记载，曹操的大将中也没有一名是出身于‘青州兵’的。”❶ 这种解释有一定的道理。而且在曹操死后，治下的“青州兵”便很快“鸣鼓擅去”，也说明了这一点。《三国志·魏志·贾逵传》注引《魏略》说：“（曹操死后）‘青州军’擅击鼓相引去，众人以为宜禁止之，不从者讨之。（贾）逵以为方大丧在殡，嗣王未立，宜因而抚之。乃为作长檄，告所在给其廪食。”又《臧霸传》注引《魏略》曰：“会太祖（曹操）崩，（臧）霸所部及‘青州兵’，以为天下将乱，皆鸣鼓擅去。”从初平二年（公元191年）“青州兵”组成到建安二十五年（公元220年）曹操逝世，其间凡二十八年，说明这支“青州兵”不但继续存在，而且可以“擅击鼓相引去”，仍然不受约束，保持其相对的独立地位。这是史籍上关于“青州兵”的最后记录。

---

❶ 方诗铭：《曹操·袁绍·黄巾》，上海社会科学院出版社1995年版。

郭沫若在《替曹操翻案》一文中曾指出："曹操是被拥戴成了青州兵的领袖。我们可以想想：如果曹操完全是嗜杀成性、胡作非为的人，那几十万的青州兵、百多万的农民男女，怎么能够听他的指挥呢？不是倒过来把他干掉，便尽可以一哄而散，然而不是这样。"也就是说，曹操与青州黄巾军之间，实际上形成了一种拥戴与被拥戴的关系，黄巾军归附曹操，拥戴曹操为领袖，实际上又具有相当大的自由。曹操为保证后方的安稳，对这支青州黄巾军采取"宽之"的羁縻政策。

总之，"青州兵在受编之初，战斗力并不是很强。青州兵的编制，二十多年始终没有打乱，保持了一定的独立性。曹操在南征北战中，几度战败病溃，青州兵没有离散，也没有乘机倒戈。曹操集团中有的人对青州兵是有看法的，但曹操对青州兵始终是宽容的。曹操信任青州兵，青州兵也信任曹操。"❶

虽然青州黄巾主力被收编，但依然有一部分黄巾军继续与各地军阀激战。

建安初年，山东黄巾军在胶东依然有大规模的活动，《后汉书·郑玄传》载："董卓迁都长安，公卿举（郑）玄为赵相，道断不至。会黄巾寇青部，乃避地徐州，徐州牧陶谦接以师友之礼。建安元年，自徐州还高密，道遇黄巾贼数万人，见玄皆拜，相约不敢入县境。"郑玄被朝廷任命为赵国相，因山东黄巾军在青州一代活动，道路阻隔不能赴任而在徐州避难，建安元年，才在徐州牧陶谦的帮助下，自徐州往高密就任，途中又遇到数万黄巾军在青州的大规模活动。所谓"见玄皆拜，相约不敢入县境"之语，显然是对郑玄的溢美之词，但此时青州黄巾军队频繁活动，则是不争的事实。

除这支青州黄巾主力外，汉末活动在胶东地区的还有"黄巾"在活动，如长广郡的管承，牟平的從钱、东牟的王营也都是聚众数千家的起义队伍。

《三国志·魏志·何夔传》载：建安二年（公元197年）"（何夔）迁长广太守。郡滨山海，黄巾未平，豪杰多背叛，袁谭就加以官位。长广县人管承，徒众三千余家，为寇害。……牟平贼從钱，众亦数千，

❶ 李永先："青州黄巾军与曹操：助'平天下'却无战将"，载《齐鲁晚报》2010年1月8日。

夔率郡兵与张辽共讨定之。东牟人王营，中三千余家，胁昌阳县为乱。夔遣吏王钦等，授以计略，使离散之。旬月皆平定。”据吴增仅《三国郡县表》卷三，长广郡属于青州，“建安初，魏武（曹操）分东莱置。”长广郡是建安初年由曹操分东莱郡的部分地区设立的，其辖境相当于现在山东省的青岛市和崂山、莱西、海阳、即墨、莱阳等县，即东汉末年东莱郡的西部地区。牟平、东牟属东莱郡，在今烟台、威海附近，昌阳县在文登南，都属于今胶东滨海地区。

《三国志·魏书·乐进传》载：“（乐进）从击谭、尚於黎阳，斩其大将严敬，行游击将军。别击黄巾，破之，定乐安郡。从围鄴，鄴定，从击袁谭於南皮，先登，入谭东门。谭败，别攻雍奴，破之。”从传文看，乐进从跟随曹操进击袁谭、袁尚，“别击黄巾”、围邺到从击袁谭于南皮，再到别攻雍奴，这一系列战役似乎是依次展开的。那么，乐进击败乐安郡的黄巾军，应该在南皮战役之前。曹操破南皮在建安十年，史载：“太祖之围鄴也，谭略取甘陵、安平、勃海、河间，攻（袁）尚於中山。尚走故安从熙，谭悉收其众。太祖将讨之，谭乃拔平原，并南皮，自屯龙凑。十二月，太祖军其门，谭不出，夜遁奔南皮，临清河而屯。十年正月，攻拔之，斩谭及图等。熙、尚为其将焦触、张南所攻，奔辽西乌丸。”[1]

到建安十一年（公元206年），管承的这支黄巾军，依然活动在胶东地区。从何夔迁长广太守的建安二年到此时，管承的黄巾军至少已在这里坚持了十年之久。《三国志·魏书·武帝纪》写道，建安十年（公元205年），“秋八月，公东征海贼管承，至淳于（今山东安丘东北），遣乐进、李典击破之，承走入海岛。”“海贼管承”在被“击破”之后，实际上并没有被彻底剿灭，还可以转移到“海岛”休整。“管承破走，逃入海岛，海滨平。”正如方诗铭所指出的，“管承仍可以‘逃入海岛’，曹操所取得的胜利不过是‘海滨平’，仅是将作为‘黄巾贼帅’的管承赶出青州沿海地区而已。”[2] 又《张郃传》曰：“（张郃）别征东莱，讨管承”；《李典传》曰：“（李典）与乐进。一击管承于长广，皆破之。”这些资料可能记载的都是建安十一年征讨

---

[1] 《三国志·魏志·袁绍传》。

[2] 方诗铭：《曹操·袁绍·黄巾》，上海社会科学院出版社1995年版，第258页。

管承之战，此战由曹操亲自指挥，并派出乐进、李典、张郃等多元大将，最终击败了义军，足见管承义军战斗力之强悍。

按照《三国志·魏志·何夔传》的说法："（长广）郡滨山海，黄巾未平，豪杰多背叛"，那么，管承的身份是黄巾军还是当地豪强武装呢？据《太平御览》卷七四引《齐地记》曰："崂山东北五里入海有管彦岛，是黄巾贼帅管承后也。"这里所说的"黄巾贼帅"管承，应该即是被称为"海贼"的长广人管承；同时，《乐进传》曰："管承破走，逃入海岛"，也应该是《齐地记》所说的"管彦岛"。可见，管承率领的武装当为汉末黄巾军无疑。

与管承同时的青州黄巾，还有徐和、司马俱两支军事力量。[1]《三国志·魏志·夏侯渊传》载："济南、乐安黄巾徐和、司马俱等攻城，杀长吏。（夏侯）渊将泰山、齐、平原郡兵击，大破之，斩（徐）和，平诸县，收其粮谷以给军士。"又《臧霸传》载："（臧霸）又与于禁讨昌豨，与夏侯渊讨黄巾余贼徐和等，有功，迁徐州刺史。"前引《三国志·魏志·何夔传》载："海贼郭祖寇暴乐安、济南界，州郡苦之。太祖（曹操）以（何）夔前在长广有威信，拜乐安太守。到官数月，诸城悉平。"当指一事。济南、乐安虽同属青州，只不过从地理位置而言，已不属于胶东地界，但义军流动作战，曾活动于胶东也是完全可能的事情。

还有一支义军，即《三国志·魏志·吕虔传》所载之东莱群贼李条。如上文所言，所谓东莱群贼李条，当是青州黄巾余续，但其具体情况不详。

东汉末年的青州是一个地理位置和政治局势都非常错综复杂的地区。由于东汉政府实际上已经失去了对青州的控制，青州先后成为袁绍与公孙瓒集团、袁绍与曹操集团争夺的主要地区。在这样的局势下，青州黄巾军先后与两大军事割据集团之间形成了既相互对抗，又相互牵制的复杂局面。直到建安十一年，曹操彻底消灭了袁绍势力，完全占据青州，才腾出手来，对管承以及徐和、司马俱、李条等部实施最后的攻击，最终剿灭了这几只活动在胶东的黄巾军。

---

[1] 方诗铭："青州·'青州兵'·'海贼'管承——论东汉末年的青州与青州黄巾"，载《史林》1993年第2期。

## 四、张伯路的起义

东汉时期，胶东等地沿海民众曾多次组织反政府的海上武装集团，反抗东汉政府的腐败统治。这些起义军凭借沿海的有利地形出没于沿海各地，或上岸侵袭，或“乘船浮海，深入远岛”，具有非常机动的作战能力，政府军队“攻之未易”，给官府造成巨大的打击，被官府污为“海贼”。而“海贼”的称谓频繁出现于东汉时期，反映出当时已经形成了具有较大影响的反政府的海上武装集团。“海贼”寇略地方，杀行政长官，致使“缘海县各屯兵戍”，最终遭遇朝廷军队“讨破”，反映这样的武装力量激烈对抗汉王朝的性质。

东汉时期最著名的“海贼”，当属活动在胶东一带的张伯路的起义。《后汉书·安帝纪》“（永初三年，公元109年）秋七月，海贼张伯路等寇略缘海九郡。遣侍御史庞雄督州郡兵讨破之。”四年（公元110年）春正月，“海贼张伯路复与勃海、平原剧贼刘文河、周文光等攻厌次，杀县令。遣御史中丞王宗督青州刺史法雄讨破之。”《后汉书·法雄传》有关于法雄镇压“海贼”的内容：

“永初三年（公元109年），海贼张伯路等三千余人，冠赤帻，服绛衣，自称‘将军’，寇滨海九郡，杀二千石令民。初，遣侍御史庞雄督州郡兵击之，伯路等乞降，寻复屯聚。明年，伯路复与平原刘文河等三百余人称‘使者’，攻厌次城，杀民吏，转入高唐，烧官寺，出系囚，渠帅皆称‘将军’，共朝谒伯路。伯路冠五梁冠，佩印绶，党众浸盛。乃遣御中丞王宗持节发幽、冀诸郡兵，合数万人，乃征雄为青州刺史，与王宗并力讨之。连战破贼，斩首溺死者数百人，余皆奔走，收器械财物甚众。会赦诏到，贼犹以军甲未解，不敢归降。于是王宗召刺史太守共议，皆以为当遂击之。雄曰：‘不然。兵，凶器；战，危事。勇不可恃，胜不可必。贼若乘船浮海，深入远岛，攻之未易也。及有赦令，可且罢兵，以慰诱其心，势必解散，然后图之，可不战而定也。’宗善其言，即罢兵。贼闻大喜，乃还所略人。而东莱郡兵独未解甲，贼复惊恐，遁走辽东，止海岛上。五年春，乏食，复抄东莱间，雄率郡兵击破之，贼逃还辽东，辽东人李久等共斩平之，于是州界清静。”

从以上资料我们可以了解张伯路起义的大致情形：永初三年（公

元109年）七月，张伯路自称“将军”，率三千余众在胶东起义，先后袭击了东莱郡和北海国的沿海九个郡县，杀掉了一批郡县守令。东汉政府派遣侍御史庞雄为都督东莱、北海等郡兵进行镇压。张伯路等迫于形势，暂时向政府郡投降，以图寻机再起。果然，第二年，他又与活动在勃海、平原一带的起义领袖刘文河等聚众三百余人，自称“使者”，攻破厌次城（山东今县），杀死官军长吏，又转而进攻高唐先（今山东禹城附近），攻破城池，烧毁官府，释放囚徒，一时间气势旺盛。几支义军的首领自称“将军”，共推张伯路为领袖，起义部队规模得到较大发展。起义声势又引起政府的关注，东汉政府派遣御史中丞王宗为持节使，都督幽州、冀州等诸州兵马共数万人，同时，任命法雄为青州刺史，与王宗督军合力进攻张伯路部。张伯路遭受很大损失。正值此时，东汉政府的招降赦令传到。张伯路等看到围攻自己的军队并未真正撤走，不敢贸然交出武装，处在犹豫之中。官军诸将主张继续向义军进攻，但法雄认为应以招降为上策，于是决定撤兵，张伯路等也按照双方的约定，释放了先前所俘获的官民。这时，只有东莱郡的官兵依然保持对义军的武装进攻态势，张伯路等怕受到攻击，便收拢部队从海路逃往辽东，占据沿海岛屿继续与官军对抗。第二年春，由于粮食匮乏，张伯路又率军由海上袭击东莱等郡，青州刺史法雄即率各郡官兵展开围攻，张伯路被迫退回辽东，被辽东人李久等击破，张伯路被杀，起义最终被政府军联合剿灭。

张伯路起义被镇压后大约二十年，仍有数次起义发生。《后汉书·顺帝纪》载，阳嘉元年（公元132年）春正月，海贼曾放等寇会稽,杀句章、鄞、鄮二县长，攻会稽东部都尉。《后汉书·桓帝纪》载，桓帝永兴二年（公元154年）十一月，“太山、琅邪贼公孙举等反叛。杀长吏”。“时太山贼公孙举伪号历年，守令不能破散，多为坐法。”《后汉将·荀韩钟陈列传》载：《后汉书·皇甫张段列传》载：“太山、琅邪贼东郭窦、公孙举等聚众三万人，破坏郡县，遣兵讨之，连年不克”。《后汉书·桓帝纪》载，桓帝延熹三年（公元160年）九月，太山、琅邪贼劳丙等复叛，寇掠百姓……十一月……太山贱叔孙无忌攻杀都尉侯章。

# 中编

# 人口与社会

# 第三章　秦汉时期胶东的人口

胶东，从地理上是指胶莱谷地或胶潍平原以东的山东半岛的东部，相当于潍坊市东半部及其以东地区，包括山东省的文登、荣成、威海、烟台、乳山、海阳、莱阳、栖霞、蓬莱、长岛、龙口、招远、莱州、莱西、即墨、青岛、胶州、胶南、平度，和潍坊市东部高密、昌邑、安丘，共22个市县。

秦始皇统一六国后，分天下为三十六郡，后来又增至四十六郡。实行的是以郡统县的二级地方行政制度，标志着在全国范围内政区建置的开始。秦王朝在胶东地区设立胶东郡，治所即墨（不是现在的即墨城址，而是在现平度市东南，莱西市西南方，现称即墨古城）。这是有记载的第一个以胶东命名的行政建置。当时胶东郡还包括了胶莱河西岸的部分地区，西至现潍坊城区、安丘、高密等地。胶东郡下设腄县（今烟台福山区）、黄县（现龙口市东）、高密等县，还设置了夜邑（现莱州市）。

秦末汉初，项羽分封诸王，胶东属胶东国，田市为胶东王，国都仍为即墨。

刘邦击败项羽后，建立汉王朝。汉初实行的是郡国并行的制度，郡国之上还设有行政监察区，亦称刺史部，每部设刺史一名。西汉王朝在今胶莱河以东地区设有胶东国、高密国、北海郡和东莱郡，归青州刺史部管辖。胶东东南沿海的现海阳、即墨、崂山等地划归琅邪郡，琅邪郡归徐州刺史部管辖。从地理角度看，今胶东地区在西汉分属青州刺史部的东莱郡（全境）、胶东国（全境）、高密国（全境）、北海郡（东部六县：都昌、安丘、淳于、平城、密乡、胶阳）和徐州刺史部的琅玡郡（北部八县：长广、皋虞、不其、计斤、黔陬、祓国、柜县、邦县）。

《汉书·地理志第八》记载：

东莱郡有“户十万三千二百九十二，口五十万二千六百九十三，县十七”。这十七个县是，掖县（今莱州市，1988 年撤掖县置莱州市）、睡县（今烟台福山区）、平度、黄县、临朐（今莱州城西北）、曲成（今莱州城东北）、牟平（今烟台福山城区西）、东牟（今烟台牟平区）、巾弦县（今龙口城区南）、育犁（今烟台福山城区西北）、昌阳（今文登城区南）、不夜（今荣城城区北）、当利（今莱州城区西南）、卢乡（当利东南）、阳乐（当利北）、阳石（今莱州城区南）徐乡（今龙口城区北）。东莱郡治所掖县，即今山东莱州。

胶东国，“故齐，高帝元年别为国，五月复属齐国，文帝十六年复为国。莽曰郁秩。户七万二千二，口三十二万三千三百三十一。县八：即墨，有天室山祠。莽曰即善。昌武，下密，有三石山祠。壮武，莽曰晓武。郁秩，有铁官。挺，观阳，邹卢。莽曰始斯。”胶东国治所在即墨故城，在今山东平度东南。

高密国，历史悠久，源远流长。高密，今县治春秋称夷维邑，属莱国。公元前 567 年，齐灭莱后地属齐。战国时始有高密之名，亦为齐地。据《水经注》应劭曰：“县有密水，故有高密之名。”秦灭六国后，推行郡县制。置高密县，属齐郡后改属胶东郡。西汉初属齐国，后属胶西国、胶西郡。西汉本始元年（公元前 73 年），改胶西郡置高密国，治高密。新王莽始建国元年（公元 9 年），改高密为章牟。东汉复称高密，改属北海国。《汉书·地理志第八》载，高密国，“故齐，文帝十六年别为胶西国。宣帝本始元年更为高密国。户四万五百三十一，口十九万二千五百三十六。县五：高密，莽曰章牟。昌安，石泉，莽曰养信。夷安，莽曰原亭。成乡。莽曰顺成。”

高密国治所在故城高密，在今山东高密西 50 里（今高密县，西汉时为夷安）。

北海郡，“景帝中二年置。属青州。户十二万七千，口五十九万三千一百五十九。”县二十六，其中可以明确属今胶东地区的有都昌、安丘、淳于、平城、密乡、胶阳等东部六县。

另外，胶东地区东南部划归琅邪郡管辖的有：不其（今即墨西南）、皋虞（今即墨东北）、长广（今莱阳东）、计斤（今胶县）、黔陬（今胶县西南）、柜县、邦、袯国（三县在今胶县与胶南县境）等北部八县。

东汉时期，全国重新划分郡、县，州刺史改为州牧，掌一州军政大权，实行中央以下州、郡（国）、县三级政制。原归琅邪郡管辖的胶东东南沿海的不其、黔陬等县划归东莱郡。胶东国和北海郡合并为北海国，东莱郡、北海国均属青州刺史部。从地理角度看，今胶东地区在东汉时期分属东莱郡（全境）和北海国东部11县。

《后汉书·志第二十二·郡国四》载："（东莱郡）十三城，户十万四千二百九十七，口四十八万四千三百九十三"。包括黄、牟平、帀弦、曲成、掖（含过乡）、当利、东牟、昌阳、卢乡、长广、黔陬（西汉属琅玡郡）、不其等十三县。东莱郡治所迁至黄县（今龙口市东，1986年撤黄县设龙口市），其辖区全部在今胶东地区。

北海国"景帝置。建武十三年省菑川、高密、胶东三国，以其县属。十八城，户十五万八千六百四十一，口八十五万三千六百四。剧，有纪亭，古纪国。营陵，平寿，有斟城。有寒亭，古寒国，浞封此。都昌，安丘，有渠丘亭。淳于，永元九年复。有密乡。平昌侯国，故属琅邪，有蒌乡。朱虚侯国，故属琅邪，永初元年属。东安平，故属菑川。六国时曰安平。有酅亭。高密侯国。昌安侯国，安帝复。夷安侯国，安帝复。胶东侯国。即墨侯国。有棠乡。壮武，安帝复。下密，安帝复。挺，观阳。"北海国治所剧县（今昌乐西），其中的即墨侯国、胶东侯国（现平度市）、夷安侯国（今高密）、高密侯国、昌安侯国和淳于、都昌、壮武、下密、挺、观阳等11县或侯国属胶东地区。

三国时期，胶东地区属曹魏辖地。魏在地方行政区划上沿袭东汉，实行的仍是州、郡、县三级政制。东莱郡、北海国仍均属青州管辖，只是原北海国的观阳等县划归了东莱郡。东莱郡的壮武县划归了城阳郡。东莱郡治所仍为黄县，北海国治所迁至平寿（今潍坊市区西南）。城阳郡的绝大部分区域在胶莱河以西，治所是今莒县。

西汉时期的山东，是关中地区之外人口较多、人口密度较大的地区。据统计，当时山东地区的人口约为11 769 340人，占当时全国总人口（59 594 978）[1] 的20.08%，人口密度约为76.77人/平方公里；

---

[1] 西汉平帝元始二年的户口统计，不仅是西汉时代唯一的全国性户口统计，也是我国历史上遗留下来的最早的比较完整的户口统计。它既有总的户口统计，又有西汉统治区内各郡国户口统计。《汉书·地理志》记载的总户数是12 233 062，总口数是59 594 978，为汉之极盛。但这个数字与《地理志》所载103个郡国户口逐一相加得数出入很大。经重新合计，户数是12 356 470，口数是57 671 402，比原书所载总数多123 408户，少1 923 576口。参见尚新丽：《西汉人口研究》，郑州大学2003年博士学位论文。

而其土地面积则只占到全国的 1.60%，东汉时期的山东人口约为 9 037 766 人，占当时全国的 19.61%，比例较西汉时期略有下降，人口密度也下降为 58.95 人/平方公里，比西汉时期的 76.77 人/平方公里，低了 17.82 人/平方公里。胶东的人口密度则分别比同时期的山东平均人口密度低了近 50%，分别约为 38.6 人/平方公里和 28.3 人/平方公里。可见在两汉时期，胶东在人口和与之相应的社会经济发展水平方面，并不处于山东地区的领先水平。当然，由于胶东地区处于沿海地区的优势，这里的渔业、盐业以及造船业发展具有得天独厚的自然条件，而在全国处于领先地位。西汉时期，全国设铁官 50 处，山东就有 12 处分布在东莱郡、琅邪郡、临淄、历城等地，铁的产量达到全国的 1/4，属胶东地区的有郁秩（今平度）、东牟（今牟平）两处；全国设盐官 35 处，山东有 11 处，而胶东就有 8 处之多，盐的产量达到全国 1/3；山东还是全国纺织业中心，临淄、定陶、元文（今济宁）是当时三大丝织业生产基地。临淄的三服官手工工场，还成为专门为皇室和西汉政府生产丝织品的场所。秦汉时期，山东的商业也很繁荣，时有“宛、周、齐、鲁，商遍天下”之说。汉武帝时，主父偃曰：“齐临淄十万户，市租千金，人众殷富，巨于长安。”山东地区已发掘出土的汉初半两钱币有 500 余斤，10 万余枚。就当时经济地位而言，秦汉时期山东也是仅次于关中的经济实力最强大的地区。[1]

## 第一节　西汉时期胶东的人口数量和人口密度

### 一、人口估算方法

正确估算历史上某一地区的人口数量、密度等，是一个比较复杂的问题。目前通行的做法，是依据史料记载的准确户口数据，结合准确的历史地理图集，估算出特定的历史时期某地区人口数量与密度。当然，这要求二者所反映的政区规划和人口数据的年代必须是一致的。

谭其骧主编的《中国历史地图集》，是迄今为止较为准确的一部

---

[1] 朱亚非：“论秦始皇、汉武帝东巡琅琊及山东沿海”，载山东胶南琅琊暨徐福研究会编：《琅琊与徐福研究论文集》，华夏出版社 1995 年版，第 159 ~ 168 页。

历史地图集，第二册中西汉部分的分幅图，是以《汉书·地理志》所反映的西汉元始二年的政区设置为基础绘制的，而《汉书·地理志》所记载的各郡国的人口也是以元始二年作为标准年代。东汉部分的分幅图是以顺帝永和五年，即公元140年的疆域政区为依据，而《续汉书·郡国志》记载的人口数据，也同样为顺帝永和五年的人口数据，这样，《汉书·地理志》以及《续汉书·郡国志》记载的人口数据和《中国历史地图集》中的政区标准年代是一致的。而且，《中国历史地图集》还准确地标出了现代行政区划，这样就为历史地理区划与现代行政区划的置换提供了便利条件。

如果要估算现代行政区划内的古代人口数据，则需要历史地理区划与现代行政区划的置换。当然，这里有两点需要说明，其一，某郡辖区全境均属于现代某行政区划，则将其户口数全部计入即可，但有些郡国的辖区只有部分属现代某行政区划，即某郡国的辖区分跨现代两个或两个以上的行政区划，对于这些郡国的人口划分，可以以《中国历史地图集》的分幅图为依据，划出属于要估算的现代行政区划的县或侯国，计入其平均人口即可。其二，《中国历史地图集》两汉部分的分幅图中，有些县或侯国的属地无考。对于这些无考县或侯国的人口估算，有学者采取如下办法，即“将无考县的人口平分到该郡其他县人口中，然后再进行该郡县的今日归属人口分割。这样处理能保持该郡总人口数不变，将无考县人口平均分割，比舍去不计，相对要合理一些。”❶ 而且，“采用这种方法，弥补了该郡国人口因无考县的存在而在跨省区分割时人口缺失的不足；同时，这种按比例分割无考县人口的做法，也符合数学上的概率原理。因此，我们认为是可行的。”❷

本书对于胶东地区在两汉时期的人口估算，也遵循这样的方法。

## 二、西汉元始二年胶东的人口数及人口密度

### （一）西汉元始二年山东人口

据学者的考证和估算，西汉时期今山东省境内的：户数，

❶ 尚新丽：《西汉人口研究》，郑州大学2003年博士学位论文。

❷ 袁延胜：《东汉人口问题研究》，郑州大学2003年博士学位论文。

2 766 063，占全国总户数（12 233 062 户）的 22.61%，人口 11 769 340 人，占当时全国总人口（59 594 978）的 20.08%。面积 153 300（平方公里），占全国总面积的 1.60%，人口密度 76.77 人/平方公里。

**（二）西汉元始二年胶东人口估算**

西汉时期，全境属今胶东地区的三国郡国。按照《史记·地理志》的记载，西汉元始二年，东莱郡，103 292 户，人口 502 693；高密国，40 531 户，人口 192 536；胶东国，72 002 户，人口 323 331；三郡国总户数 215 825 户，人口 1 018 560 口。

部分辖区属胶东的郡国有北海郡、琅邪郡。

北海郡（总计 127 000 户，人口 593 159），北海郡共计 26 个县与侯国；其中有 7 个县或侯国不见于《中国历史地图集》。可以确定属今胶东地区的有都昌、安丘、淳于、平城、密乡、胶阳等东部六县，而不见于《中国历史地图集》的 7 个县，则无法确定是否属于胶东地区。按照上文所述的估算方法，则将这 7 个县的人数平均计入其余的 19 个县。这样，统计这 5 县的人口，就是将 26 个县，减去 7 个不能确定所属的县，为 19 县，平均每县户数为 127 000 ÷ 19 = 6684.2 户，平均每县人口为 593 159 ÷ 19 = 31 218.9 人。那么，北海郡属今胶东地区的 5 县共计户数大致可以估算为：6684.2 × 6 = 40 105.2 户；人口 31 218.9 × 6 = 187 313.4 人。

琅邪郡，“秦置。莽曰填夷。属徐州。户二十二万八千九百六十，口一百七万九千一百。有铁官。县五十一。”其中北部 8 县属胶东。按照每县人口相等的人口估算方法，琅邪郡每县平均户数：228 960 ÷ 51 = 4489.4 户，平均每县人口：1 079 100 ÷ 51 = 21 159 人，则属今胶东 5 县的户口为：4489.4 × 8 = 35 915 户；人口 21159 × 8 = 169 272 人。

总计：胶东地区在西汉元始二年的总户数约为 215 825 + 40 105 + 35 915 = 291 843 户；总人口约为：1018560 + 187 313 + 169 272 = 1 372 145 人。

西汉时期胶东人口总户数 291 843 户，占山东省总户数的 10.55%，占当时全国总户数的 2.38%；人口 1 372 145，占山东省的 11.66%，占当时全国人口的 2.34%。

**（三）西汉元始二年胶东人口密度**

胶东地区的面积约为：35 547.7 平方公里（青岛市 11 000 平方公

里、烟台市14 000平方公里、威海市5436平方公里、潍坊东部三县市，昌邑1578.7平方公里、高密市1605平方公里、安丘市1928平方公里，总计35 547.7平方公里），西汉时期胶东的人口密度约为：38.6人/平方公里。与山东省总体的人口密度76.77人/平方公里相比，胶东人口密度要低一半以上。

## 第二节 东汉时期胶东的人口

### 一、东汉永和五年全国人口

《续汉书·郡国志》和刘昭的注以及《晋书·地理志》，保存了13组自光武帝到桓帝时期东汉全国的户口总数。这些户口数字是我们了解和研究东汉人口数量变化的基本史料。

《续汉书·郡国志一》刘昭注引的《帝王世记》，记载了光武帝中元二年（公元57年）和汉桓帝永寿二年（公元156年）的户口数："及王莽墓位，续以更始赤眉之乱，至光武中兴，百姓虚耗，十有二存。中元二年，民户四百二十七万千六百三十四，口二千一百万七千八百二十人。永平、建初之际，天下无事，务在养民，迄于孝和，民户滋殖。及孝安永初、元初之间，兵饥之苦，民人复损。至于孝桓，颇增于前。永寿二年，户千六百七万九百六，口五千六万六千八百五十六人，垦田亦多，单师屡征。"有学者考证，"永寿二年，户千六百七万九百六"当为"户千六十七万九百六"之误，与下引《晋书·地理志》记载数据相同，可以采信。[1]

《续汉书·郡国志五》记载了汉顺帝永和五年（公元140年）的户口："至于孝顺，凡郡、国、百五，县、邑、道、侯国千一百八十，民户九百六十九万八千六百三十，口四千九百一十五万二百二十。"

《晋书·地理志》记载：汉桓帝永寿三年（公元157年）的户口："至桓帝永寿三年，户千六十七万七千九百六十，口五千六百四十八万六千八百五十六，斯亦户口之滋殖者也。"

综合上述材料可知，东汉时期全国户口和人口数最多时，是在桓

[1] 袁延胜：《东汉人口问题研究》，郑州大学2003年博士学位论文。

帝永寿三年的“户千六十七万七千九百六十，口五千六百四十八万六千八百五十六”。其实，东汉时期特别是后期由于社会动乱频繁，户籍登记一直存在严重隐漏，实际上也因为战乱等原因户口数的上下波动也比较大。因为胶东各属县的户口数据只有永和五年的，所以本书在比较胶东在全国和山东的人口比例时，统一使用《续汉书·郡国志五》记载的汉顺帝永和五年（公元140年）的户口数据（即1180个县或侯国，总户数9 698 630户，总人口49 150 220口，平均8219.17户/县，41 652.73人/县）。

## 二、东汉永和五年山东省人口估算

东汉时期，鲁国、东平国、任城国、泰山郡、济北国、山阳郡、琅邪国、济南国、平原郡、乐安国、北海国、东莱郡、齐国等13个郡国的全境；东郡（10个县）、济阴郡（10个县）、东海郡（8个县）、清河国（5个县）、渤海郡（2个县）以及彭城国、沛国、梁国（各1县），共8各郡国的38县，属今山东省，共计159县或侯国，占当时全国总县数1180的13.47%。

有学者据《续汉书·郡国志》以及《中国历史地图集》，考证出东汉顺帝永和五年（140年），山东省的户口数为：1 670 166户、9 037 766人。分别占当时全国的17.22%和19.61%。[1]

每县人口数：山东在东汉时期，平均每县的户口数：10 504.18户/县；56 841.29人/县。分别比全国的县平均户口数高出：2285户、15 168人。

东汉时期山东省人口密度：9 037 766÷153 300（平方公里）=58.95人/平方公里。比西汉时期的76.77人/平方公里，低了17.82人/平方公里。[2]

## 三、东汉永和五年胶东地区人口估算和人口密度

今胶东地区在东汉时期分别属于东莱郡（全境）和北海国（东部11县）。据《续汉书·郡国志》记载：东莱郡十三城，104 297户，

---

[1] 袁延胜：《东汉人口问题研究》，郑州大学2003年博士学位论文。

[2] 尚新丽：《西汉人口研究》，郑州大学2003年博士学位论文。

484 393 人，其辖区郡在今胶东地区。

北海国“景帝置。建武十三年省菑川、高密、胶东三国，以其县属。十八城，户十五万八千六百四十一，口八十五万三千六百四。”北海国共有 18 个县或侯国，按照每县户口和人口大致相当的估算办法，则每县的户数和人口数为：158 641 ÷ 18 = 8813.4 户；853 604 ÷ 18 = 47422 人。

北海国属今胶东地区的 11 县，总户数和人口数约为：8813.4 × 11 = 96 947 户；47 422 × 11 = 521 642 人。

综合东莱和北海两个郡国的户口数，则胶东地区在东汉顺帝永和五年（140 年）的户口大约为 104 297 + 96 947 = 201244 户，484 393 + 521 642 = 1 006 035 人。

每县人口数：201244 ÷ （13 + 11） = 8385.16 户；1 006 035 ÷ 24 县 = 41 918 人。比山东在东汉时期，平均每县的户口数（10504.18 户/县；56 841.29 人/县）分别低：2119 户/县和 14 923 人/县。

东汉时期胶东地区人口密度：1 006 035 ÷ 35 547.7（平方公里） = 28.3 人/平方公里。比山东总人口密度 58.95 人/平方公里低了一半以上。

有学者对两汉时期胶东人口作过统计比较：西汉时期（公元前 206—公元 8 年）半岛共划分为 27 个县，包括东莱郡 17 县全部、胶东国 7 县和琅邪郡 3 县，其中胶东国 7 县位于半岛中部的胶莱盆地，而东莱郡 12 县和北海国（胶东国之误——笔者注）5 县位于盆地周围山地。根据西汉元始二年人口统计，公元 2 年时半岛人口总数为 906 841 人，人口密度为 33.7 人/平方千米。其中，位于中部胶莱盆地的胶东国 7 县人口 282 915 人，而位于盆地周边山地的东莱郡 17 县加琅邪郡 3 县人口 623 926 人，二者分别占半岛地区总人日 31.2% 和 68.8%。

东汉时期（公元 25—220 年）半岛划分为 17 县，包括北海国 5 县和东莱郡 12 县，其中北海国 5 县相当于西汉时期位于胶莱盆地的胶东国 8 县；东莱郡 12 县相当于东莱郡 17 县和琅邪郡 3 县。被裁撤的 10 县中，有 8 县位于河口海岸附近的低平地区，包括胶莱河下游的平度、莱州湾沿海的阳乐与临朐、黄水河下游的徐乡、大沽夹河下游的育黎与腄县等。根据梁方仲《中国历代户口、田地、田赋统计》一书中所载的东汉永和五年人口统计，公元 140 年半岛地区人口总量为

1 053 443人，人口密度为39.1人/平方千米。其中，位于中部胶莱盆地的北海国5县人口237 080人，位于盆地周围山地的东莱郡12县人口816 363人，分别占半岛总人口的22.5%和77.5%。与公元2年相比，半岛人口总数增加了16.2%（146 602人），其中东莱郡12县增加30.8%（192 437人），北海国5县反而减少16.2%（45 835人）。这表明，两汉时期胶东半岛人口在总量增加的同时，其分布也由平原向山地扩展。❶

**附表：东西汉胶东地区人口总数与人口密度比较表：**

| | 户口数 | | | 人口数 | | | 人口密度（人/$km^2$） | | |
|---|---|---|---|---|---|---|---|---|---|
| | 全国 | 山东 | 胶东 | 全国 | 山东 | 胶东 | 全国 | 山东 | 胶东 |
| 西汉元始二年 | 12 233 062 | 2 766 063 占全国 22.61% | 291 843 占山东 10.55% 占全国 2.38% | 59 594 978 | 11 769 340 占全国 19.75% | 1 372 145 占山东 11.66%，占全国 2.30%。 | 6.21 | 76.77 | 38.6 |
| 东汉永和五年 | 969 8630 | 1 670 166 占全国 17.22% | 201244 占山东 12.05% 占全国 2.07% | 49 150 220 | 9 037 766 占全国 19.61% | 1 006 035 占山东 11.13% 占全国 2.05% | 5.12 | 58.95 | 28.3 |

❶ 王庆、刘建华：“汉代以来胶东半岛人口发展及人—地—海关系演变”，载《鲁东大学学报》2006年第3期。

# 第四章　两汉时期胶东的宗族社会结构

## 第一节　西汉时期宗族社会的重建

### 一、两汉时期豪族地主发展的基本状况

豪族地主，是指那些在地方上依靠强大的宗族力量，掌控地方经济和社会基本权力的地主阶级。

东汉是宗族势力得以迅速发展的时期。正如何兹全所说，东汉建立后，“社会上到处是豪族强宗”。[1] 这一方面表现在东汉王朝本身就建立在豪强宗族的社会基础上，豪强宗族势力构成了东汉王朝的政治支柱。另一方面，东汉的宗族政策为宗族势力的发展创造了十分有利的条件。从东汉王朝建立所依靠的力量看，光武集团不仅多强宗大姓，而且还有不少士族，为其他集团所不及。到后汉时期，地方上又出现所谓的“世吏之家”。《后汉书》载：“会稽上虞人，其先三世为郡吏”，“世仕州郡为冠盖”等，都是明显的例证，而且大凡地方的“世吏之家”又往往是地方上的大姓豪族，这种情况在东汉尤为明显。[2] 邢义田在《从战国至西汉的族居、族葬、世业论中国古代宗族社会的延续》一文中提出，“西汉地方吏职也可能由地方若干有势力的家族垄断，但证据十分缺乏。寇恂是上谷昌平人，‘世为著姓，恂初为郡功曹，太守耿况甚重之’（《后汉书·寇恂传》），这是西汉末，王莽时之一例，许师倬云据何武兄弟五人皆为郡吏为例，认为宣帝以后，有

---

[1] 参见何兹全：《中国古代社会》，北京师范大学出版社 2001 年版，第 330 页。

[2] 邢义田：“从战国至西汉的族居、族葬、世业论中国古代宗族社会的延续”，载《周秦文化研究》编委会编：《周秦文化研究》，陕西人民出版社 1998 年版。

些大姓的势力已在郡国中形成，每一地区由几家把持，这几家又可能延续几代，变成所谓世族大姓。”可以说，东汉王朝建立是在豪族地主的阶级基础之上的。当然，东汉政权建立的核心基础是南阳豪族集团，但起兵之初，各地豪族并非群起而相应，恰恰相反，各地豪族势力纷纷割据自立，形成地方割据，四分五裂的情形。“在这种形势下，刘秀消灭各地割据势力的战争，也是征服各地豪族的过程。”[1] 刘秀在征服了各地的豪族割据势力之后，终于取得统一政权。而且，在东汉王朝统治中，始终伴随着与豪族势力的斗争。刘秀的统一战争结束后，豪族仍然发动过武装叛乱，度田事件就是其中规模最大的一次。建武十八年（公元 42 年），蜀郡豪族又发动叛乱。所以，豪族是东汉政权的基础，也是东汉政权所面临的一个棘手的政治势力，不过正如学者所论，这时的豪族作为一种政治势力尚未发育成熟，还不能像日后汉末三国时那样，撑起天下三分的局面。总的来说，豪族与东汉政府之间是一种既是统治基础，又有利益对抗，东汉政府对豪族，采取既依赖又限制的政策。但总的趋势是豪族势力不断发展，最后成为东汉政权瓦解的重要推力。

东汉时期对这些地方豪强宗族一般称为“世家”、“世族”等，如《史记·平准书》：“所忠言：世家子弟富人或斗鸡走狗马。”如淳注曰：“世世有禄秩家。”就是说，所谓世家、世族，就是世代为官的家族。另如，“陈咸、硃博、萧育、逢信、孙闳之属，皆京师世家”[2]；“昔田横，齐之世族，兄弟三人更王，据千里之（齐），拥百万之众，与诸侯并南面称孤”[3] 等。这些世家、世族的主要特征有二：其一，他们一般都具有一定规模的宗族组织并实行宗族的聚族而居；其二，他们能够掌控地方，尤其是控制地方选举，出任地方乡官里胥和郡县掾吏。

首先，看豪族的宗族组织。有的学者认为，至少到东汉时期，就已经存在诸如祠堂、族谱、族规甚至族内公共用地等这样的宗族组织。张鹤泉在《东汉宗族组织试探》一文中，分析东汉宗族组织构成的特点时认为：“东汉宗族组织，是在先秦宗法组织瓦解后，适应东汉的

---

[1] 陈苏镇：“东汉的豪族与吏治”，载《文史哲》2010 年第 6 期。

[2] 《汉书·翟方进传》。

[3] 《三国志·魏志·程昱传》引《魏略》。

社会条件，而形成的又一种共同祖先，共同血缘关系的家庭和家族的共同体，这种共同体，在组织构成上比较严密，具有明显的特点。”❶这些特点是：其一，有共同尊奉、祭祀祖先的仪式、场所——祠堂；其二，有共同的族人会议，其三，由族长支配全体族人，而且有能够约束族人的“族规”；其四，在东汉宗族组织中族人亲族范围明确（是在“九族”范围内，以血缘关系为纽带的家庭和家族的组合）。

第一，宗族祠堂。东汉人崔寔的《四民月令》是公认的反映东汉社会大地主庄园生活的素描式的画卷。其中有关宗族内的各项祭祀活动名目众多，我们仅看有关祖先祭祀的正月旦日之祭。《四民月令》曰：“正月之旦，是谓正日，躬率妻孥，洁祀祖祢。前期三日，家长及执事，皆致斋焉。及祀日，进酒降神毕，乃家室尊卑，无小无大，以次列坐先祖之前，子、妇、孙、曾各上椒酒于其家长，称觞举寿，欣欣如也。”这条材料每每为史家所举，以证两汉时期宗族组织之存在。但细绎之，元旦之日祭祀祖先的活动，基本上还是仅限于家族之内，或者说仅限于五服之内的所谓子、妇、孙、曾的近亲范围之内，这与后世，尤其是宋明以后举族共祭尚不可同日而语。❷再看祭祖的祠堂，尽管从西汉时期就已有之，如《汉书·张安世传》载：安世死后“谥曰敬侯，赐茔杜东，将作穿复土，起冢祠堂。”《盐铁论·散不足篇》亦载：“今富者积土成山，列树成林，台榭连阁，集观增楼。中者祠堂屏阁，垣阙罘罳。”东汉以后，祠堂之设更为普遍。王符《潜夫论·浮侈》曰：“（郡县豪室）造起大冢，广种松柏，庐舍祠堂，崇侈上僭。”然而，从这些史料中我们看到的一般都是某家的祠堂之设，而且这种祠堂一般都只设在墓旁。这与宋明以后举族祭祖所在的祠堂也是不同的。宋明以后的祭祀，一般分为家祭（寝祭）、墓祭和举族的祠堂祭祖，即族祭。❸墓祭与族祭显然是两种祭祀。地点不同，说明后世的祠堂也不设在墓旁，一般是设在族居的村落之中央。从产

---

❶ 张鹤泉：“东汉宗族组织试探”，载《中国史研究》1993年第1期。

❷ 宋明以后，合族而祭指全族的春秋祠堂祭祖，又称为族祭，是家族中最盛大最隆重的祭奠。“世家大族，多建祠堂岁时醮集春秋祭祀”（《光绪遵化通志》卷一五引采访册），“有宗祀者，每于春秋择吉日合族入祠致祭”（《同治室昌府志》卷一一）。参见徐扬杰：《宋明家族制度史论》，中华书局1995年版，第314页。

❸ 参见徐扬杰：《宋明家族制度史论》，中华书局1995年版，第314页。

权上讲，属举族共有的财产。所以《东观汉纪·邓晨传》所记：“邓晨，南阳人。与上起兵，新野吏乃烧晨先祖祠堂污池室宅，焚其冢墓，宗族皆怒，曰：‘家自富足，何故随妇家入汤镬中！’”这里烧的祠堂实不过邓晨一家之祠堂，所谓“宗族”也不过邓晨之近亲集团而已。

第二，所谓的宗族族人会议。一般以为，汉代的宗族会议有在固定节日里定时举行的“例会”以及在祭祖之后召开的族人会议。除此之外，则是因一些临时需要而随时召集的会议。但从论者所列举的具体史料来看，都不无商榷之处。《东观汉纪·张表传》载：“(张表)遭父丧，疾病旷年，目无所见，耳无所闻。服阕、医药救疗，历岁乃瘳。每弹琴恻怆不能成声，见酒肉未尝不泣。宗人亲厚节会饮食宴，为其不复设乐。”另如《四民月令》载：“其明日，又祀，是谓蒸祭，后三日，祀冢。事毕，乃请召宗族、婚姻、宾旅、讲妇和礼，以笃恩纪。”这两条材料，每每被论者作为宗族定期会议或祭祀后大会的有力证据。但细绎这两条材料，我们认为参加这种会议的人，并非仅仅是“族人”，更有所谓“婚姻、宾旅”。至于临时召开的宗人会议，其参加者的身份也颇为复杂，如《汉书·游侠·楼护传》载：“(楼护)为谏大夫，使郡国，护假货，多持币帛，过齐，上书求先人冢，因会宗族故人，各以宗疏与束帛，一日散数百金之费。”这里所谓“会宗族故人”，也非纯然一族也。再如东汉廖扶临终之前，也“召集宾客九族饮食辞决”。所谓“九族”，实不过家族范围的近亲集团，与后世的宗族集团也是不能相提并论的。另一个常为论者引证的史例是《汉书·韦贤传》，其文曰：“乃贤病笃……室家人问贤当为后者，贤恚恨不肯言。于是贤门下生博士义倩等与宗家计议，共矫贤令，使家丞上书言大行，以大河都尉玄成为后。”许多人将这条材料作为宗族会议的典型材料，但应该是有问题的，第一，博士义倩与宗家计议乃是韦贤身后的爵位继承问题，显然是韦贤之家事，而不是“族事”；第二，宗族会议由外姓的门生主持，这本身也是说不通的。当然，到东汉后期，尤其是东汉末年，西汉的宗族势力经过数百年的发展，已经形成了一定的规模，合族数百户乃至上千户的大宗族势力已然出现，如李典、许褚、韩融之属。由此，宗人会议的规模也会扩大，通过宗人会议，宗族长对宗族成员的控制力也会加强，如东汉末年，程昱子宗人奉牛酒大会上曰：“知足不辱，吾可以退矣！”乃自表归兵，阖门不出。程昱想归兵权于曹操，却要在宗人大会上提出，显然是为了征求族人的意见。因为“无官则无以佑宗族”，辞官归家对宗族而言也非小事一桩。

其三，两汉的确有所谓“检敕宗族”的事例。《后汉书·邓禹传》载：“自祖父禹教训子孙，皆遵法度，深戒窦氏，检敕宗族，阖门静居。”《后汉书·梁统传》载：“检御门族，未曾以权盛于法。”但不能因此证明，后汉时代就已经有了后世那种成文的族规族训。一个典型的事例。是田畴避乱徐无山之事。《三国志·魏志·田畴传》载，田畴携宗族入徐无山后，“百姓归之，数年间至五千余家。畴谓其父老曰‘诸君不以畴不肖，远来相就。众成都邑，而莫相统一，恐非久安之道，愿推择其贤长者，以为之主’。皆曰：‘善’，同推畴……畴乃为约束相杀伤、犯盗、诤讼之法，法重者至死，其次抵罪，二十余条。又制为婚姻嫁娶之礼，兴举学校讲授之业，班行其众，众皆便之，至道不拾遗。”田畴集团是一个典型的战时流民集团，“畴谓其父老曰”之父老，“显然是前来归附的各宗族之尊长者”。[1] 这是没有问题的，但毫无疑问，数千家归附者构成的田畴集团本身并不是一个纯然的宗族组织，其构成的要因并不是出于共同的血缘和地域，毋宁说是为了共同的政治目标（避战乱）的组合。为控制该集团所制定的所谓“法制”，当然与宗法规则南辕北辙了。

其四，在东汉宗族组织中族人宗族范围明确，是在“九族”范围内，以血缘为纽带的家庭和家族的组合，则正好说明两汉时期的宗族组织远未像宋明以后那么严密。汉代尤其是东汉时期，所谓“宗族”实不过“九族”或“五服”的近宗范围之内，也就是本书所说的“家族”的范畴。

其次，看宗族聚族而居。

安土重迁是汉代一般的社会形态。正因为如此，至东汉时期，宗族又往往与乡里并称。《汉书·朱邑传》载：“禄赐以共九族乡党，”；《后汉书·循吏·童恢传》载：“九族乡里赖全者以百数”；《后汉书·独行·刘诩传》载：“乡族贫者，死亡则为具殡葬。”像这样将宗族与

---

[1] 马新：《两汉乡村社会史》，齐鲁书社 1997 年版，第 247 页。

乡里并称，说明在某种程度上二者的相通性，[1] 以至于东汉以后普遍出现了所谓的郡望族姓，如汝南袁氏、弘农扬氏、清河赵氏、瑯琊王氏等。当然，所谓郡望族姓只是说某姓在某郡属于大姓或者望族，并不是说该郡望之内皆为某姓也。所以，郡望族姓与聚族而居虽然有一定的关联性，却并不完全是一回事。

事实上，尽管两汉时期已经有了一定程度的聚族而居的现象，然而，一里之中也绝非纯然为一姓之聚居者也。还远达不到像宋明以后那种“一族所聚，动辄数里或十数里……无异姓杂处”的程度。例如，刘邦微时与卢绾同里而居，二人同日而生，及长大成人又“两家亲相爱”，里中之人持羊酒相贺。这里所谓里中之人显然不能看作同宗之人。又如，河南偃师出土的《汉侍延里父老僤买田约束石券》所列侍廷里中参加“父老僤”的25人（家）中，其中姓氏可知的24家共有六姓其中于姓最多，达10家，其余单、尹、锜、周氏各3户，左氏2户。这也可证里中多姓杂居的事实。再如，《四川郫县犀浦出土东汉残碑》，其中刊载乡里编户齐民之赀产，经校读大抵得出18户，其中可考姓名者有11户，以王姓最多（5户），其余如何、扬、苏、张、康等单杂姓氏，“至少反映汉代基层聚落的成员关系，血缘因素不能估计过高”。[2] 日本学者重近启树也持相同的看法，“秦汉时代的里，已失去了古代氏族式的血缘集团的特性，成为异姓杂居的一般性的地缘集团……里内大小的同姓宗族与没有宗族背景的单姓家族并存。”[3] 上述《汉侍延里父老僤买田约束石券》则是很好的证明。

当然，到东汉以后，这种情况已有了较大的改变，宗族聚居多则数千家，甚至上万家。这些聚居的宗族称为族人或乡党。族人、乡党聚居在一起形成一个个独立的社区，往往又构成具有强烈军事和政治色彩的自治团体。其实，至西汉末年，宗族聚居便已出现，如樊宏即率领其宗族乡党共同构筑城寨，防御外敌。到东汉末年，这种情形则较为普遍。许褚，“汉末，聚少年及宗族数千家共坚壁以御寇”。李典

---

[1] 或者说“宗族与乡里的成员已叠合难分到可用这种（宗里、乡族）新名词来形容的程度。”参见邢义田：“汉代的父老、僤与聚族里居”，载《汉学研究》1983年第2期。

[2] 杜正胜：《编户齐民》，台北联经出版事业有限公司1987年版，第197页。

[3] ［日］重近启树：《秦汉税役体系的研究》，汲古书院1999年版，附二“秦汉帝国与豪族”。

自愿徙“宗族万三千余口居邺”。董卓之乱，韩融“将宗亲千余家避乱密西山中。”[1] 所谓“宗族数千家”，“宗族万三千余口”，“宗族千余家”的记载已明白无误地表明，宗族聚居现象已较为普遍。但是同样应该注意的是：一，以上这些记载，多见于战乱时期，宗亲为避战祸组成一个半武装集团，抵御外敌，似乎大都具有临时组合的色彩；二，至于这些宗族组织内，日常的社会生活是否保持像战争时期那样的整齐划一则是大可怀疑的。无数的证据表明，此时社会生活的基本单位是具有独立经济的，并保持着一定的贫富差异的个体家庭。当然，仅就同宗聚居的程度而言，东汉时期尤其是东汉末年，较之西汉时期无疑有了一定程度的发展。

由于东汉政权建立在西汉末年的长期战乱之后，在东汉政权的建立过程中，豪强宗族聚族而居进而拥有坞堡及其私家武装的情况已经比较普遍。崔寔《四民月令》记载这些宗族武装还要定期地组织军事训练，如二月“顺阳习射，以备不虞”；三月“警设守备，以御春饥草窃之寇”；八月“上角弓弩，缮治檠正，缚徽弦，遂以习射”；九月“缮五兵，习战射，以备寒冻穷厄之寇。”宗族保持武装并加以训练，对于维护地方的秩序应该是有好处的。但有些宗族凭借着自己的武装势力，对抗地方政府或为害乡里，甚者还驱逐地方长官，则具有公然对抗国家的性质了。例如，东汉前期“时鬲县五姓共逐守长，据城而反”。李贤注曰：“五姓，盖当地强宗豪右也。”[2] 竟然可以公然造反，这五姓宗族所拥有的武装势力可以想见。这种情况，想必一直存在并且有愈演愈烈之势。例如，东汉建武末年任延为武威太守，捕系“为人暴寒”的大姓田绀，“绀少子尚乃聚会轻薄数百人，自号将军，夜来攻郡”。又如，“北海安丘大姓夏长思等反，遂囚太守处兴，而据营陵城。”[3] 献帝初年间，贺齐“守剡长，县吏斯从轻侠为奸，齐欲治之，主簿谏曰：‘从，县大姓，山越所附，今日治之，明日寇至。’齐闻大怒，便立斩从。从族党遂相纠合众千余人，举兵攻县。”其势力可见一斑。到汉质帝时，曾下诏：“顷者，州郡宪防，竟逞残暴，造

---

[1] 见《三国志·许褚传》、《三国志·李典传》，《后汉书·荀彧传》。

[2] 《后汉书·吴汉传》。

[3] 《后汉书·酷吏传·李章传》。

设科条，陷于无罪，或以喜怒驱逐长吏。”[1] 宗族武装动辄驱逐长吏，看来已颇为流行，已足以引起皇帝的注意。到桓帝时，更下诏明令：“州郡不得迫胁驱逐长吏”[2]，更见其严重性。有些宗族势力则依仗武装横行乡里，为害一方。例如，《汉书·酷吏·严延年传》载：“（涿郡大姓）西高氏，东高氏，自郡吏以下皆畏避之，莫敢与牾。咸曰：‘宁负二千石，无负豪大家。’宾客放为盗贼，发，辄入高氏，吏不敢追。浸浸日多，道路张弓拔刀，然后敢行，其乱如此。”这还是西汉中期的事，到了东汉以后，地方宗族武装更是拥兵自重，甚至控制郡县，演变为一方割据势力。《后汉书·酷吏·董宣传》载：“（宣）累迁北海相，到官，以大族公孙丹为五官掾。丹新造居宅，而卜工以为当有死者，丹乃令其子杀道行人，置尸舍内，以塞其咎。宣知，即收丹父子杀之。丹宗族亲党三十余人，操兵诣府，称冤叫号。”其气焰之张狂显然是凭借着宗族力量的支撑。

再次，豪强宗族控制地方。

豪族控制地方的方式首先是其宗族领袖依靠本族在乡里社会的势力，出任乡官里胥。最典型的事例是两汉末年的樊重，以“訾巨万，而赈赡宗族，恩加乡闾。……县中称美，推为三老。”[3] 樊重是当时南阳著名的强宗大姓，他之所以被推为三老也是靠他的强宗势力。事实上，从西汉中期以后这样的事例就已经比较常见，如张敞“本以乡有秩补太守卒吏，察廉为甘泉仓长”。[4] 张敞本为河东大姓，祖父孺为上谷太守，徙茂陵。可见，张敞之为乡有秩、郡卒吏，显然是靠了他强宗大姓的出身。又如，黄霸，少时曾为阳夏游徼，是乡里啬夫之下的首要官佐。黄霸为淮阳阳夏人，以豪杰使徙云陵，显然他出身当属地方豪霸之家，其为乡游徼也是靠了他的豪族出身。其次，是出任郡县掾吏。汉代地方长官的选用，从武帝以后，尤其是到东汉，同籍回避已成为一项定制，而且越来越严格。但地方郡县的掾吏则一直未有专门的限制，而且一般以任用本籍人氏为惯例。当然被选用的掾吏多被有势力的宗族大姓所垄断似乎也已成为惯例。《宋书·恩倖传》序谓，

---

[1] 《后汉书·质帝纪》。
[2] 《后汉书·桓帝纪》。
[3] 《后汉书·樊宏传》。
[4] 《汉书·张敞传》。

汉时“郡县掾史，并出豪家，负戈宿卫，皆由势族。”《隶释》所载碑文所见，东汉时期郡县曹属掾吏也基本上被“乡里著姓”、“右姓”所把持。翻检《汉书》资料，出身豪强大族的地方掾吏的确占有较大的比例，如尹翁归，河东平阳人，徙杜陵，也是地方豪杰之家，先后为狱小吏、市吏，后被田延年辟为郡卒吏。韩延寿，燕人，徙杜陵，也显系地方豪族之家，故得以“少为郡文学”。❶ 郑崇，本高密大族，祖父时，“以赀徙平陵，父宾明法令，为御史，事贡公，名公直。崇少为郡文学史，至丞相大车属。”❷ 朱穆年仅二十便当上了南阳郡的督邮，新太守到任，便问前来迎接的朱穆说：“君年少为督邮，因族势？为有令德？”❸ 新太守能有此一问，可见凭借“族势”占据郡县掾吏职位的现象已经相当普遍。再次，由地方强宗大姓控制乡举里选，进而影响州郡的选举。而一些所谓的寒门孤族，自然要被排斥在选举之外。王充在《论衡·自纪》中所说：“充，细族孤门。或啁之曰：‘宗祖无淑懿之基，文墨无篇籍之遗；虽著鸿丽之论，无所禀阶，终不为高’。”这虽然是王充在借别人之口为自己在政治上遭抑制而鸣不平，但从中无疑道出了宗族势力在仕进选举中的作用。所以，王符在其《潜夫论·论荣》中也说：“故曰仁重而势轻，位蔑而义荣。今之论者，多此之反，而又以九族，或以所来，则亦远于获真贤矣。”同样道出了他对选举中以九族所来，即以宗族为依托的现实的不满。在这种情况下，像张敞那样，由乡官里胥转任郡县掾吏，进而获得察举，成为地方长吏这样一条仕进的通途，就成了地方宗族势力进入仕途的一般途径❹。所以，有学者指出，强大的地方豪族“在政治上表现为乡里社会的支配力量，这种支配力量是通过乡官里胥，郡县掾吏与把持选举而实现的。”❺

众所周知，西汉王朝开创了所谓的布衣将相之局，政权建设基本上没有地方豪强宗族的支持，加之以后汉武帝采取的打击地方豪强的基本国策，直到西汉中期，地方豪强势力一直处于被政府强权压制的

---

❶ 《汉书·韩延寿传》。
❷ 《汉书·郑崇传》。
❸ 《汉书·朱穆传》注引谢承《后汉书》。
❹ 赵沛：《两汉宗族研究》，山东大学出版社 2002 年版。
❺ 马新：《两汉乡村社会史》，齐鲁书社 1997 年版，第 239 页。

状况。那么。这些豪族势力是如何逐步发展起来的呢？他们的发展经历了什么样的途径呢？

## 二、两汉豪族地主发展的基本途径

东汉时期宗族势力的发展是作为东汉朝统治基础和政治支柱的地方豪强宗族势力，在建立政权之后，巩固其政治地位，发展其经济势力的必然结果。杨联升在《东汉的豪族》一文中曾指出，东汉时期的豪族，可分为两大类。一类是凭借中央势力而突然得意的，即宗室、外戚与宦官。另一类是自己渐渐发展起来的，即一般的高官及地方豪族。[1] 这两类豪族之发展，大致说来正反映了东汉豪族宗族势力发展的两条重要路径。其实，不论是“凭借中央势力而突然得意的”，还是“自己渐渐发展起来的”，其发展途径无非是依靠了政治权力、经济势力以及经学传承这三条通道。

首先，豪族势力的发展从某种程度上看是依托了政治权势的结果。这实际上包含了两个方面的内容或者说是两种社会政治现象发展、演变的结果。具体说，即官僚的宗族化和宗族势力的官僚化。而这一切又都是通过豪族势力与政治的联结实现的。

西汉建立以后的官宦世家，或为开国功勋，或是基于宠幸，或本于事功，或学而优则仕，官僚的入仕途径是各不相同的。但从官僚的出身而言，大致可分为旧族和新兴世家两类。所谓旧族，是指在汉兴以前就已成为世代官宦的家族。上党冯氏、京兆杜陵廉氏、南阳湖阳冯氏、鲁国孔氏、魏郡王氏、陇西李氏等家族，最早的家族可上溯到战国时代。除了这种旧族之外。汉兴以后，又有一批新兴的官宦世家得以兴起。“他们共同的特点是家业的建立都在汉兴以后，有的是从龙功臣，有的基于宠幸，有的本于事功，有的学而优则仕，但真能连续仕官四五代以上的并不多见。”[2] 其中的杜陵张氏，自张汤发迹，一直到东汉，“传国八世，经历篡乱，二百年间，未尝谴黜，封者莫与为比。”[3] 既然，家族之道德决定了其成员是否可以以此为凭借获得参

---

[1] 杨联陞：“东汉的豪族”，载《清华学报》1936 年 11 卷第 4 期。

[2] 邢义田：“从战国至西汉的族居、族葬、世业论中国古代宗族社会的延续”，载《周秦文化研究》编委会编：《周秦文化研究》陕西人民出版社 1998 年版。

[3] 《后汉书·张纯传》。

与政治的权力，那么国家政权之官僚组织，被那些姓族、郡望的豪族宗族所控制和垄断也就是顺理成章的了。缺乏足够家族背景的人则很难在政治上出人头地。王充便是很好的例证。《论衡·自纪》中载："充，细族孤门。或啁之曰：'宗祖无淑懿之基，文墨无篇籍之遗；虽著鸿丽之论，无所禀阶，终不为高。'"看来，通过选举而仕进是要有所"禀阶"的，而可禀之"阶"显然包含了一个足可依赖的家族背景。

正如杨联升所言，东汉豪强宗族的重要力量是以宗室、外戚、与宦官为代表的贵族官僚阶层。换句话说，东汉豪强宗族中的主要势力正是东汉王朝政治权力的操纵者和受益者，他们是东汉王朝的支撑力量，也依托了王朝的政治权势而得以发展。

其次，豪族发展的背后是庄园经济的支撑。官僚集团宗族化和地方宗族势力的官僚化，最重要的途径是通过两汉豪族与政治的联结，并由此构成两汉宗族社会之一统。豪族即贵族、官僚化的宗族，是一个大政治集团，同时，豪族还是一个大经济集团。两汉豪族经济纽带的最重要基础，是豪族的大土地所有制，以及建立在这种大土地所有制基础上的小土地经营方式，正是这二者将作为宗族势力代表的豪族首领和广大的宗族族众联系起来。一方面，豪族利用手中的生产资料，组织生产，兴修水利，并成为宗族赈恤活动的主要承担者。另一方面，无地和少地的族众，则必须依赖于宗族的土地作为营生的手段。当然，所谓宗族的土地，自然是掌握在豪族手中的。

翻检两汉豪族的发展历史，不难发现，通过豪族为国家权力和社会秩序两种力量找到了一个连接点。诚如许倬云所指言："世姓家族，不仅如杨联升先生所说，是东汉政权的基础，而且也是构成两汉中叶以后政治势力的社会基础，整个两汉由汉初政治权力结构与社会秩序，各不相涉的局面，演变为武帝时两方面激烈的直接冲突，又发展为昭宣以后的逐渐将社会秩序领袖采入政治权力结构，而最后归结为元成以后帝室与士大夫共天下的情势，光武中兴，仅使这一情势成为东汉明显的制度而已。"[1] 之所以能有这一情势的发展，除了豪族的政治联结力量之外，豪族通过其经济纽带而建立并控制一种稳定的社会秩序

---

[1] 许倬云："西汉政权与地方势力的变互作用"，载《史语所集刊》（第35本），1964年。

的作用也是不可忽视的。当然，还有一个重要基础，就是豪族通过以经学为中心的文化传承而逐步士族化。

再次，豪族发展依托了从汉武帝时期开始的经学的发展。东汉时期豪族发展的一个重要特征就是以经学传承为其家族延续并保持活力的重要依靠。这种师承往往以家世相袭，被称为“累世经学”，如《廿二史札记》中赵翼所列举之孔氏、伏氏、桓氏之经学世袭，即为典型代表。其实，这样的世家大族在东汉屡见不鲜，据不完全统计，两汉书中有传的这种经学世家不下 70 余家。[1] 这种累世经学的家族一旦形成，则可以通过“明经取士”而“累世作官”。累世经学之家，往往又成为“累世官宦”之家，甚至“累世公卿”之家。从这个意义上讲，“累世公卿”是“累世经学”的产物，汉代“累世公卿”的名门望族，多出自这种拥有经学传统的“累世经学”之家，如西汉时期的韦氏、平氏、孔氏，东汉的弘农杨氏、沛郡龙亢桓氏、汝南袁氏等，都是清一色的经学世家。

事实上，从汉武帝开始，地方豪族就已经开始调整政治品格和发展方向。一方面，汉武政权从政治、经济乃至社会生活方方面面对豪族势力进行压抑、打击乃至杀伐。这一层可称之为堵。另一方面，通过文化与政治相结合，为豪族势力开放了一条进入政治的通道，这一层可称之为放。这样一堵一放，自然将豪族势力，从皇朝政治的对立面引入皇朝政权结构之中。所以毛汉光说，汉武帝以后，地方豪族的转变“除了因利禄的诱力外，政治的压力也产生了推动作用”。[2] 代表社会力量的地方豪族，由此而循着儒家经学的研习而摇身一变为“士大夫”，再由“明经取士”的通道，进入汉皇朝的政治体系。“自此以后，地方上智术之士可以期待经过正式的机构，确定的思想和定期的选拔方式，进入政治的权力结构之中，参加这个权力的运行。纵然这时其他权力机构，如经济力量与社会力量，都已经附属在政治权力结构之下了：一条较狭，但却远为稳定的上升途径反使各处的俊杰循规蹈矩地循序求上进。于是汉初的豪杰逐渐变成中叶以后的士大夫。……西汉中叶以后的士大夫显然已与察举到中央的人士及地方

---

[1] 马彪：“试论汉代的儒宗地主”，载《中国史研究》1988 年第 4 期。

[2] 毛汉光：“中国中古社会史略论稿”，载《史语所集刊》（第 47 本三分册），1976 年 9 月。

掾史群，合成一个‘三位一体’的特殊权力社群。也就是说，士大夫在中央与地方都以选拔而参与其政治结构，构成汉代政权的社会基础。”❶ 这本身又意味着豪族势力的进一步发展。

最后，豪族的发展还与东汉时期的政治局势有密切关系。在东汉王朝的废墟上出现了无数坞垒堡壁。那些屯坞自守、筑壁相保的强宗豪族，即使为了军事上的需要而有计划地迁移，他们也是带领“宾客”、“部曲”、“宗族”，聚族而徒。当时中原地区的强宗豪族如中牟人任峻“收宗族及宾客、家兵数百人”❷，李典有“宗族、部曲三千余家，……万三千余口”❸，谯人许褚“聚少年及宗族数千家，共坚壁以御寇”❹。

## 第二节　东汉时期胶东境内的豪族

早在西汉时期，胶东就有世代为官的大家族出现。《汉书·王吉传》载：“王吉字子阳，琅邪皋虞人也。少好学明经，以郡吏举孝廉为郎，补若卢右丞，迁云阳令。举贤良为昌邑中尉……为益州刺史，病去官，复征为博士、谏大夫。……子骏以孝廉为郎。……迁谏大夫……赵内史……起家复为幽州刺史，迁司隶校尉，迁少府、御史大夫，丞相。……骏子崇以父任为郎，历刺史、郡守，治有能名。建平三年，以河南太守征入为御史大夫，大司农，左将军，大司空。”皋虞，在西汉属琅邪郡，即今山东即墨，王氏从王吉始三代公卿，是西汉时期胶东豪族的代表家族。

陶希圣《中国政治思想史》列举了东汉时期各地的强宗大族：北海有大姓公孙丹，河东有大姓马氏，清河有大姓纲，渔阳有大姓阳球。京兆世族张纯，第五伦；汝南名族袁闳；颍川著姓韩稜；家世衣冠如郭躬；上党雄豪陈龟；弘农世族杨震；犠为公子张纲；山阳豪族王龚；洛阳有“财三千万”之种嵩，下邳有“历世著名”之陈球，敦煌有“家世二千石”之盖勋，太原有“世为冠盖”之王允；“赵魏豪右，往

❶ 许倬云：“西汉政权与社会势力的交互作用”，载《史语所集刊》（第35本），1964年。

❷ 《三国志·魏志·任峻传》。

❸ 《三国志·魏志·李典传》。

❹ 《三国志·魏志·许褚传》。

往屯聚”。可见东汉豪族势力的发展并非一时一地之情况，而是非常普遍的现象了。胶东地区自然也不例外。下面对各豪族进行简单介绍。

（1）北海公孙氏

《后汉书·酷吏·董宣传》载：“（宣）累迁北海相，到官，以大姓公孙丹为五官掾。丹新造居宅，而卜工以为当有死者，丹乃令其子杀道行人，置尸舍内，以塞其咎。宣知，即收丹父子杀之。丹宗族亲党三十余人，操兵诣府，称冤叫号。循以丹前附王莽，虑交通海贼，乃悉收系剧狱，使门下书佐水丘岑尽杀之。”敢于纠结宗族30余人，持兵器对抗官府，其家族在地方的势力自是不可小觑。此后，“青州以其多滥，奏宣考岑，宣坐徵诣廷尉”，董宣险些因此丢了性命。不难想见，董宣因被弹劾而险些丧命，实则是当地强宗豪族的杰作。

（2）黄县李氏

东汉初年追随光武帝刘秀的所谓云台二十八将中，就有胶东豪族出身的李忠。李忠字仲都，东莱黄人也，即今山东龙口人。李忠家族应该是黄县大族，其父为高密都尉，李忠本人在汉平帝元始年间（公元1—5年）凭借着父亲的官职，被任命为郎官，这项制度在当时被称为“任子制”。据说，当时郎官官署中有数十人，唯独李忠以“好礼修整”而著称。王莽篡汉以后，李忠被新莽政府任命为新博属长，王莽改信都国为新博，所谓属长，即西汉时的郡都尉。据说李忠在任期间颇受一郡军民的敬重。

更始元年，刘玄称帝，任命李忠为信都郡都尉。更始二年，和任光、万脩迎接逃到蓟县的刘秀入信都，被拜为右大将军、封武固侯，在巨鹿参加对王郎军的包围战。据说，李忠治军纪律颇为严明，严禁纵兵抢掠。一次，在河北作战，刘秀问诸将掠夺了什么财物，结果只有李忠的队伍没有掠夺。于是，刘秀就把自己的坐骑和一件锦缎衣服赐予李忠，以示奖励。此后，李忠在刘秀统一政权的战争中屡建战功。东汉建立后，李忠被封为中水侯，五官中郎将，又先后平定割据山东的庞萌、董宪，之后担任丹阳太守多年，治绩天下第一。建武六年，李忠升迁为丹阳太守。当时，“海内新定，南方海滨江淮，多拥兵据土”，对东汉中央的统治造成潜在的威胁。李忠到任后，招降纳叛，对不服中央的地方势力则采取严厉镇压的办法，一个月下来，整个丹阳郡就平定下来。同时，李忠也十分重视地方的风俗、文化，在地方建起学校，在当地宣教儒家礼容，使得一郡之中社会风化得到很大的改善。李忠还注重农业发展，鼓励百姓积极开垦土地，垦田增多，建武十四年，李忠被三公奏请，政绩考评为天下第一。后来，李忠被迁任豫章太守。但因病辞去官职，受诏回京师养病。建武十九年逝世。

李忠死后，其子李威继任中水侯。李威死后，其子李纯继位。明帝永平九年（公元66年），因李纯的母亲杀死李纯的叔父，李纯被免去爵位。安帝永初七年（公元113年），邓太后临朝听治，又封李纯为琴亭侯。李纯死后，他的儿子李广嗣位。

黄县李氏，从李忠封侯一直到李广，共传了四代。加上李忠的父亲，李氏一族至少五代为官，算得上一个豪族之家了。

（3）高密孙氏

《隶释》卷十《安平相孙根碑》："府君讳根字元石，司空公之伯子，乐安太守之兄子，汉阳太守、侍御史之兄，乘氏令之考。"洪适谓《孙根碑》："在密州"，应即北海高密。所谓"司空公"者，乃孙朗。《后汉书·桓帝纪》载："（永寿三年）太常北海孙朗为司空。"从孙根的碑文看，孙根的父亲是司徒，叔父是乐安太守，弟弟为汉阳太守、侍御史，儿子为乘氏县令，一族之中，多为二千石的高官，堪称豪族。

1967年，山东诸城凉台孙琮墓出土的画像石上，刻有："汉故汉阳太守青州北海高密都乡安持里孙琮字威石之郭藏。"据考证，孙琮为司空孙朗之子，孙根之弟。[1] 又，"凉台画像石"刻有20多名受髡笞者。黄展岳认为："这可能只是孙琮众多奴婢中的一小部分。"[2] 这也从一个侧面反映出孙琮是当地的豪强大姓。

1973年，高密市田庄乡发现了"孙仲隐墓志"，碑文称："青州从事，北海高密孙仲隐，故主簿，督邮、五官椽，功曹，守长。年卅，以熹平三年七月十二日被病卒，其四年二月廿一日戊午，葬于此。"李储森等认为，《孙仲隐墓志》与《孙根碑》出土的地点一致，孙仲隐、孙根同为高密名门望族。[3]

《隶释》卷十《孙根碑阴》的人名可辨者244人，异姓只有23

---

[1] 王恩田："诸城凉台孙琮画像石墓考"，载《文物》1985年第3期。

[2] 黄展岳："记凉台东汉画像石上的'髡答图'"，载《文物》1981年第10期。

[3] 李储森等："山东发现东汉墓志一方"，载《文物》1998年第6期。

人，其余221人全部是孙氏，由此可见高密孙氏人员之众。《隶释》卷十《孙根碑阴》所载孙氏之外的异姓23人，其中姓终利者4人：终利士杨、终利延世、终利茂真、终利道机；姓王者10人：王延祖、王应明、王仲基、王延夏、王弘春、王口口、王彦康、王彦祖、王延林、王显祖；姓刘者3人：刘俊文、刘孟真、刘彦口；姓閭丘者2人：閭邱长龙、閭邱长世：其余杂姓者4人，洪适谓："异姓有王、刘数人杂其间，其有姻亲乎？"看来，洪适怀疑王、刘两姓或许是孙氏在高密的姻亲，也是构成孙氏一族在当地势力的重要部分。或许孙氏不但宗族势力强盛，还通过姻亲联结，构成当地主要的豪强势力。据《三国志》卷十一《魏书·王修传》载，献帝初平中，王修守高密令。"高密孙氏素豪侠，人客数犯法。民有相劫者，贼入孙氏，吏不能执。"由此反映出，一直到东汉末年，高密孙氏仍然保持着豪强大族地位。

（4）牟平刘氏

西汉初年，高祖刘邦封儿子刘肥为齐王，是为齐悼惠王。悼惠王死后，文帝将齐国一分为七，悼惠王子刘将闾为齐王，是为齐孝王。孝王的少子刘渫被封为牟平侯。刘渫的家族一直延续到东汉，桓帝时期的司徒刘宠，就是刘渫的后人。《后汉书·循吏列传》曰："刘宠字祖荣，东莱牟平人，齐悼惠王之后也。悼惠王子孝王将闾，将闾少子封牟平侯，子孙家焉。父丕，博学，号为通儒。"刘宠作为西汉牟平侯的后裔，世代居于牟平，故本传说他是"东莱郡牟平人"。

刘宠从少年时代就跟随父亲学习经学，以明经举孝廉，被任命为济南郡东平陵县令，刘宠在任县令时"以仁惠为吏民所爱"。后因母亲病，辞官回到家乡。据说，送行的百姓竟将道路堵塞，车不得进。可见刘宠颇受百姓拥戴。以后刘宠再次出仕，经历几次迁升，先后做了豫章、会稽两郡的太守。之后，被征调到朝廷任将作大匠。据说，刘宠到京赴任时，百姓为其送行，募集了许多钱财相送，刘宠只在其中选了一枚大钱表示感谢，从此得到"取一钱太守"的美誉。刘宠在朝廷先后转任宗正、大鸿胪、司空、司徒、太尉等职。建宁二年（公元169年），免职归乡，以老病卒于家。

刘宠有一弟刘方，官至山阳太守。"方有二子：岱字公山，繇字

正礼。兄弟齐名称。”❶

“刘岱，东莱牟平人，献帝时任侍中。董卓专权后，即“以尚书韩馥为冀州刺史，侍中刘岱为兖州刺史，陈留孔伷为豫州刺史，颍川张咨为南阳太守。”❷ 谁知这些人到任以后，即联合袁绍组成反董同盟，出兵进攻董卓。《三国志·董卓传》载此事云：“初，（董）卓信任尚书周毖，城门校尉伍琼等，用其所举韩馥、刘岱、孔伷、张咨、张邈等出宰州郡。而馥等至官，皆合兵将以讨卓。卓闻之，以为毖、琼等通情卖己，皆斩之。”

刘岱出任兖州刺史，与袁绍、公孙瓒结为同盟，袁绍甚至把自己的妻子家属都委托给刘岱，公孙瓒也派遣从事范方率骑兵帮助刘岱镇守兖州。不过，袁绍与公孙瓒很快为争夺冀、幽二州的控制权而发生摩擦，进而展开激战。公孙瓒遣使要求刘岱交出袁绍妻子，与袁绍绝交，并命令范方：“若岱不遣绍家，将骑还。吾定绍，将加兵于岱。”刘岱左右为难，与部下商议，连日不决，别驾王彧对刘岱说，程昱有谋，能断大事。刘岱便召见程昱，向其问计，程昱曰：“若弃绍近援而求瓒远助，此假人於越以救溺子之说也。夫公孙瓒，非袁绍之敌也。今虽坏绍军，然终为绍所禽。夫趣一朝之权而不虑远计，将军终败。”❸ 岱从之。后来公孙瓒果然被袁绍击败。

其实，关东州郡起兵，虽然声势浩大，但实际上却是各怀心事，各自为战。联盟之初，刘岱就寻机杀掉了与自己有隙的东郡太守桥瑁，让自己的部将王肱夺了东郡太守的位子。

汉灵帝中平五年（公元 188 年），青州黄巾军再次爆发，转战青、徐二州。《三国志·魏志·武帝纪》载，初平三年，青州黄巾众百万入兖州，杀任城相郑遂，转入东平。时任兖州刺史的刘岱想对黄巾军发动攻击，鲍信谏曰：“今贼众百万，百姓皆震恐，士卒无斗志，不可敌也。观贼众群辈相随，军无辎重，唯以钞略为资，今不若畜士众之力，先为固守。彼欲战不得，攻又不能，其势必离散，后选精锐，据其要害，击之可破也。”无奈刘岱不听劝阻，决心一战，结果战败被杀。《后汉书·献帝纪》亦载此事云：“青州黄巾击杀兖州刺史刘岱

---

❶ 《后汉书·刘宠传》。
❷ 《后汉书·董卓传》。
❸ 《三国志·程昱传》。

于东平。”

刘岱的弟弟刘繇，《三国志》卷四十九《吴书·刘繇传》载：“繇伯父宠，为汉太尉。繇兄岱，字公山，历位侍中，兖州刺史。”“兴平中，繇为扬州牧、振威将军。”

《三国志·吴志·刘繇传》载：“繇年十九，从父韪为贼所劫质，繇篡取以归，由是显名。举孝廉，为郎中，除下邑长。”另据《三国志·魏志·臧洪传》载：“时选三署郎以补县长；琅邪赵昱为莒长，东莱刘繇下邑长，东海王朗菑丘长，洪即丘长。”

下邑属梁国。刘繇到任后，当时的郡守就“以贵戚讬之”，刘繇无奈遂弃官而去。不久刘繇任济南相属吏，当时的济南相是宦官中常侍的养子，贪秽不循，刘繇上奏免了他的职务。刘繇后被征辟为司空掾，被任命为侍御史，但他并未赴任，而是选择到南方避乱，结果又被任命为扬州刺史。当时袁术在淮南，刘繇畏惮袁术，不敢到州赴任，于是渡江到达曲阿（今江苏丹江）。汉朝廷任命刘繇为扬州牧，振武将军，率众数万人。此后，东吴孙策进占丹阳，刘繇逃往丹徒（江苏镇江，在丹阳北，长江南岸），被吴军胁迫，“遂溯江南保豫章，驻彭泽”。豫章郡，属扬州刺史部，治在南昌，彭泽，在今江西湖口。但不久之后，刘繇病故，时年42岁。

刘繇长子基，字敬舆，为东吴骠骑将军，辟东曹掾，拜辅义校尉、建忠中郎将。孙权自封吴王，刘基为吴大司农，后“任郎中令、光禄勋，分平尚书事”。一次，孙权与群臣在楼船上宴饮，一时雷雨突降，孙权让刘基与自己一起在伞盖下遮雨，其他大臣则只能在旁淋雨，可见孙权对刘基甚为敬重。可惜，天不假年，刘基年四十九英年早逝。后来，孙权为儿子孙霸娶刘基之女，以示宠赐。

刘基有二弟，刘铄、刘尚，皆官至骑都尉。

从以上记载看，刘宠之族从父亲刘丕（曾为般县长）[1]到刘宠、刘方，再到刘岱、刘繇，到刘繇子刘基，四代为官，为牟平名族无疑。

（5）安丘郎氏

郎宗，北海安丘人，安帝时术士，曾任吴县令。《后汉书》卷八

[1] 《三国志·吴志·刘繇传》注引《续汉书》曰：“繇祖父本，师受经传，博学群书，号为通儒。举贤良方正，为般长，卒官。”

十二上《方术列传·樊英》。李贤注引《谢承书》:“宗字仲绥，安丘人也。善《京氏易》、风角、星算，推步吉凶。……安帝诏公车征……青州被诏书,遣宗诣公车，对策陈灾异，而为诸儒之表。拜议郎，除吴令。”据说，郎宗的占卜之术颇为灵验，郎宗任吴令月余，一日暴风骤起，郎宗占卜，推知京城有大火灾。后经验证果然很准，朝廷听到后，征郎宗为博士。但郎宗不耻为博士，辞吴令，挂印归家，终老于家。

郎宗有一子，名郎顗。《后汉书》有传曰:“郎顗字雅光，北海安丘人也。……顗少传父业,兼明经典，隐居海畔，延致学徒常数百人。昼研精义，夜占象度，勤心锐思，朝夕无倦。州郡辟召，举有道、方正，不就。”

顺帝时，灾异屡见，阳嘉二年正月，以公车征郎顗，赴京对策。郎顗援引《易内传》、《易天人应》等方术论著，大谈天人、灾异之学，批评朝政，并与朝中的尚书往来辩论。他从分析灾异的成因入手，就停止陵园修建、采纳良臣、约身薄赋，俭省后宫用度、轻徭役，薄赋敛、制定进贤之策、举方正，征有道，博采异谋，开不讳之路等方面，提出七项建议。又上书推荐受党锢之祸而被罢黜的黄琼、李固等人。

之后，有上述对策，提出援引贤能、罢黜酷吏、表显有德，存问孤寡，赈恤贫弱等主张。顺帝特诏拜郎顗为郎中，郎顗辞病不就，即去归家。

郎顗回乡后，他的同乡孙礼常慕郎顗的名德，想结交郎顗，遭到拒绝，因此与郎顗结怨，将郎顗杀害。

郎氏家族，官爵并不显要，但以经学、方术传家，能够聚徒数百人讲学，并受到朝廷的征召，也提出了以方术治国的种种政治见解，而且大多还能切中时弊，产生了一定的政治影响。虽然在今天看来，所谓方术、灾异、阴阳之学不足为论，但不可否认的是，在当时的社会学术和知识背景之下，郎氏的学问还具有相当大的影响力，郎氏一族可以方术传家，成为地方豪族也就不足为奇了。

（6）安丘甄氏

甄宇，北海安丘人，光武时太子少傅。《后汉书》卷七十九下《儒林列传·甄宇》。该传称甄宇“传业子普，普传子承”，“诸儒以承三世传业，莫不归服之。建初中，举孝廉，卒于梁相。子孙传学不绝。”甄宇以儒术传家，世代不绝，应为当地名族矣。

（7）曲成王氏

东汉桓帝、灵帝时，宦官专权，世家大族李膺等联结太学生抨击朝政。公元166年，宦官将李膺等逮捕，后虽被释放，但终身不许做官。灵帝时，外戚解除党禁，欲诛灭宦官，事泄。宦官于169年将李膺等百余人下狱处死，并陆续囚禁、流放、处死数百人。之后，灵帝在宦官挟持下下令凡“党人”的门生故吏、父子兄弟，都免官禁锢。历史上称为“党锢之祸”。被称为党人者，就是后来所说的士大夫。他们品德高尚，时称君子，有“三君”，“八俊”、“八顾”、“八及”、“八厨”等。《后汉书·党锢列传序》载：“凡党事始自甘陵、汝南，成于李膺、张俭，海内涂炭，二十余年，诸所蔓衍，皆天下善士。三君、八俊等三十五人，其名迹存者，并载乎篇。”这三十五位党人中，王章（璋）位列“八厨”之一，是出身胶东的豪族之家。不过，《党锢列传》并未给王璋列传，只是在《序》中说：“王璋，字伯仪，东莱曲城人，少府卿：位行并不显。”本注曰：“曲成，县，故城在今莱州掖县东北也。”关于曲成王璋的史迹仅见于此。不过在历代碑刻中，还见有许多有关曲成王氏的资料，如《隶释》卷二十《王诲碑》：“王诲，东莱曲城人，顺帝时河堤谒者。”《隶续》卷十二《刘宽碑阴门生名》：“王琬，东莱曲城人，灵帝时博昌长。”《汉碑集释·礼器碑》：“王暠，曲城人。”这几处资料中的王氏，虽然并不能肯定是同一家族，但从以上记载看，王氏应为曲城大姓，这是无疑的。

（8）不其张氏

张步，字文公，琅玡不其县（治今山东省即墨市西南）人。新莽时，遍地举义，张步亦继之起事。开始在家乡附近活动，更始二年（公元24年），占领琅玡郡城（治东武，今山东省诸城市）。梁王刘永称帝，拜张步为辅汉大将军，督责青、徐二州。而淮阳王刘玄政权又命王闳为琅玡太守，张步据郡城相拒。王闳以朝廷命官相谕，很快得赣、榆等6县。此后与张步战，不能取胜。张步因得刘永封爵，命其幼弟张寿为高密太守，便率军西移驻剧县（治今山东省寿光市南）。战事进展顺利，以致据有齐地12郡。

刘玄失败，光武帝任命张步为东莱太守，而刘永又立张步为齐王。

张步贪王爵，拒不受光武帝诏。光武帝于是派遣大将军耿弇率军讨张步，张步渐败。但光武帝放心不下，亲临阵指挥战斗，张步出降，光武帝封其为安丘侯。建武八年（公元 32 年）“夏，步将妻子逃奔临淮，与弟弘、蓝欲招其故众，乘船入海，琅邪太守陈俊追击斩之。”

张步起于汉末战乱，《后汉书》载：“汉兵之起，步亦聚众数千，转攻傍县，下数城，自为五威将军，遂据本郡。”能够聚众数千，占据本郡，绝非一般平民百姓，应是当地大族。

其他见于史籍的胶东豪族，还有一些，如刘熹，东莱长广人（《后汉书·安帝纪》及注）；王扶，东莱掖人，明帝时议郎（《后汉书》卷三十九《王扶传》）；吴幹，东莱卢乡人，灵帝时徐州刺史（《隶续》卷十二《刘宽碑阴门生名》）等。限于篇幅和资料，不再详述了。

总之，上文所见的胶东豪族之中，有贵族后裔，如牟平刘氏；有军功地主，如黄县李氏；有地方豪强，如高密孙氏；有以经学传家者，如安丘甄氏；还有术士之家，如安丘郎氏。由于史料所限，这些家族的经济实力如何，没有具体的资料佐证，但作为世代高官的豪族之家，各个均为豪强地主应该没有很大疑问。这些家族之中，因建立军功而成为豪族者有之，但也有通过经学传承而为经学世家者。我们认为，胶东出豪族可能与这里的经学传统有关。《汉书·地理志》说，齐地“其士多好经术，矜功名，舒缓阔达而足智”，汉兴以来，鲁东海多至卿相。查《汉书》有传者 338 人，除去皇族 41 人，外戚 25 人，前代人如范暴、子赣等 6 人，计有 266 人，其中籍贯为沿海者 46 人，占 17.29%，与这一地区在全国人口中所占比例大致相当。然而《汉书·儒林传》中所载当时著名文士共 212 人中，籍贯可考者 191 人，沿海郡国独占 60 人，占 31.41%，几达 1/3，说明沿海地区在文化上的优势。在全国文化界颇有名望的这 191 人中最集中者有鲁国 31 人，琅邪 19 人，东海 17 人，齐郡 12 人。仅琅邪、东海、齐郡这沿海三郡就达 48 人，占 25.13%，足见此三郡在当时已形成文化中心。[1] 胶东地区是上述几个地区的中心地带，发达的文化和教育环境对该地区生成世代经学的豪族之家也会产生很大影响。

---

[1] 邢义田：“从战国至西汉的族居、族葬、世业论中国古代宗族社会的延续”，载《周秦文化研究》编委会编：《周秦文化研究》，陕西人民出版社 1998 年版。

# 下编

# 交通和社会经济

# 第五章　秦汉时期胶东的陆路和海上交通

《国语·周语》记载，西周时期在国郊及野的道路两旁通常栽植树木以指示道路，沿路：十里有庐，备有饮食；三十里有宿，筑有路室；五十里有市，设有候馆。这可能是一种理想的说法。即使是实际的情形，也只是若干小的部分，不一定就是一般的状况。❶

到秦汉时期，史称“汉并二十四郡，十七诸侯，方输错出，运行数千里不绝于道”，“转粟西乡，陆行不绝，水行满河”。❷当时都城长安消费粟米，须“下河漕渡四百万石，及官自籴乃足”。所谓“山东漕益岁六百万石”❸。六百万石粟，依汉时一般“一车载二十五斛”的运载规格，用车可达24万辆次。关中依靠漕运保障粮食供应，形成了“鸿、渭之流，径入于河，大船万艘，转漕相过”❹的繁盛景象。从汉初开始一直到武帝时期，北边兵事频起，军运调发，要求尤其急迫，且“转漕甚辽远，自山东咸被其劳”❺。《盐铁论·击之》：“甲士死于军旅，中士罢于转漕。”当时服役者大概正是“强者执戟，羸者转运”❻。汉初，娄敬“戍陇西，过洛阳”，“脱挽辂”而见高帝，建言定都关中❼。可见戍卒赴边途中亦从事转输。这些大规模的陆路或漕运，正是以长安为中心在全国构成了四通八达的交通网。

❶ 史念海：“春秋时代的交通道路”，载《人文杂志》1960年第3期。

❷ 《汉书·枚乘传》。

❸ 《史记·平准书》。

❹ 《后汉书·文苑列传·杜笃》。

❺ 《汉书·食货志下》。

❻ 《三国志·吴书·吴主传》注引《汉晋春秋》。

❼ 《史记·刘敬叔孙通列传》。

## 第一节　陆路交通

从《汉书·地理志》所记载的秦汉时期山东半岛上的郡县分布来看，沿海地区的齐地郡县有千乘郡、齐郡、北海郡、东莱郡、胶东国、琅邪郡、东海郡等七郡国。千乘郡濒古渤海，齐郡、北海郡、东莱郡濒古北海，琅邪郡、东海郡濒古东海。其中，北海郡东部、东莱郡、胶东国及琅邪郡东北部属今胶东地区。从地理方位看，正处于环东中国海西岸和北岸。

战国秦汉时期，环东中国海西岸和北岸发达的交通线路主要分布在山东半岛北部的莱州湾、东南部的胶州湾和北部的辽东湾沿岸地区。前两个部分基本上属于环胶东地区。

早在西周初期，禾莱人（莱夷狄一支）就在今龙口市（即黄县，1986 年撤销黄县，建立龙口市）建立了自己的国家——东莱国，其都城就在今龙口市兰高镇归城古城。春秋晚期，东莱国被齐国灭亡，前后共经历 500 余年。齐灭东莱国后，在其故地设东莱郡。

《汉书·地理志》载，琅邪有不其县，故城在今山东即墨县西南，战国时属齐。自不其向西南过胶州湾便是灵山卫，这条交通干道，是当时商品流通的主要通道。此处出有著名的陈氏三量，实为征税所用之器。胶南向西南今五莲县东南境内战国齐故城盘古城，设“左横”，曾出铜玺十三方，面文相同，都为左桁（横）正木（玺），即左横关卡征税所用的玺印。所以在大路周边地区形成了一个较为发达的货币流通区，这条大路在战国秦汉之际一直是环东中国海东岸地区的一条重要通路。[1]

据《史记·秦始皇本纪》记载，秦始皇二十七年巡陇西郡、北地郡。秦始皇二十八年从咸阳出发，经函谷关、三川郡、河内郡、阳武博浪沙、东郡、定陶、薛郡至济北郡；游邹峄山、泰山和梁父山之后沿淄水抵齐郡、腄县，游罘山、成山；然后西南行经胶东郡、琅邪郡、东海郡、彭城、泗水郡、九江郡、衡山郡，过江至南郡；然后北上至南阳郡，向西入武关，至咸阳。秦始皇二十九年再次沿这条路线东巡。

---

[1] 陈隆文：“战国秦汉时期环东中国海地区的陆路交通”，载《史学月刊》2008 年第 8 期。

秦始皇三十一年，第四次东巡，此次取道函谷关，经三川郡、河内郡，北至邯郸郡、巨鹿郡、恒山郡、广阳郡、右北平郡，抵碣石；又经渔阳郡、上谷郡、代郡、雁门郡直至云中郡；南下经上郡返回咸阳。秦始皇三十七年，第五次东巡，自咸阳出发，过武关，沿丹水和汉水南行，到今洞庭湖一带，又南行至九疑山祭舜；然后沿长江东下至钱塘，准备在此渡江，由于江水险恶，改从钱塘以西一百二十多里的狭中渡江，上会稽山祭大禹；归途经吴县，从江乘渡长江，北上至琅邪、成山，然后西返。秦始皇在平原津染病，行至沙丘平台病逝。之后，车架经井陉关至九原，然后沿直道返回咸阳。秦始皇的巡行路线其实就是当时的主要交通干线，其大部分是沿驰道进行的。[1] 从上述记载看，秦始皇统一天下后凡五次出巡，其中后四次均“行至海滨”，基本是经并海道巡行：二十八年（公元前 219 年）第二次出巡，上泰山，又“并勃海以东，过黄、腄，穷成山，登芝罘，立石颂秦德焉而去，南登琅邪”。二十九年，第三次出巡，又“登芝罘”，“旋，遂之琅邪”。三十二年，第四次出巡，“之揭石”，“刻揭石门”。三十七年，第五次出巡，“上会稽，祭大禹，望于南海”，“还过吴，从江乘渡，并海上，北至琅邪”，又由之罘“并海西至平原津”。

司马迁在《史记·封禅书》中记录了汉武帝出巡海上的经历。元封元年（公元前 110 年），“东巡海上，行礼祠八神。齐人之上疏言神怪奇方者以万数，然无验者。乃益发船，令言海中神山者数千人求蓬莱神人”，“宿留海上，予方士传车及间使求仙人以千数”。此后，又再次东行海上，“冀遇蓬莱焉”，“遂去，并海上，北至竭石，巡自辽西，历北边至九原”。元封二年（公元前 109 年），汉武帝又曾东至海滨，“遂至东莱，宿留之数日”。元封五年（公元前 106 年），汉武帝又在南巡之后行至海滨，“北至琅邪，并海上”。太初元年（公元前 104 年）汉武帝又一次东巡海上，“东至海上，考入海及方士求神者”，“临渤海，将以望祀蓬莱之属，冀至殊廷焉”。太初二年（公元 102 年），汉武帝又有海上之行，“东巡海上，考神仙之属”。

《汉书·武帝纪》还记载了汉武帝晚年四次出行至海滨的情形：

---

[1] 马晓峰：“秦汉时期陆路交通的建设问题”，载《青岛大学师范学院学报》2006 年第 3 期。

“（天汉）二年（前99年）春，行幸东海。”“（太始二年，前95年）行幸东海，获赤雁，作《朱雁之歌》。幸琅邪，礼日成山。登芝罘，浮大海。”“（太始四年，前93年）夏四月，幸不其，祠神人于交门宫，若有乡坐拜者。作《交门之歌》。”“（征和四年，前89年）春正月，行幸东莱，临大海。”

从始皇和武帝的多次东巡来看，当时沿渤海、黄海海滨，已经有一条交通大道，这或许就是秦时所修的“驰道”。《汉书·贾山传》称：“秦为驰道于天下，东穷齐、燕，南极吴、楚；江湖之上，濒海之观毕至。道广五十步，三丈而树，厚筑其外，隐以金椎，树以青松，为驰道之所至于此。”由秦皇汉武出巡路线的选择，可以知道这条道路具备通过帝王乘舆的规模。这就是所谓的“并海道”。有学者考证，并海道今属胶东段“自琅邪至曲城（掖县），经不其、不夜、成山、芝罘、腄县、黄县、徐乡、曲成，即今之即墨、文登、荣成、烟台、福山、蓬莱、黄县、招远等地，始终与海岸并行”。由此再沿渤海，经卢乡（今平度县北）、平望（今寿光县东北）、柜定（今广饶县北）、漯沃（今滨县西）、富平（今阳信县东南）西行。再由阳信西北至千童（今河北省盐山县南），又北至今武清、宝坻一带，再折向东北方向直达辽东。由琅邪往南则过江都、吴县直至会稽。[1] 从历史地理的角度看，两汉时并海道联系的沿海地区计有辽东、辽西、右北平、渔阳、广阳、勃海、平原、千乘、齐、北海、东莱、胶东、琅邪、东海、临海、广陵、丹阳、会稽18个郡国。其中的北海、东莱、胶东（国）、琅邪郡之一部，均属今胶东地区。

有学者考证了战国、秦汉各个时期的货币出土的地点及其走向，勾画出战国秦汉时期环东中国海西岸的今山东半岛上形成的较为重要的交通道路，认为在秦汉时期山东半岛至少有四条主要交通要道：其一，齐币出土于济南、历城、城子崖、东平陵、章邱、淄博、临淄、益都、昌乐、潍坊、平度、莱阳、栖霞、福山、牟平、荣成一线，这是横贯齐都的一条东西大道。其二，自昌邑、掖县、招远、黄县一线，反映了齐国在渤海沿岸有一条交通大道，也是该国渔盐的运输线。其三，自半岛南部沿海的海阳、即墨、青岛、日照一线，说明当时沿黄

---

[1] 王子今：“秦汉时代的并海道”，载《中国历史地理论丛》1988年第2期。

海及胶州湾也有一条重要交通线。其四，于黄县、招远、莱阳、平度、即墨及青岛市北郊，这是贯通半岛南北的重要交通线。这条南北大道的主要部分，应是原来莱夷国境的交通旧道。[1] 这四条道路中的第二、三条道路，即沿渤海和黄海的沿海道路，大概与上文所说的“并海道”重合。

此外，该研究还认为，自烟台附近止于郯城还有一条东北—西南走向的大路，绕胶州湾西北侧而过，连接了整个齐境东部濒海地区，贯穿了齐地环渤海、黄海沿岸地区的许多重要城市。这条贯穿南北大道还分出了一条支路，即自莱西折正南而下至今即墨市、青岛崂山区。过胶州湾口至灵山卫，再经胶南、日照两城镇再折东亦可至莒南、临沂等齐币流通区域的南缘。这条大路的最北端起自渤海湾沿岸的烟台、福山、牟平、蓬莱、长岛一线，向西南方向延伸至今山东省南部的薛、郯城至海一线。薛邑曾是孟尝君的封地，孟尝君使冯欢“至薛，召取孟尝君钱者皆会，得息钱十万”[2]，可见薛邑货币经济的繁荣。

值得注意的是，在平定吴楚七国之乱后，汉景帝乘势收回诸侯王国属郡归汉，尤其是重视收夺边郡的管辖权。于是燕国旧有的辽东、辽西、右北平、渔阳诸郡直属中央，而济北国临渤海地区置平原郡，胶东国临渤海地区置东莱郡。除齐国、淄川国所有的渤海海岸大略不变外，燕国原有的临海地区丧失了9/10以上，济北国和胶东国已经不再有入海口。汉景帝的这一举措，体现了西汉对濒临渤海地区的特殊重视。[3] 同时，这或许是出于在环东中国沿海地区修建由国家控制的交通线之需要。

## 第二节　海上交通

胶东自古以来就是中国航海业相对发达的地区。《禹贡》载，冀州贡道，“岛夷皮服，夹右碣石入于海”。可知战国时期渤海沿岸及海上居民就已经可以熟练地运用航海运输实现相互往来。山东半岛沿岸居民也较早开通近海航线。齐建国初，即重视海洋渔业和航运资源的

[1] 陈隆文：“战国秦汉时期环东中国海地区的陆路交通”，载《史学月刊》2008年第8期。

[2] 《史记·孟尝君列传》。

[3] 王子今：“秦汉时期的环渤海地区文化”，载《社会科学辑刊》2000年第5期。

开发，“便鱼盐之利”，以致“人民多归齐，齐为大国”。战国时期，有关齐国君主入海航行的记载更是不绝于史，如《说苑·正谏》载：“齐景公游于海上而乐之，六月不归，令左右曰：‘敢有先言归者致死不赦！’”《韩非子·十过》则记田成子事：“昔者田成子游于海而乐之，令诸大夫曰：‘言归者死！’”

从史料记载看，从秦朝初年到汉末三国时期，山东胶东沿海前往辽东、朝鲜乃至日本等地的海上交通始终保持通畅。

秦朝建立后，秦始皇自二十八年（公元前219）至三十七年（公元前210）四次巡游山东沿海，三次抵琅邪台。始皇东巡山东除了巡视郡县、宣扬威德、巩固秦王朝在东方的统治之外，还有一个重要的目的，就是到泰山举行封禅典礼，以表示自己受命于天的统治地位的神圣性、合法性。始皇二十八年（公元前219年），始皇首次出巡山东，在泰山举行的封禅典礼结束后，继续东巡至黄县（今山东龙口）、腄县（今山东牟平），一直到达山东半岛的最东端；经今荣成的龙须岛到达深入大海的成山角，又乘船到了海中的芝罘岛；自芝罘岛一路乘船南下到琅邪（今山东日照北沿海），并在此居留三月，建筑琅邪台，迁3万民户于琅邪台下，免其租税12年，又在此刻石颂德。第二年，始皇再次出巡芝罘、琅邪等地。以后短短10年之内，始皇5次出巡，4次来到山东，并多次出海巡游，说明当时人们已经具备了很好的海上交通能力。

《史记·秦始皇本纪》亦载：“齐人徐市等上书，言海中有三神仙，名日蓬莱、方丈、瀛州，仙人居之。请得斋戒，与童男女求之。于是遣徐市发童男女数千人，入海求仙人。”据记载，徐市入海求仙人神药，前后历时8年，曾数次往返。《三国志·魏志》：“陈胜等起，天下叛秦、燕、齐、赵民避地朝鲜者数万。”数万人得以通过海路进入朝鲜，可见当时近海航运已经具有相当水平。

汉武帝尤敬鬼神之祀，分别于元光二年（公元前133年）、元鼎四年（公元前113年）遣方士李少君、栾大等入海求神仙。“而海上燕齐之间莫不扼腕而自言有禁方，能神仙矣。”于是又多有“入海求蓬莱者”。元封元年（公元前110年），汉武帝“东巡海上，行礼祠八神”，一时“齐人之上疏言神怪奇方者以万数，然无验者。乃益发船，令言海中神山者数千人求蓬莱神人”。这可能是当时由政府组织的大规模的航海活动。汉武帝自元封元年（公元前110）至征和四年（前89）曾七次巡幸山东半岛，六抵沿海，汉武帝本人甚至也多次亲自航海“考神仙之属”。有论者论为，汉武帝冀求遇海上仙人的偏执心理，促使他在位54年间，至少8次巡行海岸，甚至亲自“浮海”航行，前后40余年连续发船“入海求蓬莱”，参与者往往以千万数，在中国神话史、探险史和航海史上，都写下了引人注目的一页。[1]

秦皇汉武巡行的成功实践，可以说明环渤海地区特殊的交通条件。燕、齐环渤海地区除了陆路交通有所谓“东北诸郡濒海之处，地势平衍，修筑道路易于施工，故东出之途此为最便”的条件之外，海上交通的便利，也是一个有利的条件和保障。

据《后汉书》卷七十六《循吏列传·王景》载，汉文帝三年（公元前177年），济北王刘兴居反，欲委兵琅邪不其人王仲，王仲惧祸，“乃浮海东奔乐浪山中，因而家焉”。可见汉初琅邪与乐浪间航海往来已较为顺畅。西汉末年，北海都昌人逢萌曾就学于长安，王莽专政，“即解冠挂东都城门，归，将家属浮海，客于辽东”，“及光武即位，乃之琅邪劳山”[2]。当时隔海互通消息，渡海似乎也可以轻易往返。[3]

《后汉书·法雄传》载，活动于“滨海九郡”的张伯路起义军曾经由东莱“遁走辽东，止海岛上”，又“复抄东莱间”，在情势危急时再次“逃还辽东”。可见东莱与辽东间海上往来的便利。

一直到汉末三国时期，辽东半岛与山东半岛的海上交通依然往来不绝。当时多有所谓“遭王道衰缺，浮海遁居”[4]的情形。东莱黄人太史慈，北海朱虚人邴原、管宁，乐安盖人国渊，平原人王烈，等等，都曾避战乱入海至辽东。

魏明帝景初元年（公元237年）为发展海上航运，特“诏青、兖、幽、冀四州，大作海船”[5]。景初二年（公元238年），司马懿率军征公孙渊，围襄平城（今辽宁辽阳），“会霖雨三十余日，辽水暴

---

[1] 王子今：“秦汉时期的近海航运”，载《福建论坛》1991年第5期。
[2] 《后汉书·逸民列传·逢萌传》
[3] 王子今：“秦汉时期的近海航运”，载《福建论坛》1991年第5期。
[4] 《三国志·魏书·管宁传》。
[5] 《三国志·魏书·明帝纪》。

涨，运船自辽口径至城下。”❶ 在东汉航海业发展的基础上，渤海航运得到空前的发展。景初三年（239 年），“以辽东东沓县吏民渡海居齐郡界，以故纵城为新沓县以居徙民”。魏齐王曹芳正始元年（240 年），又“以辽东汶、北丰县民流徙渡海，规齐郡之西安、临菑、昌国县界为新汶、南丰县，以居流民”。❷ 百姓能够大规模自发流徙渡海，说明当时从辽东到胶东的近海航运已相当普及。

从上述史料看，秦汉时期胶东沿海的近海航运，除上述秦皇汉武为求长生不老之药的巡幸外，还有着深刻的政治和军事用意以及社会生活要求。举凡逃避战乱、流民迁徙、战争需要等，都有赖近海航运的保障。反之，这些政治和社会生活需求又极大地刺激了近海航运事业的发展。

---

❶ 《三国志·魏书·公孙渊传》。

❷ 《三国志·魏书·齐王纪》

# 第六章　秦汉时期胶东的社会经济

## 第一节　农业与渔业生产

### 一、秦汉时期农业发展概况

秦汉时期，农业是最重要的社会生产部门。汉王朝在政策上采取重农抑商的基本国策，把农业作为“提下之大业”，❶山东地区又是整个国家最重要的农业产区之一。据史载，齐国刚刚受封时，齐地尚是一片不毛之地，所谓“负海泻卤，少五谷而人民寡”。❷但经过齐地人民的长期耕耘，土地被大量开垦，战国时齐地的土壤肥沃程度居全国第三位，已经高于排在第六位的鲁地。司马迁曾亲自到齐地考察，他写道：“吾适齐，自泰山属之琅邪，北被于海，膏壤二千里，其民阔达多匿知，其天性也。”❸可见到西汉中期，齐地已经是非常适宜农业的重要的粮食生产地区之一。司马迁又说：齐鲁“宜五谷桑麻”。❹五谷指：黍、稷、菽、麦、稻。黍、稷、菽、麦是北方地区的传统作物。事实上，稻在山东地区也早有大面积栽种，如秦彭为山阳太守，即“兴起稻田数千顷”。❺北海国的高密县，也“蓄潍水灌田……旁有稻田万顷，断水造鱼梁，岁收亿万”。❻当然，正如司马迁所言，齐地不但适宜五谷生产，更以盛产桑麻而闻名。《史记·货殖列传》对全国

❶《盐铁论·水旱》。

❷《汉书·地理志》。

❸《史记·齐太公世家》“太史公说”。

❹《史记·货殖列传》。

❺《后汉书·循吏传》。

❻顾祖禹：《读史方舆纪要》卷三十六《山东七》。

各地的农业特产分布特点有详细论述："齐、鲁千亩桑麻。"可见，齐鲁桑麻的种植量居全国首位。

汉代农业的发展已经奠定并形成了中国传统社会农业生产的各种基本形式，体现在以下几个方面：小农经济制度的确立；农作制度的趋同（包括按月令进行耕作与生产管理制度）；铁犁牛耕的发展；精耕细作技术的进步与发展；水利技术发展较快。❶

山东农业生产水平的发展，不但体现在农业生产作物的丰富，还体现在铁质农业生产工具和牛耕的广泛使用。铁农具的使用，使土地的深耕细作成为可能。战国以后的许多史籍都出现了对深耕细作的精细化农业生产的描述，如《国语・齐语》《管子・小匡》《庄子・则阳》《孟子・梁惠王》《韩非子・外储说》都有"深耕易耨""耕者且深，耨者熟耘"之类的叙述。《吕氏春秋・任地》载："深殖之度，阴土必得。大草不生，又无螟蜮。今兹美禾，来兹美麦。"所以，有学者提出，秦统一之前，铁器和牛耕的使用，也仅限于中原地区，到了西汉时期，才得到较广泛的推广。北起辽东半岛，南至四川、云南、广东，西至甘肃、新疆，新中国成立后都有铁制农具的出土。不仅种类比过去增多，制作技术也有不少改进。翻土用的犁头、镬、铲，锄草用的锄，收割用的镰，都用铁来制造。其实，这种说法未必准确。至少在春秋初年，齐国的农业生产中已开始使用耒耜、铫等铁制工具，手工业生产中也大量使用针、刀、斤、锯、锥、凿等铁制工具。到了春秋中叶，齐灵公时代叔夷管理的"造铁徒"已达4000人之多。

与铁制工具使用和推广差不多同时，牛耕也开始广泛使用。《国语・晋语》所谓"宗庙之牺，为吠亩之勤"，是使用牛耕的最早记载。春秋晚期，牛与耕的联系已大量反映在人名上，如牛子耕、冉耕字伯牛、司马耕字子牛等，这意味着在中原大地上牛耕已经相当普遍了。西周时期"地满卤，人民寡"的齐国，到春秋战国时期已变成"膏壤千里宜桑麻"的兴旺发达的东方强国了。随着牛耕的推广，战国时期人们对深耕开始有了较为深刻的认识。

就农业发展水平而言，经过汉初的休养生息，农业经济已经取得了相当程度的恢复和发展。司马迁叙述武帝及武帝前的情况时说：

---

❶ 黄富成：《汉代农业生产管理研究》，南京农业大学2007年博士学位论文。

“今有无秩禄之奉，爵邑之人，而乐与之比者，命曰素封。封者食租税，岁率户二百。千户之君则二十万，朝觐聘享出其中。庶民农工商贾，率亦岁万息二千（户），百万之家则二十万，而更徭租赋出其中。衣食之欲，恣所美好矣。故曰：陆地牧马二百蹄，牛蹄角千，千足羊，泽中千足彘，水居千石鱼陂，山居千章之材。安邑千树枣，燕、秦千树栗；蜀、汉、江陵千树橘；淮北、常山以南，河济之间千树萩；陈、夏千亩漆；齐、鲁千亩桑、麻；渭川千亩竹；及名国万家之城，带郭千亩亩钟之田，若千亩卮茜，千亩姜韭；此其人皆与千户侯等。然是富给之资也，不窥市井，不行异邑，坐而待收，身有处士之义而取给焉。”❶ 可以看到，经过数十年的休养生息，汉朝经济得到长足的发展，司马迁所谓的“素封”阶层的大量出现，表明社会结构中的富豪已成为社会的新精英，成为国家经济发展的带头人。从司马迁的记述来看，到汉代中期，农工商贾，百业俱兴，全国各地出现了一大批特色农业发展地区，社会经济呈现出一片生机。

秦汉时期随着农业生产的进步，农学水平也有了很大的提高。在战国末年《吕氏春秋·士容论》中的《上农》、《任地》、《辨土》、《审时》等农业专业论文的基础上，出现了专业的农学著作。据《汉书·艺文志》的记载，汉代的农书至少有《董安国》十六篇、《氾胜之书》十八篇、《蔡葵》一篇。此外，北魏贾思勰的《齐民要术》一书中还引用了汉代崔寔的《四民月令》一书的部分内容。“这一时期的农书，数量空前增多，主要的种类均已出现，既有综合性农书，也有专业性农书。综合性农书的两个主要类型：农业全书和农家月令都于汉代出现。”❷《氾胜之书》《四民月令》是汉代出现的综合性农书的代表作。

## 二、汉代胶东地区的农业

司马迁在《史记·货殖列传》说：“齐带山海，膏壤千里，宜桑麻，人民多文彩布帛鱼盐。”又说邹鲁滨洙泗，“颇有桑麻之业”。可见，在西汉时代，胶东的农业和渔业就有了相当程度的发展。

---

❶《史记·货殖列传》。

❷ 汪子春、范楚玉：《中华文化通志》，上海人民出版社 1998 年版，第 209 页。

### （一）耕地与农作物

《汉书·地理志》载："太公以齐地负海舄卤，少五谷而人民寡，乃劝以女工之业，通鱼盐之利，而人物辐辏。后十四世，桓公用管仲，设轻重以富国，合诸侯成伯功，身在陪臣而取三归。故其俗弥侈，织作冰纨绮绣纯丽之物，号为冠带衣履天下。"从《汉书》的这段记载来看，西周初年周公初封齐地之时，"少五谷而人民寡"，齐地的农业是相对比较落后的。

《周礼·职方氏》在讲到中国各地的主要粮食作物的分布情况时说，青州"其谷宜稻、麦"。在春秋战国时期，地处青州的胶东地区农业，也以稻、麦为主要的粮食作物。许慎在《说文解字》中说："齐，禾麦吐穗，上平也。"据此有人认为，齐国地势低平，土质肥沃，宜于农稼，适种小麦，故称齐地为"齐"。[1] 虽然有学者批评《说文》的谬误，但齐地适宜小麦的耕种应是没有问题的。早在莱国时期，就以种植小麦而著称。至今胶莱平原和蓬、黄、披一带仍是小麦丰产区，当是莱夷族奠定的基础。[2]

《管子·治国篇》载："嵩山之东，河、汝之间，蚤（早）生而晚杀，五谷之熟也，四种而五获（谓四时皆种，五谷皆获），中年亩二石，一夫粟二百石。"这是指嵩山以东河南中部而言。《管子》是齐的作品，而举嵩山以东为例，可知当时齐的亩产量低于二石。1973 年，山东临沂银雀山汉墓出土竹简《田法》，其中载："中田小亩二十斗，中岁也。上田亩二十七斗，下田亩十三斗，太上与太下相复以为率。"《田法》基本上反映了汉代山东地区农业的进步。

### （二）农业生产工具和生产技术

汉昭帝始元六年（公元前 81 年），西汉朝廷召开盐铁会议，就国家的盐铁政策展开讨论，双方都谈到铁农具的广泛应用。御史大夫桑弘羊说："先帝建铁官以赡农用，开均输以足民财。盐铁、均输，万民所戴仰而取给者，罢之，不便也。"[3] 贤良、文学也说："农，天下之大业也；铁器，民之大用也。器用便利，则用力少而得作多，农夫

---

[1] 这种说法亦有牵强之意，许多学者已指《说文》解释齐国之"齐"的谬误之处，如认为我国北方许多地区都适种小麦，参见李玉洁：《齐国史》，新华出版社 2007 年版。

[2] 孙祚民主编：《山东通史》，山东人民出版社 1992 年版。

[3] 《盐铁论简注》，中华书局 1984 年版。

乐事劝功。用不具，则田畴荒，谷不殖，用力鲜，功自半。器便与不便，其功相什而倍也。”[1] 又说：“铁器者，农夫之死生也。死生用则仇雠灭，仇雠灭则田野辟。田野辟而五谷熟。”[2] 可见，铁制农具已成为农民最主要的生产工具。汉代的农业生产技术有很大的进步。新的农具不断增多，如方銎宽刃镬、双齿镬、三齿耙、四齿耙、钩镰等。铁制农具在山东各地都有出土，如1972年在莱芜其省庄发现汉代的农具铁范24件，有犁范、双镰范、䦆范、大铲范、小铲范、耙范等。

秦汉时期见诸文献记载的山东地区的农业生产工具也比较多，如“臿……东齐谓之梩”，“佥，齐楚江淮之间谓之柍”，[3] “木属，斫也，其谓之镃”，[4] “锄，助也，去秽助苗也，齐人谓其柄曰橿，橿然正直也”。[5] 从齐地方言中的这些铁农具的称谓来看，秦汉时期山东地区这些铁农具应该已经得到了普遍的使用。

《后汉书·和帝纪》载：“（和帝永元十六年）二月己未，诏兖、豫、徐、冀四州，比年雨多伤稼，禁沽酒。夏四月，遣三府椽分行四州，贫民无以耕者，为户犁牛直。”政府在荒年还要资助以保证贫民的牛耕，可见当时牛耕在这一带的普及程度。

《汉代农业画像砖石》收集牛耕类石刻拓片八图，其中包括江苏的泗洪重岗耕种图、睢宁双沟牛耕图、山东邹城农耕图、滕州弘道院牛耕图、滕州黄家岭耕耱图，另有陕西三块。近年来，考古工作者在山东金乡发现牛耕石刻。说明山东地区是汉代使用牛耕比较普遍的地区之一。

从山东地区出土的汉代画像砖等资料看，山东地区的牛耕已经比较普及。例如，泗洪重岗西汉画像石中的牛耕图已是二牛二人，前面一农夫双手向后牵牛绳，牛绳系之于牛鼻；中间二牛并排抬杠，拉拽直辕犁；后面一农夫左手扶犁梢，右乎扬鞭驱牛。睢宁双沟出土的东汉画像石刻农耕图，其操作技术、犁的结构与泗洪出土的西汉农耕图相比，有了明显的进步；画面虽仍是二牛抬杠式拉犁，但没有人牵牛，

[1] 《盐铁论·水旱》。
[2] 《盐铁论·禁耕》。
[3] 扬雄：《方言》卷五。
[4] 《说文解字·木部》。
[5] 以上资料均转引自安作璋主编：《山东通史》，人民出版社2009年版。

只一人扶犁驱牛前进，说明驯牛技术、耕地技术进步了，两牛已习惯于合犋。而滕州宏道院画像石中的犁耕图像，则是一牛挽犁图；一农夫扶犁在后，一孩童牵牛在前，说明东汉时操作灵活的一牛挽犁在泗水流域已出现并逐渐推广，这是牛耕技术重大进步的体现。山东滕州黄家岭出土的汉画像石中的农耕图还有一人一牛一马耕地的图像，并排的一牛一马拽犁耕地，一人扶犁随后；牛马合犋配合默契，操作者的操作技术熟练。❶

尽管牛耕已经有了一定的普及，但对牛耕的水平亦不可估计过高。事实上，在牛耕的同时，采用镬、铲、锸等手工工具耕作的方法可能是更常用的。例如，1993 年 3 月，山东乳山市（汉代属东莱郡）大浩口村出土一批窖藏的汉代铁器，总计有三角形犁铧 5 件（铸制；尖呈三角形，铧底板平，后翘起；铧刃后缓，脊凸起，有銎）、犁镜 2 件（铸制；矩形，镜面稍凹，背面有四个桥形系）、镰 6 件（锻制；形制有两种：其一，横板形，尖端稍窄，柄端稍宽，中部上拱下凹，柄端上卷半周；其二，横板形，平直，前后宽度相同，尖部稍斜，柄端上卷半周）、斧 9 件（锻制）、镬 3 件（锻制）、锛 1 件（锻制）、铲 2 件（铸制、锻制各一件）、刀 4 件、凿 1 件、臿 1 件（用旧器单腔范铸制；长方形，平签口，上有双翼，平签口，中部稍收，直刃）、锄勾 1 件（锻制）、锨 2 件（锻制）。❷ 这些铁器中，农具占大部分，铁犁、镬、铲、臿等农具并用，说明当时的农耕是畜耕与人工耕种并用，也证明“秦至东汉中期，我国农业生产仍处于由锄、锸耕向犁耕过渡时期”❸ 的判断大致是正确的。

另据山东枣庄 1984 年发掘的渴口西汉墓的研究报告❹，所出铁农具也都属于掘地、铲土的工具，计有镬、铲、锸等，说明山东地区农耕工具似乎还处于牛耕和人工翻地并用的时期。

汉代农业生产技术的发展，主要表现在氾水（今山东曹县）人氾

---

❶ 张喆、戚亦农：“东汉时期泗水流域的农业发展”，载《中国矿业大学学报》2009 年第 4 期。

❷ 姜书振：“山东乳山市大浩口村出土汉代铁器”，载《考古》1997 年第 8 期。

❸ 杨际平：“秦汉农业：精耕细作抑或粗放耕作”，载《历史研究》2001 年第 4 期。

❹ 石敬东、刘西柱：“浅析山东枣庄渴口汉墓出土的铁农具”，载《农业考古》2003 年第 3 期。

胜之撰写的著名农书《氾胜之书》一书中。该书提出“区种法”“理种法”等新的种植方法，能提高粮食的亩产量；还总结了农业生产的基本原则：“凡耕之本，在于趣时，和土，务粪泽，早锄早获。”如能“得时之和，适地之宜，田虽薄恶，收可亩十石。”

## 三、秦汉时期胶东的渔业

《汉书·地理志下》介绍各地物产，说到巴蜀、广汉“民食稻鱼”；颍川、南阳“好商贾渔猎”；上谷至辽东，“有鱼盐枣栗之饶”；齐地“通鱼盐之利’；楚地“民食鱼稻，以渔猎山伐为业”；吴地则有“三江五湖之利”。看来，秦汉时期相当广阔的地区都以渔业为主要产业之一。齐地久以鱼盐之利具有经济优势。《禹贡》写道：“海岱惟青州”“海滨广斥”“厥贡盐絺，海物惟错”。《史记·齐太公世家》载：齐太公至国，“通商工之业，便鱼盐之利，而人民多归齐，齐为大国”。齐桓公时，益“设轻重鱼盐之利”，也说明了这一事实。

### （一）秦汉渔业的发展

秦汉的渔业主要可以分为两大类：海洋渔业（主要应该是海鱼捕捞）和江湖养殖。

司马迁在《史记·货殖列传》中说到，所谓“水居千石鱼陂”的经营者，可以取得与千户侯相当的经济地位。颜师古解释说，所谓“水居千石鱼陂”，“言有大陂养鱼，一岁收千石鱼也”。可见秦汉时期淡水养殖已经具有相当的规模。《西京杂记》卷一中载，汉武帝作昆明池，“于上游戏养鱼，鱼给诸陵庙祭祀，余付长安市卖之”。《太平御览》卷九三五引《三辅旧事》也有类似的记载，并且说“余付长安市，鱼乃贱”。可见昆明池养鱼数量之巨。

汉代已经有了稻田养鱼。汉代墓葬中出土的陶水田模型，可以提供若干有关当时稻田养鱼的实物资料。四川新津宝子山出土的陶水田模型，田中横穿一条沟渠，渠中有游鱼。四川绵阳新皂出土的陶水田模型，田分两段，其中也有鱼、鳅游动。东汉初，邓晨任汝南太守，修复鸿谷陂，“起塘四百余里”，史书赞美其“鱼稻之饶，流衍它郡”，促进了一个地区的经济繁荣。《后汉书·樊宏传》说樊氏庄园经营之事，有“池鱼牧畜”语，也说明池塘养鱼是相当普及的生产形式。据《读史方舆纪要》卷三十六载，琅邪郡稻城当时富产稻米和淡水鱼，成为沿海重要的生产基地，“蓄潍水溉田”，“旁有稻田万顷，断水造鱼梁，岁收亿万，号万匹梁”。

胶东地区的渔业生产，应该主要以海鱼捕捞为主。当时，海鱼生产已经有了相当的规模。秦汉时期海鱼远销内地，说明海上渔业产量之高，已使其产品成为全社会所熟悉的商品。《史记·货殖列传》中记载“通邑大都”，“亦比千乘之家”的资产，包括所谓“鲐（本字：上此下鱼）千斤，鲰千石，鲍千钧”。其中价格较高的“鲐”，就是海鱼。《盐铁论·通有》载：“江湖之鱼，莱黄之鲐，不可胜食。”所谓“莱黄之鲐”，即指东莱黄县（今胶东蓬莱、黄县）盛产的海鱼。

秦始皇崩于沙丘平台，李斯、赵高秘不发丧，棺载祖凉车中，“会暑，上辒车臭，乃诏从官令车载一石鲍鱼，以乱其臭”。可见，自沿海西运鲍鱼，当时是习见的情形。《说文·鱼部》中说到的海鱼，还有如鲌、鳆、鲛等，又“鱷，海大鱼也”。此外，“鲯鱼出东莱”，应该是胶东的特产。

**（二）当时的捕鱼技术**

汉代画像中常常可以看到水滨垂钓的画面。山东滕县汉画像石上，可以看到三条渔船浮水垂钓的情景，船上有捕获的鱼、钓钩、钓线、钓竿及浮子，均刻划细致。数条渔船集中钓捕，似乎反映了渔业生产中特殊的劳动组合形式。

山东肥城栗镇汉画像石和微山两城汉画像石以及苍山前姚汉画像石都有持带柄网具捕鱼的画面。汉代还曾出现一种以机械方式牵引绳索控制网具升降的捕鱼技术。《初学记》引《风俗通义》曰：“罾者树四木而张网于水，车挽之上下。”

《说文·网部》还说到“罩”这种渔具：“罩，捕鱼器也。”汉代画像中多见渔人立于浅水中，用“罩”这种编竹笼鱼的工具捕捉水中游鱼的情形。这种渔具又称作“篧”。《说文·竹部》：“篧，罩鱼者也。”《尔雅·释器》谓之罩。山东滕县黄家岭汉画像石还刻画了一列渔人俯身持罩捕鱼的画面，表现众人围罩鱼群的生产情景。

四川郫县出土东汉画像石棺有人工驯养鱼鹰捕鱼的画面。渔船上一人掌舵，一人撑篙，一人纵使鱼鹰。鱼鹰昂首立于船上，船下水中有游鱼及其他水生物。山东武梁祠汉画像石也有表现使用鱼鹰捕鱼的画面。

山东嘉祥出土汉画像石还有表现用矛或叉击刺水中游鱼的画面。类似画像又见山东沂南北寨汉画像石。《史记・秦始皇本纪》记载，秦始皇遣方士入海求神药，“然常为大蛟鱼所苦，故不得至”，方士于是请求“请善射与俱，则见以连弩射之”。秦始皇“乃令入海者资捕巨鱼具，而自以连弩候大鱼出射之”。并且确实曾“至之罘，见巨鱼，射杀一鱼”。《汉书・武帝纪》记载，汉武帝也曾经于元封五年（公元前106年）冬行南巡狩时，“自寻阳浮江，亲射蛟江中，获之”。击刺射杀，也是秦汉时期捕鱼方式之一。这种方式，尤利于捕获体型较大的鱼种。

秦汉时期捕鱼技术的进步，使得渔业产量有较大的增长，以致“江湖之鱼，莱黄之鲐，不可胜食”。可见当时海洋渔业捕捞能力已经足以满足人们的食用需要。

## 第二节　秦汉胶东的商业经济

司马迁在《史记・货殖列传》中说：“（鲁人）好贾趋利，甚于周人。”周人，即指洛阳人。“周人之俗，治产业，力工商，逐什二以为务。”[1] 班固在《汉书・地理志》中说：“（周人）巧伪趋利，贵财贱义，高富下贫，喜为商贾，不好仕宦。”鲁人“好贾趋利，甚于周人”，说明鲁人对商业利润的追求与洛阳人相比是有过之而无不及的。同为山东的齐人也似乎有着追逐商业的偏好，所谓“齐俗奢侈，好末技，不田作”。[2] 商业活动在齐人的社会生活中似乎占有重要的地位。当时，山东齐地最大的商人叫刀间，他招收奴虏经营渔盐商贾之利。《史记・货殖列传》载：“齐俗贱奴虏，而刀间独爱贵之。桀黠奴，人之所患也，唯刀间收取，使之逐渔盐商贾之利，或连车骑，交守相，然愈益任之。终得其力，起富数千万。故曰‘宁爵毋刀’，言其能使豪奴自饶而尽其力。”刀间主要利用桀黠奴经营渔盐商贾之利，渔盐资源非常丰富的胶东，无疑是刀间主要的活动区域。

《史记・货殖列传》、《盐铁论》等史籍为我们列举了各地可以用

---

[1] 《史记・苏秦列传》。

[2] 《汉书・循吏传・龚遂传》。

于商品交换的主要特产，如“吴越之竹”，“隋、唐之材”，“江湖之鱼”，“莱、黄之鲐”[1]，“陇蜀之丹漆旄羽、荆扬之皮革骨象、江南之枏梓竹箭、燕齐之鱼盐旃裘、兖豫之漆丝絺纻”[2] 等。这其中，“莱、黄之鲐”“燕齐之鱼盐旃裘”是胶东地区当时出产的主要商品。此外，铁器（尤其是铁制农具）和布帛等，也是当时商品交换的主要物品。《盐铁论·水旱》载：那些私营的小规模的冶铁作坊“家人相一，父子戮力，各务为善器，器不善者不集。农事急，挽运衍之阡陌之间。民相与市买”。农忙之时，那些小的冶铁作坊甚至将生产的农具送到百姓的田间地头，而“民相与市买”，看来这种经营模式在当时已经非常普及了。纺织品也是当时商品交换中的大宗物品，当时山东的纺织品畅销全国，一个大都市当时一年消费“帛絮细布千钧，文采千匹，榻布皮革千石”。[3] 而山东是当时纺织品的最大出产地，《汉书·地理志》载：“（齐）俗弥侈，织作冰纨绮绣纯丽之物，号为冠带衣履天下。”

当时商业活动的主要方式，一是所谓“行商”，如师史之“转谷以百数贾郡国无所不至”、曹邴氏的“贳贷行贾遍郡国”、齐人刀间之“逐渔盐商贾之利”[4]；二是所谓“坐贩”，这就是《史记·平准书》中所说的“坐市列肆贩物求利”的贾人。

众所周知，货币是商品经济的最主要媒介，货币的大量使用是商品经济发达的重要标志之一。近年来，在胶东地区发现了大量的秦汉货币，证明胶东地区商品经济有相当程度的发展。

有学者对近年来考古发现的战国和秦汉货币的出土地进行考证，发现在今胶东半岛的莱州湾、胶州湾以及两大海湾的中间地带，是战国秦汉货币的主要出土地区。该研究指出：“沿莱州湾和胶州湾应是齐币出土的密集区域，前者如东营的广饶，滨州的博兴，齐故都临淄及其附近的桓台、高青，潍坊的寿光、昌邑、昌乐，烟台的福山、牟平、龙口、招远、莱州、栖霞以及深入到渤海海峡之中的长岛诸县；后者如青岛及所辖的崂山区、胶南市、即墨市、胶州市。而介于两湾

---

[1] 《盐铁论·通有》。
[2] 《史记·货殖列传》。
[3] 《史记·货殖列传》。
[4] 《史记·货殖列传》。

大海之间的平度、莱西、莱阳、高密、安丘等地则构成货币经济交流的中间地带。”❶ 不难发现，这些地区恰恰是今日的胶东。胶东地区出土大量秦汉货币，表明整个胶东半岛在秦汉时期是货币经济相当发达的地区。

从考古资料看，胶东也是汉代山东地区货币铸造业相当发达的地区，这也从一个侧面反映了胶东商品经济的发展。20 世纪 50 年代以后，考古工作者先后在青岛楼山后、安丘葛庄、烟台福山区三十里堡、牟平区冶头村、黄县故城、莱阳古城等地发现铸币遗址和汉半两钱石范、三铢钱石范等，遗迹几乎遍及胶东各个地方，足见汉代胶东地区货币经济的活跃。

当然，汉承秦制，汉王朝继承和发展了秦王朝的重农抑商的基本国策。从汉初开始，朝廷就在经济上和政治上对商人实行双重的打击和限制，在经济上课以重税，在政治上剥夺商人做官的资格。尽管在汉文帝时期，对官府经营商业的做法有所放松，“文帝之时，纵民得铸钱、冶铁、煮盐”，并允许私家出卖盐铁，官营经济的比例有所下降，但是到武帝时期，又大规模实行国营经济政策，除盐铁之外，金、银、铜、丹砂和酒的生产和销售也都划入官府经营的范畴，此举无疑是对商人的釜底抽薪。昭帝以后，酒的专卖虽然被取消了，但盐铁官营一直被继承下来并得到了进一步的强化、落实。有学者指出，宣帝时期政治活动的一项重要内容就是重用循吏，采取整饬地方风俗的政策，而所谓移风易俗就是要百姓改“好商贾”之风，立“重农本”之俗。例如，龚遂在渤海郡“见齐俗奢侈，好末技，不田作，乃躬率以俭约，劝民务农桑”。所以，“这些形式的移风易俗，使齐地的工商业，特别是商业渐趋衰落，临淄也逐渐失去了全国商业重心的地位”。❷

当然，昭帝时官营酒酤的取消，使民营商业又有了经营的天地。故自昭、宣以后及乎成、哀，民营商业又有发展，以致又涌现出了一大批家财巨万的新富商大贾。故史称齐地的“刀间既衰，至成、哀间，临淄姓伟訾五千万”；洛阳“师史既衰”之后“至成、哀、王莽

---

❶ 陈隆文：“战国秦汉时期环东中国海地区的陆路交通”，载《史学月刊》2008 年第 8 期。

❷ 安作璋主编：《山东通史》，人民出版社 2009 年版，第 174 页。

时洛阳张长叔、薛子仲訾亦十千万”；关中之诸田“既衰，自元、成及王莽京师富人杜陵樊嘉、茂陵挚网、平陵如氏、苴氏、长安丹王君房、豉樊少翁、王孙太卿为天下高訾，樊嘉五千万，其余皆巨万矣”。[1] 总的情况则是：“其余郡国，富民兼业专利以货赂自行取重于乡里者，不可胜数。”[2] 可见西汉武帝之后民营商业又在恢复中，[3] 齐地和胶东的情形也应该大致如此。虽然在总体上受到国家抑商政策的影响，但整个秦汉时期，商业活动还有相当规模的展开，依然是社会经济不可或缺的重要组成部分。

## 第三节　秦汉时期胶东的手工业

### 一、漆器手工业

从文献记载来看，自古以来，山东就多出鱼、盐、铁、丝、漆。据《史记·夏本纪》所载，夏朝时贡漆之地只有二处：一是今天的山东，二是今天的河南。山东贡漆，《夏本纪》说：“济、河维沇州……其贡漆丝。”裴骃《集解》引孔安国曰：“地宜漆林，又宜桑麻。”漆林被放在第一位。《货殖列传》又云：商周时代，“山东多鱼、盐、漆、丝。”漆自那时便成为山东四大特产之一。《盐铁论·本议篇》亦载：“燕、齐之鱼盐旃裘，兖、豫之漆、丝、絺、纻。”可见，山东自古以来就是产漆的主要地区之一。看来，司马迁在《货殖列传》中关于山东“陈、夏千亩漆”的记载，绝非虚构，当是秦汉以前山东种植漆树的真实记录。

山东出土的汉代漆器是相当多的。据现有的考古资料，新中国成立后在山东地区包括今胶东地区出土的成形漆器（朽残不成形者不计）主要有：文登石羊村，1955 年出土西汉晚期漆器 11 件和漆耳杯若干件；莱西县岱墅村，1958 年出土东汉漆器 12 件，1978 年又出土西汉中晚期漆器 158 件；临沂银雀山，1972 年出土西汉中期漆器 30 件，1973 年又掘出 28 件；临沂金雀山，1976 年出土西汉前期漆器 2

[1] 《汉书·货殖传》。
[2] 《汉书·货殖传》。
[3] 白寿彝总主编：《中国通史（第四卷）》，上海人民出版社 1995 年版。

件。这些地方共出土成形漆器 241 件以上。此外，在福山、长岛、掖县、安丘、临沂洪家店、济宁、东平、梁山等地汉墓中又出土许多残漆片。❶

1973 年，临沂银雀山 4 号汉墓中出土了 5 件有铭文的漆器。其中一件褐漆耳杯有“筥市”戳记，两件残黑漆彩绘耳杯有“市府草”“市”等戳记。据考证，“筥”即“莒”，“筥市”即“莒地的市”；“市”是“市府”的简称。这是莒地市府手工业作坊制品的标记。“草”即“造”，“市府草”即“市府造”。这是市府手工业作坊制品的戳记。

汉代在全国各郡县以及商业和手工业的中心地，皆设“市”管理工商业。汉高祖时曾“立大市”，当是在全国名都大城所立之市。在各郡国县邑也设市，所谓“天下百郡千县，市邑万数”。❷ 市府在管理各市邑的工商业的同时，也兼营一部分手工业，即地方官府手工业。临沂银雀山 4 号汉墓出土的印有戳记的漆器，就是城阳国直辖的莒县市府经营的漆器手工业作坊生产的。

漆器胎质是衡量漆器手工业工艺的重要指标。汉代山东胶东地区出土的漆器中，主要有木胎和夹纻胎两类。一般而言，漆器木胎的做法主要有两种：一种是用整木雕、凿、旋成器形，磨光加工再上漆。特点是胎骨比较厚实，如文登石羊村出土的漆仓和耳杯、莱西岱墅 1978 年出土的耳杯，均为木胎。另一种是先用薄木片卷合，用胶粘成各种器形，磨光加工后上漆，叫卷木胎。特点是胎骨比较薄，如莱西县岱墅 1978 年出土的大押。

此外还有夹纻胎漆器。夹纻胎，古称“夹纻”，今称“脱胎”。纻，指的是麻布。原始的漆器，都是以先以土、陶塑、灰泥、木、竹作胎，制成器形，然后在表面上漆以保护、美化。而所谓的夹纻法，则是先以泥灰作胎，在上用生漆黏贴麻布、绸布、夏布和漆灰等，层层相黏；等麻布和漆灰干固后，将其中的泥胎取出，外施髹涂色漆、彩绘。由于这种漆器无实胎，脱胎之后只剩夹纻的麻布，所以漆器器体非常轻盈，便于携带，因此夹纻脱胎技法常被用来制造佛像。此种技法是利用布的经纬纤维、强化漆干硬后的韧性，凝结成牢固的坚实

---

❶ 逄振镐：“两汉时期山东漆器手工业的发展”，载《齐鲁学刊》1986 年第 1 期。

❷ 《潜夫论·浮侈篇》。

器形；棉布上漆，即使遇到热胀冷缩、风化氧化等情况，仍能保持不龟裂。过去用麻布包覆上漆，因纤维粗糙、附着力不强，取得又不易，后来皆改用棉纱布、帆布。"夹纻"技法创于战国时期的楚国，但是到汉代才逐渐成熟。汉代夹纻漆器有两种，一种是木质器物外加夹纻，这种是木胎外加数层麻布及漆灰；另一种则是纯纻漆制成。这种漆器最为精美轻巧，坚固耐用，不易变形，比木胎漆器优越，而其技术也比木胎技术复杂、高级。因此，夹纻胎漆器数量的多少，能反映出漆器制造水平的高低。山东出土汉代成形漆器约在 241 件以上，其中夹纻胎漆器 44 件，约占全部漆器的 18.3%。

一般来说，夹纻胎漆器和卷木胎漆器胎壁都比较薄。为了使这种胎壁较薄的器物更加牢固、美观，往往在器物的顶盖、口沿、底部边缘、腹部、耳杯的耳缘等部位镶嵌金、银、铜等金属。这就是汉代有名的釦器。汉代山东出土的釦器也相当多，如莱西岱壁 1978 年出土的漆玄、耳杯、梳匣等 10 余件漆器，"绝大部分口底都用银叶包镶"。1978 年又出土仓盒 1 件，"盖顶嵌银质花瓣，盖与仓身的腹部各嵌银虎三只"。这是胶东地区汉代漆器手工业发展水平的真实写照。

## 二、冶铁手工业

汉初，政府放手让私人自由冶铸。《史记·货殖列传》云："汉兴，海内为一，开关梁，弛山泽之禁，是以富商大贾周流天下，交易之物莫不通……"因此，出现了一大批私营冶铁大富豪，如蜀卓氏、程郑、宛孔氏等。山东也是冶铁业发达的地区之一。封于山东之胶东国与鲁国都以"鼓铸盐铁"[1]为务。此地的曹邴氏"以铁冶起，富至巨万。……贳贷行贾徧郡国"。《盐铁论·复古篇》载："往者豪强大家得管山海之利，采铁石鼓铸，煮盐，一家聚众或至千余人，大抵尽收放流人民也。"所有这一切除汉初诸封国之经营盐铁多少有王国经营的性质外，其余都是私营盐铁手工业主兼大商人。实则王国所经营盐铁，相对于西汉官府中央的官府手工业而言，也有私营性质。各王国君主实为大的盐铁业主。[2]

---

[1] 《汉书·终军传》。

[2] 白寿彝总主编：《〈中国通史〉（第四卷）》，上海人民出版社 1995 年版，第 574 页。

从汉武帝时，为增加政府财政收入，打击工商业者，规定盐铁由国家垄断经营，并设置行政机构具体管理。在中央于大司农之下设盐铁丞，总管全国盐铁经营事业，于地方各郡县设盐官或铁官经营盐铁产销。

西汉的铁官完全垄断了铁的冶炼与铁器铸造，从矿石开采、冶炼、铸造直到铁器的运输销售等都由政府直接管理，各地铁官的经营活动直属中央大司农管辖，完全排斥了私商参与的经营活动。汉朝法律规定，“敢私铸铁器、煮盐者，钦左趾，没入其器物。郡不出铁者，置小铁官，使属在所县。”

据《汉书·地理志》记载，当时全国共设铁官50处，与“凡郡县……出铁多者置铁官，主鼓铸”的记载正相吻合，其中在山东一地就设铁官12处：东平陵、历城、临淄、东牟、千乘、嬴、郁秩、莒、鲁、山阳郡、琅邪郡、东平国。基本均匀分布于全省各地，其数量之多，占全国铁官的24%。

目前所见汉代铁官、盐官遗物，沿海地区居多，如“齐铁官印”、“齐铁官长”、“齐铁官丞”、“临淄铁丞”、“临淄采铁”、“琅邪左盐”、“邪左盐印”封泥等。沿海地区手工业的发展达到相当高的水平。临淄故城发现的六处冶铁遗址中，规模最大的大城南部遗址一带，曾发现过“齐铁官丞”、“齐采铁印”等封泥，“当是汉代的铁官所在”。❶

盐铁官营后，铁器作为一种重要的战略物质成为政府控制和驾驭地方经济和政治的一种手段。一些自战国以来就有的冶金之地，如吴越等地的冶金事业就荒废了。耒阳出产铁矿石，但未置铁官，甚至就连胶东、鲁国原有的铁器铸造也被禁止了。❷

事实上，盐铁官营以后仍有诸侯经营及民营铁业。其相关记载，如《汉书·张汤传》：“赵国以冶铸为业，王数讼铁官事。”《汉书·徐偃传》：“元鼎中，博士徐偃使行风俗，偃矫制，使胶东、鲁国鼓铸盐铁……而直矫作威福，以从民望，干名采誉。”《后汉书·夏馥传》：“夏馥……由是为豪族所仇……乃自剪须变形，人林虑山中，隐匿姓名，为冶家佣，亲突烟炭。”《后汉书·卫飒传》：“耒阳县出铁石，佗

❶ 群力：“临淄齐国故城勘探纪要”，载《文物》1972年第5期。
❷ 《汉书》卷六十四下《终军传》。

郡民庶常依因聚会，私为冶铸，遂招徕亡命，多致奸盗。”

钢铁冶炼业的水平，几乎可以作为封建社会每个时期手工业发展水平的标志，也可以作为每个时期农业生产水平的标志。因为它不仅为农业提供最主要的工具，也为其他手工主业提供工具。汉代冶铁业是规模最大的手工业部门。西汉初期，南阳的宛城、巴蜀的临邛、赵国的邯郸、齐国的临淄都是著名的冶铁中心。

到目前为止，汉代山东铁器出土地点，据已发表材料的不完全统计，比较大的至少有十几处，其中炼铁遗址三处。从南部的滕县、苍山、临沂、莱芜，到北部的临淄，从西部的济宁、济南、章丘，一直到东部的青岛、莱西、烟台附近的福山，几乎在全省范围内都有发现。这充分反映了汉代山东冶铁业发展的普遍性。❶ 这其中，位于胶东地区的青岛、莱西、福山都是汉代冶铁业相对发达的地区。

东汉以后，各地冶铁手工业进一步发展。东汉王朝将矿产资源的开采、冶炼等权力下放到地方政府，具有铁矿资源的各地方政府也大都把冶铁手工业的发展作为政府的重要工作之一，积极鼓励当地冶铁手工业的发展。《后汉书·百官志三》“大司农”条本注曰：“郡国盐官、铁官本属司农，中兴皆属郡县。”《后汉书·百官志五》“州郡”条：“其郡有盐官、铁官、工官、都水官者，随事广狭置令、长及丞，秩次皆如县、道，无分士，给均本吏。”本注曰：“凡郡县出盐多者置盐官，主盐税。出铁多者置铁官，主鼓铸。有工多者置工官，主工税物。”注引胡广曰：“铸铜为器械，当铸冶之时，扇炽其火，谓之鼓铸。”鼓铸应包括冶铁、炼铜等。可见拥有铁矿资源的东汉地方政府，可“置铁官，主鼓铸，置吏随事”，拥有较大的财政自主权。❷

东汉时期，铁制工具在农业和手工业领域得到普及与推广，巨大的市场需求促进了冶铁技术的提高。东汉在炼钢技术方面也有不少重要发明，其中的铸铁脱碳制钢工艺和炒钢技术在当时居于世界领先水平。另外，西汉末年发明的“炒钢”技术，即将生铁加热炒炼使之脱碳成钢的技术，在东汉时期也得到进一步的提升和应用。另外，还发明了以反复锻打炒钢的方法得到含碳量高而杂质少的优质钢的技术。

---

❶ 孙祚民主编：《山东通史》，山东人民出版社 1992 年版。

❷ 东汉郡国虽设盐官，但只征税而已，实际上部分地恢复了西汉初“纵民煮铸”的制度。

迄今为止，山东一带出土的农具、工具、日常杂器、兵车马器等汉代铁器约有1500多件。❶ 考古发掘的实物证明，汉代山东冶铁业中的烤蓝和淬火技术水平是相当高的。例如，1978年在莱西县岱野西汉木椁墓里挖出钢剑1把、刀1件、削1件。发掘报告指出，这些“兵器，全系烤蓝处理，锈迹很少，淬火度很强，锋刃犀利。证明当时在胶东地区铁器业的冶炼、锻打、淬火等技术，已经达到较高水平”。❷ 所以，有学者指出：“从近年来考古发掘可以看出，西汉中期以来的冶铁遗址，一般规模巨大，冶铁工序集中，设备相当齐全。有的不但有冶炼工场、铸造工场，而且包括矿坑，具有从开采矿石到制出成品的全部生产设备……”❸

1995年12月，威海市环翠区桥头镇黑石屯村发现一件铁镬，该铁镬保存较为完好，只是刃部稍有崩残。体呈长条形，两侧略内孤，直刃，双面刃，顶部为长方形竖签以纳柄。通长19.5厘米、刃宽6.5厘米。器身正面铸有阳文隶书“莱一”二字铭。与其形制相同的铁器烟台市博物馆收藏有1件，出自牟平县的一处汉代冶铁遗址。根据其形制和铭文，可知其为汉代遗物。据《汉书·地理志》载，从汉武帝开始在全国设铁官40多处，其中山东境内就有12处。今威海市在汉代属东莱郡，这次发现的这件铁镬当是汉代东莱郡铁官所属第一号作坊的产品。它的发现为研究汉代胶东地区的冶铁工业提供了重要的实物资料。❹

## 三、炼铜手工业

西汉之前，铜器只限于少数人使用。以铜镜为例，从目前发现的汉以前的青铜器来看，其铭文多富有文学意味的字句说明使用者都是一些贵族或富商家庭，铜器的使用尚不普及。秦汉以后，由于铁生产的迅速发展，制造兵器及日用品的材料多由铁代替铜，而铜的产量又

---

❶ 山东省文物考古研究所：《山东20世纪的考古发现和研究》，科学出版社2005年版，第504页。

❷ 烟台地区文物管理组、莱西县文化馆：“山东莱西岱野西汉木椁墓”，载《文物》1980年第12期

❸ 山东省博物馆：“山东省莱芜县西汉农具铁范”，载《文物》1977年第7期。

❹ 刘晓燕：“山东威海市发现一件汉代铁镬”，载《考古》1997年第5期。

增加，铜的价格日益低廉，铜镜大量生产，使用的人更多。其铭文变成一般通俗的，如“长宜子孙”等吉祥语。可以看出，它的生产已是为了适应一般人的需要了。特别值得注意的，是东汉铜镜的铭文上有“刘氏作竟”、“王氏作竟”、“会稽师鲍作明镜”、“师出洛阳”、“大师陈世严作明镜”、“铜出丹阳”、“铜出徐州”等说明原料产地、成品产地及制作技师姓氏的字句，这是铜镜已成为普遍日用商品及商品（铜镜）生产者在宣传自己产品质量以扩大市场的最好明证。

**（一）炼铜业管理机构**

制铜业是秦汉时期重要的手工业之一，尤其是炼铜，直接关系着铸钱业的发展。因此，秦汉政府历来对炼铜业十分重视。秦代，在中央设立专官——少府，直接管理和控制制铜业。汉初，政府对私营炼铜等手工业推行自由经营的政策。史载“汉兴，海内为一，开关梁，弛山泽之禁”[1]，“使民放铸”[2]，甚至连铸钱业都“令民纵得自铸钱”[3]。武帝时，随着盐铁官营专卖政策的推行，炼铜业也收归政府管理，禁止私人采铜。汉武帝在中央大司农官和少府之外，又设专官管理炼铜和各种铜器制造。据《汉书·地理志》载，汉设工官10处，山东就有3处（济南郡的东平陵、泰山郡和泰山郡的奉高），占全国的3/10。各地工官除官办作坊、就地制造官府所需的铜器等各种手工业品外，还“主工税物”[4]，负责征收各地私营制铜等手工业者的税费。

东汉时，政府管理官、私铜器制造业的主要管理机构，在中央有少府属官尚方令和太仆卿属官考工令。在地方则沿袭西汉设工官进行管理和收税的制度。《后汉书·百官志》载：“其郡有盐官、铁官、工官、都水官者，随事广狭置令、长及丞，秩次皆如县、道，无分士，给均本吏。”本注曰：“凡郡县出盐多者置盐官，主盐税。出铁多者置铁官，主鼓铸。有工多者置工官，主工税物。”注引胡广曰：“铸铜为器械，当铸冶之时，扇炽其火，谓之鼓铸。”鼓铸并非单指冶铁，也

---

[1] 《史记·货殖列传》。

[2] 《汉书·食货志》卷二十四。

[3] 《史记·平准书》卷三十。

[4] 《后汉书·百官志》。

包括炼铜制铜业在内。❶

（二）秦汉时期胶东炼铜业的发展

据学者的研究，两汉时期炼铜业至少已经在铜镜制造、漆木器铜饰制造、铜车马饰制造、铜兵器制造、生活日用铜器制造等多个领域有了一定的发展。其中，生活用品铜器就有食器、酒器、水器、铜刷、带钩、炉、熏炉、灯、熨斗、环剪、镊子、铜印等日用器具。

据20世纪80年代中期的不完全统计，新中国成立以来，山东出土秦汉铜器（钱币除外）至少也有80余种、约8000件左右（残毁不成形者不计），不仅种类多、数量大，而且分布也很广：从西起巨野、嘉祥、梁山、东平，东到半岛东端的福山，北自宁津、禹城，南至苍山、临沂，遍布全省各地，多达30余处。这些事实都说明秦汉时期山东制铜业是较为发达的。❷

胶东地区出土的汉代铜器，证明胶东也是汉代重要的铜器制造业地区。掖县（今莱州市）坊北村东汉墓出土的一件刻花尺，“全部鎏金，两面刻有极细花纹；另一半为两大格，各长5.9厘米。五小格内各刻异兽及凤凰等纹，两大格内，一格刻三马拖一圆顶篷车，车上一人持鞭；一格刻一异兽。背面满刻云气、异兽纹”。同一座汉墓还出土了一批鎏金铜饰。据清理报告称：“鎏金铜饰，皆一面鎏金，极为扁薄……铜饰大部分是圆的，只一个是方的。也有半扁的，似镶在器盖上；半卷形的，像是镶在口缘上，还有若干耳杯铜耳，更无疑问是漆耳杯上脱落下来的。”❸

再如，莱西出土的一件铜镜，其铭文是：“内清以昭明光天象辉天日月心忽天忠然壅塞泄。”❹ 青岛出土的一件铜镜，其铭文是：“内清质以昭明光，而象夫（天?）日月，心忽扬而愿忠，然口口而不口。”❺

青岛崂山古庙大队的一座汉墓出土1件铜豆，敛口，鼓腹，两侧

---

❶ 逄振镐：“秦汉时期山东制铜业的发展”，载《东岳论丛》1985年第6期。

❷ 逄振镐：“秦汉时期山东制铜业的发展”，载《东岳论丛》1985年第6期。

❸ 刘桂芳：“山东掖县古墓出土的鎏金器和其他文物”，载《文物参考资料》1956年12期。

❹ 烟台地区文物组等：“山东莱西县岱墅西汉木椁墓”，载《文物》1980年12期。

❺ 孙善德：“青岛市郊区发现汉墓”，载《考古》1980年6期。

有对称小扁形竖钮，腹中部有一道较宽的凸弦纹，细柄，柄中部有一凸棱，圈足，豆盘口径10厘米、足径7厘米，通高12厘米。❶

1957—1981年，山东即墨市出土汉代铜镜有十余枚，其中铜华镜2枚，草叶纹镜2枚，四乳禽兽镜1件，昭明镜2件，铭文镜1件，博局镜1件。❷ 这些铜镜都有铭文，如“日有喜，长贵富，宜酒食，乐无事”“湅冶铜华清而明，以之为镜宜文章，延年益寿去不祥，与天毋亟，如日月之光，长乐未央”“内清质以昭明，光辉象天日月，心忽扬而愿忠，然壅塞而不泄”等。

2000年，山东青岛市平度界山汉墓出土铜器39件（组），其中一号墓出土有铜壶、鼎、熏炉、钵、盆各1件，提梁壶2件、洗2件、圆形铜镜19件。据报道：一号墓出土提梁壶2件，两件均已残。弧形盖，盖沿内扣较深。壶身为侈口，矮领，鼓腹，平底。提梁以链相接，梁身中段中空，两端为龙首。通高约21.6厘米。（另一件）盖沿外扣较深，盖上有三个小圆钮。壶身下附三蹄足。提梁以链相接，梁中段中空，两端为龙首，器盖及壶身肩部阴刻篆书铭文，分别为“冫矢（字形左冫右矢）君孺，重一斤七两”和“冫矢君孺，口三升重四斤一两”。同墓还出土盆1件，卷沿，敛口，深弧腹，平底，矮圈足。腹饰三道凸弦纹。口沿下阴刻篆书铭文“冫矢君孺容三斗重七斤二两”及“君孺”，口径26.2厘米，圈足径14.4厘米，高12厘米。又有壶1件，侈口，方唇，高束领，鼓腹，腹侧有对称两个铺首衔环，圈足较高。口及肩、腹部饰四道宽弦纹。肩部阴刻铭文“平望子家踵容十升”。口径20厘米，圈足径21.6厘米，最大腹径36.8厘米，高46.4厘米。铜器铭文中的“平望子”、“冫矢君孺”、“君孺”应为人名，结合墓地规格和出土陪葬品的数量和种类看，平度界山汉墓主人应具有一定的身份和地位。同墓出土19枚铜镜，铜镜布列铭文“日有憙，宜酒食，长贵富，乐毋事”；“见日之光，天下大明”；“见日之光，天下大明，良言者当，长乐未央”；“见日之光，天下大明，所言者当，长毋相忘”；“见日之光，长乐未央”等。另有青铜“行灯1件，圆形灯盘，直腹，盘边有较长柄把，盘下为高柄，覆盘状圈足；足柄上部较

❶ 孙善德：“青岛市郊区发现汉墓”，载《考古》1980年6期。

❷ 姜保国：“山东即墨市出土汉代铜镜”，载《考古》2006年12期。

直，中部鼓出，下部向内弧收。盘口径 8.7、盘深 1.7、器高 9.2 厘米”。这几件器物有很高的艺术和工艺价值。二号汉墓出土的铜器，包括壶、饰件、鐏、耳杯扣件及铜泡等 20 件，另有五株钱 30 枚。❶《汉书・王子侯表》载，汉武帝元朔二年五月，封淄川懿王刘志之子刘行为平度侯，子刘赏为平望侯，“平度康侯行，淄川懿王子，五月乙巳封，四十七年亮”，共传六世。“平望夷侯赏，淄川懿王子，五月乙巳封，七年薨”，亦传六世。我们推测这三座墓葬应属于西汉时期的平度侯家族墓。而一号墓青铜壶肩部铭文为“平望子家踵容十升”，此器是否反映了当时平望侯与平度侯的联系，因资料有限，尚难确定。值得注意的是，一号墓棺木周围出土了 19 面铜镜，这在过去的考古发现中尚不多见。❷

莱西岱墅西汉墓出土壶 1 件，鎏金，小口，大腹，有盖，子母口。盖上有兽形钮，壶身两侧各有一钮，底有三蹄小足。还出土提梁“卣”1 件，也是鎏金，高 21.2 厘米，口径 12 厘米。直筒形，有盖，子母口，盖中心有一小钮套环。腹下近底部有周凸出的宽条带纹，下有三小足。提梁的两端各有一兽头，口衔一小串铜环与盒身两钮连结。❸

1981 年，山东荣成梁南庄的一坐异穴合葬汉墓出土铜器总计 28 件。有铜镜、铜熏炉、铜鐎壶、铜壶、铜洗、铜盆、带钩、铜盘、铜鼎、铜弩机、铜车辖等。其中铜镜 5 件，百乳镜 3 件，昭明镜 2 件。其中一件昭明镜，镜背微凸，半球钮，连球座，镜背纹饰在 3 道宽平纹带之间，有 2 圈铭文。内圈 20 字：“内清质以昭明，光而夫日月，心忽而忽壅塞而不泄”；外圈 24 字：“内清质以昭明，光象而夫日月，心忽扬而口忠，然壅塞而不泄”。直径 12.5 厘米。值得一提的是，这座墓葬还出土铜奁一件：圆筒形，平底，三矮足，足根呈半球状，通体素面，中腰饰一道宽带，子母口，两桥形横耳与提链、提梁相连，提链环扣腐损严重。提梁宽扁形，两端饰简略的兽头形，盖为直壁弧顶，中设桥形钮，通高 20 厘米。“这两座墓葬出土的昭明镜、百乳镜，应属西汉中期之后，铜器中的奁、铜炉、熏炉与咸阳马泉汉墓所出同

---

❶ 林玉海等：“山东青岛市平度界山汉墓的发掘”，载《考古》2005 年第 6 期。

❷ 林玉海等：“山东青岛市平度界山汉墓的发掘”，载《考古》2005 年第 6 期。

❸ 烟台地区文物组等：“山东莱西县岱墅西汉木椁墓”，载《文物》1980 年 12 期。

类器（44号、45号、38号）基本一致，鐎壶与江苏盱眙东阳汉墓、陕西凤翔西河汉代铜器窖藏所出也颇类似，以上器物，均被认定为西汉晚期，梁南墓当也与其类似。”❶

梁南庄汉墓以东2公里，为不夜城遗址。《汉书·地理志》注引《齐地记》云：“古有日夜出，见于东莱，故莱子立此城，以不夜为名。”西汉高帝时置不夜县，为胶东半岛最东端的一县，是这一地区的政治、经济中心。从墓葬出土的28件铜器看，绝大部分是当时生活日用品，一座墓葬同时出土如此多的铜制生活日用品，说明铜器的使用在当时已经十分普遍，也说明铜器制造业的发达。

2002年7月，山东海阳市开发区发现一座西汉墓，共出土青铜器6件。虽然锈蚀破碎严重，但可以判定的器形有铜盘、提筒、鐎壶和铜饰等。其中的鐎壶一件：弧面形盖，盖顶中间有一扁方形小钮，盖与器身有枢轴相扣接，启合自由。器身为直口，扁圆腹，圜底，三足。腹中部有一周腰沿，前面焊接鸟首状流，倾注时冠为枢纽，嘴自动开合，一侧有曲形长鋬，断面为中空方形，足为蹲立熊形，熊缩头卷耳，前腿抱膝，后腿并拢。钮外饰一周凸弦纹，流身满饰羽纹。口径8.8厘米，通高14.6厘米。❷

另据《考古》2006年第3期《山东蓬莱市大迟家两座西汉墓》报道，距今烟台市福山区古现镇东约25公里的蓬莱大迟家汉墓群，也出土有一批包括铜镜、铜带钩、铜环等铜器。

从这些铜器的出土地点看，几乎分布在汉代胶东地区全境。虽然它们不一定全部产自当地，但在如此广泛的地区出土种类如此丰富的铜器，说明在汉代胶东地区的铜器使用已经非常普及，也势必会刺激这里铜器制造业的发展。

## 四、纺织手工业

春秋战国时期，山东齐国纺织手工业就已经取得很大的发展，占全国的首要地位。齐国从一建国就很重视手工业，特别是纺织手工业的发展。“故太公望封于营丘，地潟卤，人民寡，于是太公劝其女工；

---

❶ 烟台市文物管理委员会：“山东荣成梁南庄汉墓发掘简报”，载《考古》1994年12期。

❷ 高京平、张春明、孙晓英：“山东海阳市开发区发现一座西汉墓”，载《考古》2007年第12期。

极技巧，通鱼盐。则人物归之，繦至而辐凑。故齐冠带衣履天下，海岱之间敛袂而往朝焉。其后齐中衰，管子修之，设轻重九有，则桓公以霸，九合诸侯，一匡天下。”❶ 所谓“齐冠带衣履天下”，司马贞《索隐》注：“一言齐既富浇，能冠带天下，丰厚被于他邦，故海岱之间敛袂而朝齐，言趋利者也。”《汉书·地理志》颜师古注：“言天下之人冠带衣履，皆仰齐地。”《管子·轻重篇》云：“夫岁有四秋，而分有四时。故曰：农事且作，请以什伍农夫赋耜铁，此之谓春之秋。大夏且至，丝纩之所作，此之谓夏之秋。而大秋成，五谷之所会，此之谓秋之秋。大冬营室中，女事纺绩缉缕之所作也，此之谓冬之秋。”这些资料显示出，一年四季中，有两季是人们从事缫丝纺织的时节，反映了当时齐地纺织手工业的普及程度。

《禹贡》一书记载了当时山东各地盛产的贡品，古兖州“厥贡漆丝，厥篚织文”，织文是一种锦绮；古青州“厥贡盐絺，海物惟错”，絺，指夏布，盛产于当时青州、莱芜一带；古莱国“莱夷作牧，厥篚檿丝”，可见黄县、蓬莱沿海一带也出产丝织品。从这些史籍文字中反映出，春秋战国时期山东纺织业已有相当基础。❷ 墨子曾谈到齐国家庭纺织的情形说：“今也妇人夙兴夜寐，纺绩织纴，多治麻丝葛紬布縿，此其分事也。”❸

秦汉时期，齐地依然是纺织业发达的地区之一。秦汉纺织手工业，主要是以“缯”、“帛”为代表的丝织品，俗称“丝绸”或“绸缎”。丝纺织业有私营手工业和官营手工业两大类。

此时的胶东地区依然是全国重要的纺织手工业地区。这首先表现为个体家庭丝织手工业的发展，齐郡的临淄是丝织业的中心之一。齐地丝织业有长久的历史传统。司马迁在叙述各地的著名物产时说：齐地“宜桑、麻，人民多文彩布帛鱼盐”❹，其人民多“织作水纨绮绣纯丽之物，号为冠带衣履天下”❺，以至“齐郡世刺绣，恒女无不

---

❶ 《史记·货殖列传》。
❷ 朱亚非：“山东早期的纺织业与北方海上丝绸之路”，载《管子学刊》1993 年第 1 期。
❸ 《墨子·非乐》。
❹ 《史记·货殖列传》。
❺ 《汉书·地理志》。

能。……日见之,日为之，手狎也”[1]。《汉书·食货志》亦记载了当时个体家庭从事丝织手工业的情形：“冬，民既入，妇人同巷，相从夜绩，女工一月得四十五日。”足见当时齐地个体小农经济所经营的蚕桑纺织副业生产，获得了普遍的发展。

其次，胶东丝织业的发展，也得益于当时城市中较大规模的私营手工业生产的普及。当时各通邑大都，都有许多比较大的私营工商业者。其中就有拥有“帛絮细布千钧，文采千匹”（《汉书·货殖传》）的工商业者。能拥有“帛絮细布千钧，文采千匹”，其经营规模一定不小。《西京杂记》卷一记载：“霍光妻遗淳于衍蒲桃锦二十四匹，散花绫二十五匹。绫出巨鹿陈宝光家，宝光妻传其法，霍显召入其第，使作之。机用一百二十镊，六十日成一匹，匹直万钱。”巨鹿陈宝光家，能织高级丝织品蒲桃锦、散花绫，所织的蒲桃锦、散花绫居然能大批传到汉朝大将军霍光妻手中，并且宝光妻被霍显召入家中传其法，能用一百二十镊的织机，显然是一个技艺高超的大私营纺织手工业者。巨鹿在今河北省南部，距山东西界很近。可以推知，山东也会有像陈宝光家这样的城市私营纺织手工业者。[2]

最后，秦汉时期的大官僚地主豪强经济得到极大发展，在丝织业中也有突出的表现。秦汉时期有不少官僚地主自己经营纺织手工业。《汉书·张安世传》载：“（宣帝时）安世尊为公侯，食邑万户，然身衣弋绨，夫人自纺织，家童七百人，皆有手技作事，内治产业，累积纤微，是以能殖其货，富于大将军（霍）光。”想必这“家童七百人”，大部分是跟随夫人进行纺织的。如果这个看法不错，那么“尊为公侯，食邑万户”的张安世，就是一个同时经营纺织手工业的官僚地主。张安世是陕西杜陵人，在长安为官，这条史料反映的当然是当时京城长安的情况。但从中不难想见其他地区大官僚地主豪强也会纷纷效仿。

当然，官营丝织手工业是当时丝织业发展的主要力量，无论在丝织技术、生产规模等方面无疑都居于领先地位。

据《汉书·地理志》载，汉代全国设服官有两处：一处是陈留郡

---

[1] 《论衡》卷十二《程材》篇。

[2] 逄振镐：“秦汉时期山东纺织手工业的发展”，载《齐鲁学刊》1983 年第 1 期。

的襄邑，一处是齐郡的临淄。襄邑，今河南睢县，靠近山东，距今山东菏泽曹县不远。齐郡临淄，由官府设三服官经营纺织手工业，其生产规模是相当大的。汉元帝初年，贡禹曾上疏曰："故时齐三服官输物不过十笥，方今齐三服官作工各数千人，一岁费数巨万。"所谓"故时"至少是指武帝时期，或更远一些的战国时期，当时齐地（国）的三服官每年上贡的丝织品不过十余箱，而到元帝时期，在三服官的工匠已达"各数千"人，则三服当有万人左右，每年的费用竟达数万，可见其生产规模之大，发展速度之快。

所谓"三服"，《汉书·元帝纪》李斐注云："春献冠帻縰为首服，纨素为冬服，轻绡为夏服，凡三。"可见，三服官每年要为皇室织做春服、夏服和冬服，即春、夏、冬三季所需要的各种丝织品。包括做帽子和头巾用的"縰"、做冬装用的"纨素"和做夏装用的"轻绡"。縰，颜师古注曰："即今之方目纱也。"纨素，颜师古注曰："今之绢也。"轻绡，颜师古注曰："今之轻纱也。"据史料记载，三服官还生产其他品种的丝织品，如《汉书·哀帝纪》云："齐三服官、诸官织绮绣。""绮"，颜师古注曰："绮，文增也，即今之所谓细绫也。"也就是精致的斜纹起花的绸。"绣"，《说文》云："五采备也。""绮绣"，即五采的细绫。再如，《后汉书·章帝纪》云："诏齐相省冰纨、方空縠、吹絮纶。"李贤注曰："纨，素也。冰言色鲜洁如冰。《释名》曰：'縠，纱也'。方空者，纱薄如空也。或曰空，孔也，即今之方目纱也。纶，似絮而细。吹者，言吹嘘可成，亦纱也。""冰纨"是一种鲜明纯白的织物；"方空縠"是一种带有方格花纹的织物；"吹絮纶"是一种极为细致、轻柔的织物。汉章帝"诏齐相省冰纨、方空縠、吹絮纶"，即下诏书令齐相不再向皇室上贡冰纨、方空縠、吹絮纶等高级丝织品，说明到东汉时期，齐地的三服官还在生产高级丝织品并负责皇室丝织品的供给。

见于史籍记载的汉代丝织产品有30余种，而以临淄为中心的齐地所产就多达10余种。《盐铁论·本议篇》有"齐陶之缣"，可证除临淄以外，定陶也是当时重要的丝织品产地。《流沙坠简考释》载"任城国亢父缣一匹，幅广二尺二寸，长四丈，重二十五两，直钱六百十八"，是山东亢父（今济宁）出产缣的明证。山东其他地区的丝织品还有东阿的缣、曲阜的缟等。

东汉纺织品产量较西汉有明显增加，除了官营手工业作坊如齐三服官等大量生产外，传统的自耕农家庭妇女纺织也提供农村市场上所需的大部分产品，而豪族地主田庄在东汉时也成为纺织品生产的重要基地。《四月民令》专门记述了田庄上的“蚕妾”从养蚕、缫丝直到染色的纺织品生产的全过程。在产量增加的同时，品种也增加了许多。

东汉纺织业的技术水平和产品质量都有明显提高。东汉末年的杰出科学家马钧发明了高效率的织绫机，简化踏具，改造综线运动机件，提高工效5倍。一批驰誉全国的名牌产品行销许多地方。齐地（今山东临淄）的刺绣，襄邑（今河南睢县）的织锦在秦和西汉时期就十分有名，所谓“齐郡世刺绣，恒女无不能；襄邑俗织锦，恒妇无不巧”便是证明。

（1）麻布纺织

至于麻布的类别许慎《说文解字》中已有緆、絺、绤、绉、纻、絟、缌、紨等之分并谓“緆为细布”、“絺为细葛”、“绤为粗葛”、“绉为絺之细者”、“纻为枲类布白而细者”、“絟为细布”、“缌为细疏布”及“紨为粗细布”。如果按纺织时所使用的缕的粗细而分又有“七稯布”、“八稯布”、“九稯布”及“十稯布”等不同名目。《说文解字·禾部》云：“布八十缕为稯。”“七稯布”大约是最粗布，故多为徒隶者之衣。《史记·孝文帝本纪》载：“后元二年令徒隶衣七稯布。”可证。

除蜀汉地区的“蜀汉布”及“广汉八稯布”外，还有产于越地的“越布”，曾使“光武帝见而好之”令会稽以此为贡❶；东莱的巾弦布，闻名于时。《说文》谓：“巾弦，布也，出东莱。从巾，弦声。”段注：“《地理志》、《郡国志》东莱郡皆有巾弦县，盖以布得名也。”

（2）纺织工具

秦汉时期，山东纺织手工业所使用的纺织工具，主要有纺车、纺织机和提花机。

纺车：1974年，山东临沂金雀山九号汉墓中出土一幅长条形帛画，长200厘米，宽42厘米。帛画内容按此地排列共分五组，均是墓主人——一位显贵夫人的生活场景。其中“第四组，共有六人，在形

---

❶《后汉书·独行·陆续传》。

式上可分为两个场面，右边三女一孩，为纺织场面；左边是老妇问医。关于纺织，这是一部分具有重要研究价值的内容。右边一个身着左衽上衣的劳动妇女正在操一架纺车，右手用力运转，左手执一工具扬起抽纱”。“画中的纺车，基本结构与使用方法同近代民间使用的木制纺车极其相似。”❶

纺织机：陈直《两汉经济史料论丛》：“汉代的纺织机，在武梁祠石刻画像曾母投抒图中可以看到，与现时农村所用形式变化不大。织机每日的速度，据《九章算术》卷三有算题说：第一日织一寸余，第二日织三寸余，第三日织六寸余，第四日织一尺二寸，第五日织二尺五寸余。虽为假设算题，推断当距事实不远。以最后一日来看，每日成二尺五寸，十六日成一匹。”❷ 武梁祠建于东汉桓帝时期，在今山东济宁紫云山，祠中石刻画像中的纺织机，当是东汉时期纺织机的真实反映。

## 五、铸钱手工业

汉初，“至孝文帝时……令民纵得自铸钱，故吴，诸侯也，以即山铸钱，富埒天子，其后卒以叛逆。邓通，大夫也。以铸钱财过王者，故吴、邓氏钱布天下，而铸钱之禁生焉”。❸ 景帝六年定“铸钱伪黄金弃市律”，❹ 禁私人铸钱，而由郡国铸钱。“郡国铸钱，民多奸铸。”❺ 此后，武帝建元初，“县官往往即多铜山而铸钱。民亦盗铸，不可胜数。钱益多而轻，物益少而贵”。于是又行皮币、白金、三铢钱，“盗铸诸金钱，罪皆死。而吏民之犯者，不可胜数。…自造白金、五铢钱后五岁，而赦吏民之坐盗铸金钱死者数十万人，其不发觉相杀者不可胜计。赦自出者百余万人，然不能半自出。天下大氐无虑皆铸金钱矣”。元狩五年禁郡国铸钱，销前铸钱，并输其铜于三官，专令中央三官铸钱，又提高钱的质量后，“而民之铸钱益少，计其费不能相当，

---

❶ 刘家骥、刘炳森：“金雀山西汉帛画临摹后感”，载《文物》1977 年第 11 期。

❷ 陈直：《两汉经济史料论丛》，陕西人民出版社 1980 年版，第 79 页。

❸ 《史记》卷三《平准书》。

❹ 《汉书》卷五《景帝纪》。

❺ 《汉书》卷二十四《食货志》。

唯真工大奸乃盗为之”。[1] 此是西汉由民铸到中央统一铸钱的过程。在这过程中，民间铸钱甚多。“民坐盗铸被刑者众，富人积钱满室。”[2] 商人之所以不怕死，最根本的原因在于铸币是最有利的商品生产。贾谊曰：“铸钱之情，非殽杂为巧，则不可得赢，而殽之甚微，为利甚厚”。故“黥罪日报，其执不止”。到“计其费不能相当”时，则铸钱者亦少矣。[3]

汉初，山东郡国自铸钱的也很多，如出土的郡国铸的钱有“临淄四铢”、“阳丘四铢”、“驺四铢”、“东阿四铢”、“临朐四铢”、“姑幕四铢”、“安平四铢”。在山东，还出土“齐钟官长”封泥。钟官就是铸钱之官。“齐钟官”就是齐国自行铸钱官。这都是汉初文景期间山东郡国自行铸钱的凿证。

汉武帝在经过几次“更造钱币”失败之后，终于在元鼎四年（公元前 113 年）针对铸币权问题采取了断然措施：将所有铸币之权全部收归中央，下令“悉禁郡国无铸钱，专令上林三官铸。钱既多，而令天下非三官钱不得行，诸郡国所前铸钱皆废销之，输其铜三官”。“上林三官”是武帝时新设立的水衔都尉的属官。汉武帝新设管理铸钱机构，“非上林三官钱不得行”，私人、郡国一律禁止铸钱，这样，汉武帝把铸币大权全部收归中央，建立了完全由国家统一铸造的五铢钱制度。

政府虽然全部收回了铸币大权，确立了上林三官钱为唯一的法定货币，但盗铸之风并未完全绝迹。不久，盗铸钱的问题又发展成为严重的社会问题之一。到西汉末元帝时，贡禹就曾多次上书朝廷，指出铸钱所造成的社会问题越来越严重。山东地区想必也相当严重。

从目前的考古发现看，山东出土汉代钱范的地点主要有以下几处：（1）林子阚家寨，发现汉初半两钱的铸址，并出土成批的“半两”钱范。（2）1958 年在青岛楼山后出土汉四株半两阴文石范，同坑出土全范四方，碎范多块。这些石范的大小形制基本相同，四株半两钱石范的形制，据报道称：“长 27.8 厘米，宽 11.5 厘米，厚 1.2 厘米，成条形板状，两面均刻钱文（余范钱文仅一面），其一面刻有长槽，左右

---

[1] 《汉书》卷二十四《食货志》。
[2] 《汉书》卷七十二《贡禹传》。
[3] 《汉书》卷二十四《食货志》。

双行并刻四株半两钱文二十八枚（余范多刻三十二枚），主槽与钱文之间的支槽尚未刻就，文很工整。范的另一面也刻长槽，槽左右亦为钱文，槽与钱文有支棺相通……”❶钱范为石质，钱文为半两，又无周郭，当是西汉早期遗物。据出土石质钱范观察，可知汉初在这里有一个具有相当规模的铸钱场所。这个铸钱场所究竟是郡国官铸，还是民间私铸，因受材料所限，暂不能断定。(3) 山东安丘葛庄出土了一批四株半两钱石范。安丘，汉属北海郡，可能是一处郡国铸钱遗址。(4) 山东章丘出土不到一株重的半两钱石范。据石范可知，钱文的直径只有 0.6 厘米，每范一次可铸半两钱多达 324 枚。铸钱相当粗糙，应是民间私铸的。(5) 烟台福山区三十里堡，《登州府志》记载为春秋牟子国故城。于钦《齐乘》以此为汉牟平县城。考古调查证明，城址属汉代。其地在汉代当为牟平县治，有铸币遗址。这里出土汉半两钱石范、三铢钱石范。汉武帝时期铸三铢钱，但铸行的时间很短，数量也很有限。在这里出土三铢钱石范，表明这里是一处重要的铸币地点。(6) 牟平区冶头村，发现汉代的冶铸遗址，出土西汉至新莽时期的货币甚多，并有汉半两钱范出土。遗址中有数处熔炉群残迹。熔炉经长时间使用，皆单行排列，都有圆坑形炉膛及斜坡式出液口。冶口村南有“铁官山”，据《牟平县志》记载，为汉代置铁官处。

另据发现，黄县也出土有汉半两钱石范。黄县在西汉属东莱郡黄县县治，东汉属惤国。此外，1965 年在莱阳古城发现铜质五铢钱范十三方。有学者据这两种钱范的形制推测，应该是“在上林三官专铸之前，由郡国铸造五侏钱所使用的钱范”。❷

总之，秦汉时期，山东的胶东地区铸钱业比较发达，在全国占有重要地位。从考古发掘的资料来看，发掘的铸钱遗址和出土钱范地点，有莱阳的古城、青岛的崂山、城阳、临淄的阚家寨和安丘、章丘等多处。其中绝大多数在胶东地区。

## 六、煮盐手工业

今胶东地区在公元前 567 年前，属东莱国。姜太公初封齐国，建

---

❶ 朱活：“青岛楼山后出土的西汉半两钱范”载《文物》1959 年第 9 期。

❷ 逄振镐：“秦汉时期山东的铸钱业”，载《东岳论丛》1986 年第 4 期。

都营丘（今昌乐县境内），离莱都较近，莱侯曾多次率众争夺营丘。春秋时期，随着齐国的强大，齐国打败莱国，占有今平度县以西的领土，莱公被迫迁都黄县，称东莱。到公元前567年东莱被齐国吞并。史称：齐灵公灭东莱之前，曾“通齐国之鱼盐于东莱，使关市几而不征”，即免除关税，从东莱进口盐（每釜十五），齐国再以官价（釜一百）出卖，从中赚取了5倍多的差价。[1] 有人将“通齐国之鱼盐于东莱”解释为“把国家盛产之鱼盐，行销于东莱地区”，恐非妥。[2]

根据文献记载，距今5500～5000年前的炎黄时期的夙（宿）沙氏，是我国最早从事海盐生产的部落，被尊为“盐宗”。史载：“夙沙氏始煮海为盐”[3]“古者宿沙初作煮海盐”[4]“宿沙瞿子善煮盐，使煮淘沙，虽十宿不能得”[5]“古者宿沙初作煮海为盐。”[6] 到春秋时期，齐灵公的重臣有宿沙卫，在今弥河以西的胶东北部沿海从事煮盐生产。北宋《太平御览》卷865引《世木》“宿沙作煮盐”时注称：“宋衷曰：宿沙卫，齐灵公臣。齐滨海，故（宿沙）卫为鱼盐之利。”宿沙卫很可能是远古夙沙氏部落的后裔。[7]

胶鬲是文献记载中另一个从事煮盐的部族。胶鬲生活在商纣王至周武王时期。孟子曰：“舜发于畎亩之中，傅说举于版筑之间，胶鬲举于鱼盐之中。”[8] 可见，胶鬲的部族在其未被重用以前从事的是与鱼盐有关的行业。

《史记》亦载：“齐俗贱奴虏，而刀间独爱贵之。桀黠奴，人之所患也，唯刀间收取，使之逐渔盐商贾之利，或连车骑，交守相，然愈益任之。终得其力，起富数千万。”“猗顿用盬盐起（家）。”可见，齐人刀间以煮海制盐起家，致富数千万。

---

[1] 王赛时：“先秦时期山东地区盐产业的开发”，载《盐业史研究》2006年第4期。王赛认为“通齐之鱼盐于东莱”是“指齐国鱼盐资源在很大程度上依靠于莱夷辖区，早期的莱国在盐业生产方面优于齐国”。

[2] 罗庆康：“春秋齐国与两汉盐制比较研究”，载《盐业史研究》1998年第4期。

[3] 《世本·作篇》。

[4] 《说文解字·盐条》。

[5] 《北堂书钞·盐条》注引《鲁连子》。

[6] 《广韵·盐条》注。

[7] 李慧竹、王青：“山东北部海盐业起源的历史与考古学探索”，载《管子学刊》2007年第2期。

[8] 《孟子·告子下》。

《管子·地数篇》载：齐桓公时，“君伐菹薪，煮沸水为盐，正而积之三万钟”，又“齐有渠展之盐”。渠展为“齐地沸水（今济水）所流入海之处，故曰渠展之盐”。[1] 史载：“楚有汝汉之金，齐有渠展之盐，燕有辽东之煮，此三者亦可以当武王之数。”据此可知，西周时期山东食盐产地的地理位置大致在济水入海处，即今渤海莱州湾。[2]

春秋战国时期，齐国的食盐产地仍集中在滨海地区，到汉代依然如此。据《史记·货殖列传》记载：“（汉兴）齐带山海，膏壤千里，宜桑麻，人民多文彩布帛鱼盐。”

总之，早在西周之前，胶东所在的古东莱地区就盛产鱼盐，后来汉在此设置盐官，进一步发展了盐业。汉代在今胶东地区所设盐官 8 处，占汉代在整个山东地区所设盐官的 73%，占汉代全国设盐官数的 19.5%。从西汉盐官设置的地理区域来看，山东盐官设置最为稠密和广泛。根据《汉书·地理志》的统计，汉代盐官分布于 29 个郡国，共计 43 处[3]。其中位于今山东境内者有千乘郡（山东高青县高宛镇北）、北海郡都昌县（今山东昌邑）、北海郡寿光县（今山东寿光）、东莱郡曲城县（山东掖县）、东莱郡东牟县（今山东牟平）、巾弦县

---

[1] 参见杜佑《通典》卷十《食货》。

[2] 张照东：“古代山东食盐产地考略”，载《盐业使研究》1991 年第 1 期。

[3] 该文的统计表中，东莱郡巾弦县出现两次，可能其中一处为“东莱郡当利县”之误。罗庆庚、罗威：“汉代盐制研究（续）”，载《盐业史研究》1996 年第 1 期。那么，汉代所设盐官仍应为 43 处，当然不排除其他目前尚未考定的盐官存在，如《后汉书·史弼列传》载，桓帝延熹七年（公元 164 年），史弼迁河东太守，“被一切诏书当举孝廉。弼知多权贵请托，乃豫救断绝书属。中常侍侯览果遣诸生赍书请之，并求假盐税”。“集解”引沈钦韩注：“案河东有两盐池，则后汉仍榷其税。”据此，知河东郡应有两处盐官，则《汉书·地理志》有漏载者。再如，《水经注》卷十四“鲍丘水”条中提到渔阳郡的滑盐县，“汉明帝改曰盐田（县），右丞治，世谓之解盐城”。右丞即盐官，证明在渔阳郡，除《汉书·地理志》所载的泉州县、渔阳县两处盐官外，尚有设在盐田县的盐官。另，该文的统计并没有区分西汉和东汉，尽管可以相信两个时期的盐官数量和所设地不会出现根本性的变化，但是分别搞清西汉和东汉时期在全国的盐官设置地和数量，还是有必要的。有学者考证，东汉时期，山东盐官设置大致仍循西汉旧制，其食盐产地也无大的变化。所异者，仅在于西汉盐官本属中央司农，东汉时则改属地方郡县，不再隶属中央。从职权范围看，西汉盐官主食盐专卖，东汉时盐官则专主征收盐税。参见张照东：“古代山东食盐产地考略”，《盐业使研究》1991 年第 1 期。另据张照东的统计，汉代设盐官 37 处，而山东地区即设有 11 处，约占西汉盐官总数的 30%。张照东统计的山东境内盐官为 11 处，比罗庆康统计的 10 处多出一处，正是东莱郡当利县，即今山东掖县（莱州市，1988 年撤掖县设莱州市）西南。可以证实罗文的确是将当利县误作“东莱郡巾弦”县。

（今山东黄县）、昌阳县（今山东文登南）、当利县，琅邪郡海曲县（今山东日照）、琅邪郡计斤县（山东胶县）、琅邪郡长广县（今山东莱阳）等11处，[1] 而属今胶东地区的有8处。山东和胶东地区所设盐官分别占全国盐官总数的25.6%和19.5%。汉代盐官均设于产盐旺盛的地区。仅此一项数据，即可看出胶东在汉代盐业生产中的地位。

有学者考证，当时山东食盐产地比前代有了大幅度增加，其地理分布亦有所扩展。先秦时，山东产盐地区仅集中在渤海沿岸的莱州湾地区，黄海沿岸是否产盐尚无确凿资料证明。至西汉时期，不仅渤海沿岸有6处食盐产地（即千乘、都昌、寿光、曲成、巾弦、当利），而且黄海沿岸也有5处地区盛产食盐（即东牟、昌阳、海曲、计斤、长广）。可见，当时山东产盐区域已从渤海区域扩大到黄海沿岸，初步奠定了后代山东食盐产地的基础。以后各代，产地数量虽有增加，但基本上未超出这个地理范围。[2]

1. 盐业管理体制

早在西周时期，就有了专门的机构来掌管盐业事务。周王朝就设置“盐人”一职，统一管理盐的使用。《周礼·天官·盐人》载：“盐人掌盐之政令，以共百事之盐。祭祀，共其苦盐散盐。宾客，共其形盐散盐。王之膳羞，共怡盐。后及世子亦如之。凡齐事，鬻盐以待戒令。”从这条史料可以看出，不但有专职人员管理王朝各项事务，如祭祀、接待和王室日常生活等的食盐供应，而且对供应的食盐种类也有不同的要求。苦盐，即由内地盐池所产之盐；散盐，是海盐，应包括由齐国上贡海盐；形盐，指特制成虎形的盐，专供祭祀之用。《周礼·天官·笾人》载：“朝事之笾，其实麷、蕡、白、黑、形盐，膴、鲍、鱼、鱐。”郑玄注：“形盐，盐之似虎者。”其实就是一种结晶盐。怡盐，当是质量最好的细盐。

秦汉以前，齐国推行盐业民制，但对成盐实行官购官销。[3] 而且，对民间煮盐的时间有严格的规定，目的是避免因动用大量民力煮盐而耽误农时。《管子·地数》曰：“阳春农事方作……北海之众毋得聚庸

[1] 其他省盐官最多的是四川，共8处，其次为河北（含北京、天津）5处，甘肃、内蒙古各4处，山西3处，云南、广东各2处，宁夏、山西、江苏、浙江各1处。

[2] 张照东：“古代山东食盐产地考略”，载《盐业使研究》1991年第1期。

[3] 罗庆康：“春秋齐国与两汉盐制比较研究”，载《盐业史研究》1998年第4期。

而煮盐。”房玄龄注：“北海之众谓北海煮盐之人，本意禁人煮盐，托以农事。”管仲为相时，还在齐国建立了盐外贸体制，进出口亦由官府垄断。

秦国在穆公、孝公、孝惠文王时期，在产盐的郡县设了盐官；秦始皇时期也是一样，“（司马）昌为秦主铁官，当始皇之时”。历来盐铁政策一致，秦始皇时期在产盐的郡县设盐官或属无疑。秦朝的盐业政策继承秦穆公以来的民包制。穆公时，“使贾人载盐，征诸贾人”。[1]《说文》释“载”为“乘”，这里可作“装载”解，即允许商人运销食盐，但要交税，这样的“贾人”谓之“包商”。

汉初，盐业采取民营制。汉初，遭秦末战乱之害，为了恢复生产，刘邦下令“开关梁，弛山泽之禁”。韦昭曰：“弛，废也。废其常禁以利民。”显然，汉初盐业采取民营，是承秦制的产物。不过，刘邦“弛山泽之禁”，显然地域不宽，只影响于直接控制的15郡，只占全国郡的24%；其余的47郡，属诸侯王封地，在封地内“山川园池市井租税之入，自天子以至于封君汤沐邑，皆各为私奉养焉，不领于天下之经费”。[2] 汉初，胶东地区属于齐国封地，境内盐业经营权和收益均归齐国封君所有。

汉武帝时期，盐业实行官营，既控制生产，又垄断运销。[3]《史记·平准书》载：“愿募民自给费，因官器作煮盐，官与牢盆。”所谓“官予牢盆”，是指盐户领其官府盐盆煮盐，官家计盆收购给值。从生产角度看，即官府与煮盐户之间的雇佣生产关系，并由此由官府控制了盐的生产。而且，为了保证官营盐业的正常进行，严禁私人煮盐，“敢私铸铁器煮盐者，钛左趾，没入其器物”。[4] 至于武帝时期食盐的运销则完全由政府控制。从考古资料看，莱州博物馆藏当地出土的“右主盐官”铜印一方，是当时盐官封盐用的印信。[5] 说明武帝时期的盐业官方专卖政策应该是得到了落实。

---

[1]《说苑·臣术》。

[2]《史记·平准书》。

[3] 也有学者认为，武帝时期的盐制是“采取民制官收的做法”，见吴慧：《桑弘羊研究》。

[4]《汉书·食货志》。

[5] 林仙庭、崔天勇：“山东半岛出土的几件古盐业用具”，载《考古》1992年第12期。

汉元帝初元五年（公元前44年）夏四月，“罢角抵、上林宫馆御幸者、齐三服官、北假田官、盐铁官、常平仓”。[1] 废止了从武帝以后一直实行的盐业专营政策。不过，到永光三年（公元前41年）冬天，即不到三年“独复盐铁官”。主要是因为经济形势不好，造成“用度不足”。不过，元帝时仍有些地区罢盐铁之禁。所以，有论者以为：“西汉后期虽然主要是民营煮盐，但官府作坊煮盐仍然是相当发达的。两者并不矛盾。”[2]

王莽时期实行盐专卖。王莽实行了“六筦”，其中盐专卖为一筦。《汉书·王莽传》载：“（建国二年）初设六筦之令。命县官酤酒，卖盐铁器……”王莽在诏中说明了盐专卖的重要：“夫盐，食肴之将……非齐民所能家作，必仰于市，虽贵数倍，不得不买。豪民富贾，即要贫弱，先圣知其然也，故斡之。”盐业专营受到普遍抵抗，甚至引发数次农民起义。至地皇三年（22年），王莽被迫取消专营。

东汉初年，盐业仍为官营。和帝诏曰：“自中兴以来，匈奴未宾，永平末年，复修征伐。先帝即位，探观旧典，复收盐铁，欲以防备不虞，宁安边境。”这说明在汉章帝时，恢复了武帝时旧制，食盐的产、运、销均收归官营。章帝还于元和三年（86年）秋八月，“幸安邑，观盐池”，以进行督察，可见朝廷对官营盐业的重视。

自和帝始，盐业实行民营、征税。《后汉书·和帝纪》记载：“罢盐铁之禁，纵民煮铸，入税县官如故事。”盐官虽然存在，不过其职权已经由原来主持盐业生产和买卖，缩减为“主盐税”。《后汉书·和帝纪》：“本注曰：凡郡县出盐多者置盐官，主盐税。”

同时，还应注意到，由于两汉各个时期盐业政策的变化，盐官的职能也在每个时期发生一些转变。汉武帝盐铁官营以后，在产盐的郡县设盐官一人。盐官又称“盐官长”，具体管理郡县盐官营事务。甚至在诸侯王境内所产之盐，也由盐官直接管理，诸侯王不得私煮。赵顷王刘昌私营盐铁，受到张汤的“常排”[3]；博士徐堰“矫制”，“使胶东、鲁国鼓铸盐铁”，“法至死”。[4] 可见，诸侯国的盐务

[1] 《汉书·元帝纪》。

[2] 罗庆康、罗威：“汉代盐制研究（续）”，载《盐业史研究》1996年第1期。

[3] 《汉书·张汤传》。

[4] 《汉书·终军传》。

应由临近郡县盐官管理。盐的市场零售也由盐官派遣属下官吏“坐市列，贩物求利”。[1] 而到东汉，安帝取消盐业官营，郡县盐官的职能就从全面主持盐业生产和销售改为“凡郡县出盐多者置盐官，主盐税”。[2]

总之，两汉时期的盐制，正如有的学者考证所说：两汉统治长达426年，盐业民营至少有217年；盐业专卖时续时断不到200年，但官营真正坚持得好的也不过40年。事实上，即使是官营，有时也存在民营。[3]

2. 制盐方法

汉代已出现了盐的不同制法。《史记·货殖列传》载：“猗顿用盬盐起（家）”，《索隐》：“盬音古。”案：周礼盐人云“共苦盐”，杜子春以为苦读如盬。盬谓出盐直用不炼也。一说云盬盐，河东大盐；散盐，东海煮水为盐也。《正义》案：猗氏，蒲州县也。河东盐池是畦盐。作“畦”，若种韭一畦。天雨下，池中咸淡得均，即畎池中水上畔中，深一尺许，日暴之，五六日则成；盐若白矾石，大小如双陆及，则呼为畦盐。或有花盐，缘黄河盐池有八九所，而盐州有乌池，犹出三色盐，有井盐、畦盐、花盐。其池中凿井深一二尺，去泥即到盐；掘取若至一丈，则著平石无盐矣。其色或白或青黑，名曰井盐。畦盐若河东者。花盐，池中雨下，随而大小成盐，其下方微空，上头随雨下池中；其滴高起若塔子形处曰花盐，亦曰即成盐焉。池中心有泉井，水淡，所作池人马尽汲此井。其盐四分入官，一分入百姓也。池中又凿得盐块，阔一尺余，高二尺，白色光明洞彻，年贡之也。东汉章帝曾于元和三年（86年）秋八月、九月两次到安邑，目的是“观盐池”，以表示他对盐官营的重视。安邑盐池即河东盐池，在“今蒲州虞乡县西”，即今山西永济以西的河津、临猗、闻喜、万荣及运城西南地区。河东盐池规模很大，据《后汉书·章帝纪》注引许慎云：“袤五十一里，广七里，周百一十六里。”河东盐池开发早，春秋战国时已是大盐池了，盐的质量高，品类多，出产畦盐、花盐、井盐等，成为供应中原人民的食盐基地。

---

[1] 《汉书·食货志》。

[2] 《后汉书·百官五》。

[3] 罗庆康：“汉代盐制特点述评”，载《盐业史研究》1998年第1期。

与河东等内地的畦盐即晒盐不同，胶东沿海的盐业生产主要是煮盐，《史记·货殖列传》称之为“散盐”。《管子·地数篇》曰：“阳春农事方作……北海之众毋得聚庸而煮盐”“君伐菹薪，煮沸水为盐，正而积之三万钟。”《管子·戒第》曰：“山林梁泽以时禁发……草封泽，盐者之归之也。譬若市人。”房玄龄注：“草封泽，谓泽多草，刈积成封，可用煮盐者也。其处既多盐，不设禁也。”

汉代山东地区制盐工艺依然是煮盐。《史记·平准书》载：“愿募民自给费，因官器作煮盐，官与牢盆。”从山东各地的盐业考古资料看，最常见的盐业工具是盔形器，数量极为可观，且发现地点遍及整个沿渤海煮盐区。“这些盔形器胎壁厚重，质地坚硬，火候高。”此外，还曾发现暴露的一批古窑址，窑炉平面分圆形、椭圆形两种，直径2.5米左右。窑内壁涂抹草拌泥，由于长期高温烧烤呈青灰色。推测这批陶窑及盔形器为古代煮盐用器具。而且，某些遗址点（如沾化杨家等地）曾发现盔形器一排排整齐地摆放于地表，多者几达数百件，少者也有几十件。也有的遗址发现盔形器摆放于窑址内周边，或坐在火眼上，此类窑亦成排分列。有些盔形器出土时表面还粘有红烧土。其共同特点是，所有盔形器均器口朝上。❶ 对于这些盔形器的年代，意见很不一致，“上迄西周，下止于汉”，❷ 说明到汉代仍然在使用，而如此大的规模，说明当时莱州地区盐业发展已具相当规模。

山东半岛内的掖县、蓬莱等地相继出土几件古代盐业用器。现已收藏的煮盐器具有铁釜1件、铜盘2件、封包检验用的铜印1件、汉瓦当等❸。其中的铁釜“体大厚重，口沿处又设有巨大的环形耳，以便杠抬搬动，当非一般的生活用器，而应该是供多人生产劳作的器具”。考古专家推测：铁釜可能就是史籍记载的煮盐官器——牢盆，时代可能在东汉或更晚一些。2件铜盘，分别于西庄与路宿村出土，系青铜铸制，正圆形。口沿稍外折，厚唇，有折棱，底略弧近平。壁外设四直錾，以便铜盘安置在灶台之上，起支托和固定作用。其中一个口径117.5厘米，盘深13.8厘米，壁厚1.5厘米，錾长2.8~3厘米，宽8厘米，厚1.3厘米，盘重117公斤；另一个盘壁至底略呈弧

---

❶ 李水城等：“莱州湾地区古代盐业考古调查”，载《盐业史研究》2003年第1期。

❷ 曹元启：“试论西周至战国时代的盔形器”，载《北方文物》1996年第3期。

❸ 林仙庭、崔天勇：“山东半岛出土的几件古盐业用具”，载《考古》1992年第12期。

形，口径122，盘深17.5，壁厚1.1厘米，盘重101.5公斤。据清嘉庆《掖县志》载："嘉庆初年，西由场官署灶房，旧有铜制盐锅三十余，今存其二。底平而色绿，口径四尺有奇，相传是管仲煮盐锅，疑即汉《食货志》所谓牢盆也。"出土的铜盘在形制、色泽、口径尺寸诸方面都与《食货志》所记相合，可见所谓"管仲煮盐锅"正是出土的这类铜盘。据清嘉庆《山东盐法志·场灶》载："负海取盐之法有二：负海近者晒以池。……其远而不宜池者利用煎，煎以盘，厥形散，厥品上，是为末盐。"由此可知，西庄与路宿村出土的铜盘，应该就是这种煎盐之盘。只是这种用铜盘煎盐的技术到宋代才出现。但这些考古发现足以证明，煮盐之法从汉代一直延续下来。

# 后　记

几年前受烟台大学江林昌教授之邀，参加由他主持的烟台市重大项目《胶东通史》的编纂。由于本人在秦汉史研究方面做过一些工作，被邀担任了《秦汉卷》的一部分编写工作。利用这次编纂的机会，我对秦汉时期胶东地区的相关史料做了详细的梳理，尤其是对当时的行政体制和社会经济史料的收集下了一些功夫。文稿完成后总觉得有些意犹未尽，感觉对一些问题的思考实际上才刚刚开始。这些年又陆陆续续做了些修订工作，重新编定了体例和章节结构，使之成为一部比较完整的著作。这次得到山东大学（威海）法学院“玛珈山政法文丛”的资助，又对其进行了一次比较全面的修订工作。全书按内容，分为政治制度与行政运作、人口与社会以及交通和社会经济三编。由于其主旨在于讨论秦汉时期胶东的行政体制和社会经济，故题为《秦汉胶东：行政体制与社会经济》。

感谢山东大学（威海）法学院“玛珈山政法文丛”对于本书出版给予的资助，感谢文丛编辑委员会的专家们给本书提出的宝贵意见和建议，感谢为本书出版做出辛苦工作的编辑同志。

赵　沛

2017 年 4 月 29 日于山东威海

# 玛珈山法政文丛书目

**第一辑**

1. 孙希尧　著　国际海事私法统一研究：条约角度
2. 弭　维　著　道德之维：自然法和法律实证主义视角下的德法关系研究
3. 刘　洋　著　现代政治价值体系建构：西方国家的探索之路
4. 孙卓华　著　乔治·弗雷德里克森的公共行政思想研究——以社会公平思想为主线
5. 范广垠　著　政府管理主体的行为互动逻辑
6. 马艳朝　著　制度规则与公共秩序：当代中国信访违规行为的惩罚问题研究
7. 张景明　著　和谐理念下环境法律关系研究
8. 武　飞　等著　社会主义法治理念与法律方法研究
9. 赵　沛　著　政治与社会互动：西汉政治史的视角
10. 孙光宁　等著　网络民主在中国：互联网政治的表现形式与发展趋势

**第二辑**

11. 王瑞君　著　量刑情节的规范识别和适用研究
12. 刘　军　著　性犯罪记录制度的体系性构建——兼论危险评估与危险治理
13. 张传新　著　实现法治的逻辑基础研究
14. 姜世波　著　跨境救灾的国际法问题研究
15. 贾乾初　著　主动的臣民：明代泰州学派平民儒学之政治文化研究

| | | | |
|---|---|---|---|
| 16. | 周　颖 | 著 | 循环消费信用民法问题研究 |
| 17. | 程婕婷 | 著 | 道德之重：社会群体刻板印象内容的维度变化 |
| 18. | 赵　沛 | 著 | 秦汉胶东：行政制度与社会经济 |
| 19. | 孙光宁 | 等著 | 中国法律方法论研究报告（2011—2016） |
| 20. | 刘　军 | 著 | 网络犯罪治理刑事政策研究 |

**第三辑**

| | | | |
|---|---|---|---|
| 21. | 张传新 | 著 | 自适应道义逻辑研究 |
| 22. | 吴丙新<br>苏　凯 | 等著 | 法律概念的解释 |
| 23. | 安玉萍 | 著 | 劳动合同理论与操作实务 |
| 24. | 张伟强 | 著 | 法律制度的信息费用问题 |